미국 스포츠법과 경영

U.S. Sports Law and Management

김종걸, 성윤미, 유동균, 정수봉 공저

도서출판 진영사

미국 스포츠법과 경영

김종걸, 성윤미, 유동균, 정수봉 공저

2016년 07월 07일 초판 인쇄
2016년 07월 11일 초판 발행

발행인 박 진 영
발행처 도서출판 진영사
인천광역시 부평구 갈산동 134-16 태승빌딩 4층
전화 : 032)505-4207
팩스 : 032)505-4206
E-mail : 0183734207@hanmail.net
등록 : 122-91-77317

ISBN 978-89-6541-275-5 93690
값 18,000원

목 차

미국 스포츠법과 경영을 소개하며

서 문>

경제 사정이 좋아짐에 따라 수입과 여가 시간의 증대로 인하여 프로 야구, 프로 축구, 프로 농구와 같은 주요 프로스포츠의 인기와 더불어 생활체육을 비롯한 다양한 종목의 스포츠에 대한 관심이 지속적으로 높아지고 있다. 운동선수로 프로 팀에서 활동하는 선수는 물론 다양한 동호회 또는 학교 팀에서 활동하는 일반인의 인구 또한 증가하게 되면서 스포츠 활동 중 또는 스포츠와 관련하여 발생하는 분쟁 및 사건, 사고의 수도 이전과는 다르게 크게 늘어나고 있는 추세이다. 그 동안 국내에서 주목 받지 못하던 스포츠법과 경영에 대한 관심이 급속히 커지고 있는 원인이 바로 여기에 있다. 프로스포츠뿐만 아니라 학교스포츠, 생활스포츠 시장이 거대하여 많은 부가 가치를 창출하고 있는 미국은 일찍이 스포츠법과 스포츠경영에 대한 이론과 사례연구를 시작하여 세계 스포츠법 및 경영을 주도하고 있다.

국내의 증가하는 스포츠법과 경영에 대한 수요와 요청에 화답하여 미국 스포츠법과 경영을 소개하고 그 이론을 이해하여 국내 현실에 맞게 적용할 수 있도록 밑거름이 되고자 이 책을 출판하게 되었다.

미국 스포츠법 이론은 독자적으로 발생 했다기보다는 헌법, 민법, 노동법, 지적재산권법, 에이전시법 등의 일반 이론이 스포츠 활동과 관련한 사건의 발생에 개별적으로 적용되는 방식으로 발전하였다. 본 책에서는 스포츠와 관련하여 제정된 세세한 법률, 규칙, 시행령, 조례에 집중하기 보다는 미국법 체계에 대한 소개와 더불어 일반 이론과 특히, 스포츠법에서 큰 비중을 차지하는 민법상의 불법행위와 계약법 이론, 에이전시법 이론에 초점을 맞추어 서술할 것이다. 근래에 들어 국내 학계와 실무상에서도 활발히 도입되고 있는 미국법 이론에 대한 소개인만큼, 국내 스포츠 시장에서도 유용하게 활용될 수 있을 것으로 생각된다.

미래 시장은 국지적, 지역적으로 국한된 로컬시장을 벗어나 세계 전체를 아우르는 거대 글로벌 시장으로 발전하고 있다. 이에 따라 법률시장과 경영분야 역시 국내시장에 국한되지 않고 세계적인 시각으로 준비하고, 문제를 바라보아야 할 것이다.

지금은 스포츠분야와 법률 그리고 글로벌 경영 분야의 통합적이고, 국제적인 연구가 필요한 시점으로 세계화 상황에서 국내 스포츠가 발전하고, 지속성장하기 위해서는 해외의 스포츠법과 경영연구 사례 등을 받아들여 발전시키는 것이 절실하다는 생각이다.

미국의 로펌에서 변호사로 활동하며 다양한 법률 서비스를 제공하고, 일반법률 상황뿐만 아니라 스포츠와 엔터테인먼트 분야의 분쟁과 산업현장의 사례를 직접 경험한 필자는 스포츠법과 스포츠경영은 고립된 분야의 학문이 아니라 다양한 전공의 학자들과 연구원들이 지식을 공유하며 공동 연구해야 할 분야로 인식하고 있다.

한국과 미국에서 법률을 공부한 미국 변호사와 스포츠학자들과의 연계는 스포츠 학계에 신선한 자극이 될 것으로 예상한다. 이에, 국내 스포츠학자들과 연구를 통하여 법과 경영 그리고 스포츠의 융합을 이루어 국내 스포츠 발전에 역할을 할 수 있도록 본 책을 출간하는 바이다.

스포츠가 가지고 있는 특성을 통하여 더 좋은 세상을 만들기 위해 다양한 연구에 최선을 다하고 계신 김종걸, 유동균 교수님과 정수봉 선생님에게 감사드리며, 앞으로 미국의 스포츠법과 경영뿐만 아니라 다양한 미국의 학문과 스포츠이론을 함께 연구 할 것을 약속하며 서문을 마친다.

- 저자대표 성 윤 미 미국변호사 -

제 1 강

미국 스포츠법

제 1 장

미국법 체계

스포츠 관리자는 스포츠 시설, 행사, 경기, 조직의 관리를 맡아 현장에서 의사 결정을 내리는 책임자로, 스포츠 관리자에게 있어 법체계를 이해하는 것은 스포츠 활동과 관련한 규정을 이해하여 법적, 물리적 위험을 관리 하는데 있어 아주 중요하다. 현재와 같이 스포츠 활동에서 비롯한 각종 분쟁과 불법행위 소송, 계약과 관련한 소송, 고용 관련 소송, 관리자 책임 소송 등이 빈번한 사회에서, 스포츠 관리자들은 각종 법규를 이해하여 준수하며 스포츠 활동을 운영하고 관리해야 한다.

미국은 한국과 달리 연방과 주가 분리되어 있고 연방법(Federal law)과 주법(State law)이 개별적으로 존재하며 하위에 시(City), 카운티(County), 에이전시(Agency) 등 많은 조직이 각기 다른 법규를 제정, 시행하고 있다. 우리나라와 상이한 이 법체계에 대한 전반적인 이해는 미국 스포츠법을 아는데 도움을 줄 것으로 보고 본 장에서 미국의 법원조직, 법정체계, 보통법원, 법률의 종류를 간략히 서술하겠다.

1. 미국 법원(Source of Law)

미국법의 주된 법원은 중세 영국에서 시작되어 오랜 세월 축적된 관습이라고 할 수 있는 보통법이다. 이 관습법 외 미국 법을 이루고 있는 법원으로는 제정법인 미국 연방 헌법을 비롯한 50개 주 헌법으로 이루어진 헌법, 그리고 의회에서 제정한 법률 및 시, 카운티 정부에 의해 통과된 명령을 포함한다. 또, 다른 미국법원은 행정법으로, 연방통상위원회(Federal trade Commission), 전국노동관계위원회(National Labor Relations Board), 식품의약품국(Food and Drug Administration) 등의 기관에 의해 제정된다.

1) 보통법(Common Law)

영국에서 시작되고 축적된 보통법체계는 미국법체계를 비롯해 많은 나라의 법체계의 근간을 구성하며 영미법의 뼈대가 되었다. 보통법은 수세기동안의 일반법, 관습, 그리고 경험이 쌓여 이루어진 것으로, 실제 법적 분쟁의 판결을 바탕으로 발전되어 왔다. 오랜 기간 동안 내려진 판결은 하나의 원칙을 구성하고 이 원칙을 바탕으로 유사한 사실관계를 가진 새로운 사건에 대한 판결을 내린 것이다. 그리하여 보통법체계 하에서는 기존 판례와의 일관성을 유지하여 새로운 판결을 내리는 것이 규범이 되었고 새로운 사건을 결정함에 있어 기존 사건 또는 선례를 이용하는 것이 기본이 되었다. 이러한 관행은 선례 구속성의 원칙이 되어 이 원칙 하에서 재판관은 지난 판결을 통해 세워진 선례를 주로 따르게 된다. 보통법 체계 하에서는 판례는 제정법과 다름없이 실질적인 효력을 가지는 규범이 되고 이를 판례법이라 한다.

사례들로부터 원칙을 도출해내는 보통법 체계는 법규를 제정하여 성문화한 후 개별 사건에 적용하는 제정법 체계와는 그 도출 방식과 적용 방식에 있어서 큰 차이를 보인다.

2) 헌법(Constitutional Law)

미국 헌법은 1787년 13개의 새롭게 성립한 주의 대표들에 의해 채택된 미국의 최고법이다. 미국 헌법은 정부의 구성과 권력을 부여하여 제한하는 내용을 담고 있다. 미국 헌법이 제정된 후, 1791년 미국 연방정부의 의회는 미국헌법의 10개 수정조항을 승인했고 이는 권리장전(Bill of Rights)으로 알려져 있다. 권리장전은 연방정부의 권한을 제한하고 개인적 권리와 보호를 보장했다. 권리장전의 10개 조항은 아래와 같다.

1st Amendment: Freedom of speech, press, religion, peaceable assembly, and to petition the government(연방 의회는 국교를 정하거나 또는 종교 행위의 자유를 금지하거나, 언론과 출판의 자유를 제한하거나, 인민이 평화롭게 집회할 수 있는 권리와 불만 사항의 시정을 위해 정부에 청원하는

권리를 제한하는 법률을 제정해서는 안 된다.)

2nd Amendment: Right for the people to keep and bear arms, as well as to maintain a militia(무기를 보유하고 소지하는 인민의 권리가 침해되어서는 안 된다.)

3rd Amendment: Protection from quartering of troops(평화 시에 군대는 어떠한 민가에서도 그 소유주의 승낙을 받지 아니하고는 숙영할 수 없다. 전시에도 법률이 정하는 방법에 의하지 아니하고는 민가에서 숙영할 수 없다.)

4th Amendment: Protection from unreasonable search and seizure(부당한 수색이나, 체포·압수로부터 신체, 가택, 서류 및 재산의 안전을 보장받는 인민의 권리를 침해해서는 안 된다. 또한, 체포·압수 영장은, 선서 또는 확약에 의하여 뒷받침되는, 특히 수색 대상 장소와 체포·압수 대상을 기재하여야 하며, 상당한 이유 없이 이러한 영장을 발급해서는 안 된다.)

5th Amendment: Due process, double jeopardy, self-incrimination, private property(누구라도, 대배심에 의한 고발 또는 기소가 있지 아니하면 사형에 해당하는 죄나 중죄에 대하여 심리를 받지 않는다. 단 육군이나 해군 또는 민병대에서 전쟁 시나 위기상황을 당하여 현역으로 복무 중에 발생한 사건에 관하여서는 예외로 한다. 누구라도 동일한 범죄에 대하여 사형이나 구금 형에 두 번 처해지지 않으며 어떠한 형사사건에서도 자신에게 불리한 증언을 강요당하지 아니하며, 정당한 법의 절차에 의하지 않고서는 생명이나 자유 또는 재산을 박탈당하지 아니한다. 또한 정당한 보상 없이, 사유 재산이 공익목적으로 사용되지 않는다.)

6th Amendment: Trial by jury and other rights of the accused(모든 형사 절차에서 피고인은 범죄가 행하여진 주나 법에 따라

사전에 확정된 지구의 공정한 배심에 의해 신속한 공판을 받을 권리가 있다. 또한, 피고인은 공소의 성질과 이유에 관하여 통보받을 권리, 자신에게 불리한 증인과 대질심문을 받을 권리, 자신에게 유리한 증인을 얻기 위하여 사법적인 절차를 밟을 권리, 자신의 변호를 위하여 변호인의 도움을 받을 권리가 있다.)

7th Amendment: Civil trial by jury(보통법상의 소송에서, 분쟁 관련 가격이 20달러를 초과하는 경우에는 배심에 의한 공판을 받을 권리가 있다. 배심에서 평결한 사실은 보통법의 규정에 의하지 않고는 미국의 어느 법원에서도 재심을 받지 않는다.)

8th Amendment: Prohibition of excessive bail, as well as cruel and unusual punishment(과다한 보석금을 요구하거나, 과다한 벌금을 부과하거나, 잔혹하고 이례적인 형벌을 가할 수 없다.)

9th Amendment: Protection of rights not specifically enumerated in the Bill of Rights(본 헌법에 특정 권리를 열거한 사실이 인민이 보유하는 그 밖의 여러 권리를 부인하거나 경시하는 것으로 해석되어서는 안 된다.)

10th Amendment: Powers of states and people(본 헌법에 따라 미국 연방에 위임되지 아니하였거나, 각 주에 금지하지 아니한 권한은 각 주나 인민이 보유한다.)

권리장전은 연방법이므로 주정부에 직접적으로 적용되지 않으나 미국 최고 법원은 헌법의 14번째 수정조항 "어떤 주도 미국 시민의 특권 또는 면제 권한을 제한하는 법을 만들거나 강제해서는 안 된다. 또한 어떤 주에도 법의 적정 절차 없이 개인의 생명, 자유 또는 재산을 빼앗아서는 안 된다. 게다가 그 사법권 범위에서 개인에 대한 법의 동등한 보호를 부정해서는 안 된다." 에 의해 권리장전이 각각의 주정부에도 적용된다고 해석하였다. 허나 권리장전에서 부여되는 권리들이 절대적인 것은 아니다. 권리장전에서 보장되는 권리들은 광범위하게 기술되어 있으므로 최고법원이 헌법을 해석하여 구체적인 시민의 권리를 규정하게 되었다.

각 주는 해당 정부의 구성, 권력을 설정하고 제한하는 개별적인 성문 헌법을 가지고 있다. 주 헌법은 종종 다양한 형태로 나타나는데 일부는 미국 연방 헌법을 표방하기도 하고 또 다른 일부는 시민들에게 보다 광범위한 권리를 허용하기도 한다.

3) 법률(Statutory Law)

주 의회와 연방 의회는 법률(Statutes)을 제정한다. 시와 카운티와 같은 지방 정부는 명령(Ordinances)을 제정한다. 이 둘이 법률이다. 법률은 헌법에 의해 의회에게 부여된 권리 하에서 다룰 수 있는 모든 주제를 망라하여 제정된다. 헌법은 법률의 우위에 있으므로 헌법을 위반하는 법률을 제정할 수 없다.

연방과 주로 나눠진 미국의 법률은 재판적에 의해 그 적용이 제한된다. 연방 법률은 연방관할의 문제에 관해서만 적용되고 지역과 주정부 관할 문제에 대해서는 명령 또는 주 법률이 관할하는 것이 원칙이다. 하지만 연방과 주, 또는 주와 지방정부사이의 관할권이 겹칠 때 법률의 충돌이 발생할 수 있다.

이러한 때에 법 우위 이론이 적용된다. 연방법은 주법의 우위에 있으며 주법은 지방법의 우위에 있다는 것이다. 그러므로 연방과 주가 충돌할 때 연방법이 적용되고 주와 지방 법률이 충돌할 때 주법이 적용되는 것이다. 다수의 주 법률이 경합하는 사건에 대하여는 연방 법원에서 재판적을 가지고 심리할 수 있다.

스포츠 영역에는 많은 수의 법률과 명령, 규칙 등이 적용되며 스포츠 분야를 규율하는 법률도 존재한다. 그 예시로 아래의 제 4장 에이전시법에서 후술할 스포츠에이전트책임신뢰법(Sports Agent Responsibility and Trust Act, U.S.C. §§ 7801-7807, 2008)이 스포츠 에이전트를 규율하는 연방 법률이다.

주 법률은 주마다 그 내용과 적용이 다르다. 헌법의 기본 원칙에 부합한다면 주 의회에 법률의 세부 내용을 정할 권한이 있기 때문이다. 50개에 달하는 미국의 주는 각기 다른 법률을 가지고 있어 지역에 따라 다른 법률로 인한 불편과 혼란이 존재한다. 특히 여러 주에서 활동하는 스포츠 관리자에게는 모든 주의 스포츠 관련법을 인지하고 주의해야 하는 부담이 있다. 이에 각 주는 주 법률을 통일된 하나의 법률로 만들고자 주통일법위원회의(The national Conference of Commissioners on Uniform State laws, 약칭(NCCUSL)를 설립하여 상이한 주법을 통일시켜 하나의 흐름을 만들기 위해 노력하고 있다.

4) 행정법(Administrative Law)

지역, 주정부, 연방정부 의결에 의해 생성된 지역, 주, 연방 행정 기관들은 특정 활동을 규제할 법규를 제정할 권한을 부여받았다. 이러한 기관들은 관할권 안의 문제들을 조사해 규정과 규칙(rules and regulations)을 제정하고 법원의 재판과 유사한 공청회를 열어 그 법규들의 위반사실을 결정하고 벌칙을 정한다.

전국 노동관계 위원회(National Labor Relations Board, 약칭 NLRB, 국세청(Internal Revenue Service, 약칭 IRS), 안전보건부와(Occupational Health and Safety Administration, 약칭 OSHA) 같은 연방정부 기관과 지방/주정부 기관들은 스포츠 경영에 영향을 미치는 많은 수의 법을 해마다 제정하고 집행하고 있다.

2. 미국법의 종류

미국 법은 크게 형법과 민법으로 나눌 수 있다. 민법과 형법 모두 타인에게 해를 끼치지 않는 방식으로 행동하도록 규제한다는 점은 같은 반면 그 방식에서는 각기 다른 모습을 보인다.

1) 형법(Criminal Law)

형법은 어떤 행위가 범죄이고 위반에 따른 벌칙을 초래하는지를 규정한다. 규범의 위반에 대해 손해배상이나 보상 등의 방식으로 금전적 변제를 하는 민법과 달리 형법 위반의 경우에는 벌금, 금고, 징역 등의 형사 처분을 받는다. 대부분의 형법은 연방 의회나 주 의회에 의해 제정된 법률이다. 주 의회가 제정한 형법은 일반적으로 형사법(Penal Codes)이라고 부르는 형식으로 존재한다.

보통법 체계하의 미국 형법은 범죄의 구성요건, 종류 및 조각사유 등 형법의 기본체계가 보통법에 의하여 형성되어 왔다. 판례에 의해 형법이 규정 되어졌던 과거와 달리 현재 연방 차원에서 보통법에 의한 형법이 적용되는 경우는 존재하지 않는다. 법 제정의 권한을 가진 연방 의회에 의해 제정된 형법에 의한 재판과 처벌만이 가능한 것이다. 주차원에서 보통법에 의한 형법이 적용되는 경우도 현재는 드물고 주 의회에서 제정한 형사법에 의한 재판과 처벌을 받는다. 다만 연방과 각 주에서 제정한 형법이 성문법 체계하의 국가들처럼 형법의 구성요건, 종류 및 조각사유 등 기본 요소들을 세세하게 성문화하지 못한 부분이 많기 때문에 법 규정에 대한 해석이 필요하고 이러한 규정의 해석과 적용은 판례, 즉 보통법을 참고한다.

연방과 주로 나눠져 각각의 법이 해당 재판적에서만 효력을 발휘하는 특성상, 연방형법은 연방범죄에만 적용되며, 주 형법은 주 범죄에만 적용되는 것이 원칙이다. 만약 범죄가 여러 주에 걸쳐 일어나는 경우, 연방 형사 재판소가 재판적을 가지고 판결을 내릴 수 있다.

미국 법률 협회는 의회의 형법 제정에 지침을 제공하기 위해 미국의 형법을 표준화한 모범형법전, Model Penal Code을 제정하였고 많은 주에서 모범형법전의 전부 또는 일부를 각각의 형법에 수용하였다.

원고가 피고에 대하여 소를 제기하는 민사소송과 달리 형사법원의 재판에서는 검사가 일반 대중을 대리하여 피의자에게 소를 제기하고, 오직 제기된 범행여부에 대해서만 심리한다. 유죄를 선고하기 위해, 검사는 기소된 피의자가 범죄를 저질렀다는 사실을 합리적 의심의 여지를 가질 수 없을 정도로(beyond a reasonable doubt) 입증해야 한다. 우리나라와 마찬가지로 미국 형법에서도 한 번 재판을 받은 피의자는, 동일한 사건에 대한 재판을 더 이상 받지 않는 일사부재리의 원칙(prohibition of double jeopardy)이 적용된다.

유죄판결을 받은 범죄자는 벌금, 봉사활동, 보호관찰, 구속, 또는 복합적 처벌의 대상이 될 수 있다. 법원이 범죄 피해자에 대한 배상을 명할 수 있는 권한이 있으나, 대게 피해자는 형사 재판을 통해서는 배상을 받지 못하고 형사 재판 이후에, 혹은 동시에 피의자에게 민사소송을 제기하여 금전적 배상을 받게 된다.

스포츠 영역에서 발생하는 대다수의 문제는 계약, 고용, 대리와 같은 민법에 관한 것이지만 운동선수들과 스포츠 관리자의 절도, 횡령, 배임, 협박, 강도 또는 폭행에 관한 형법을 위반했을 시에는 형사제재를 당할 수 있다. 제 4장의 에이전시법에서 후술할 James E. Brown, 과 Marion Darnell Jones의 사례와 같이 에이전트가 자신이 대리하는 운동선수의 자금을 임의로 사용하여 21개월의 실형을 선고받은 것이 그 예이다.

2) 민법(Civil Law)

민법은 민사소송에 의해 집행되는 민사상, 사법상 권리에 적용되는 주법과 연방법을 일컫는다. 민사법원은 개인, 기관, 사업, 그리고 정부 기관과 대행사 간의 형사사건을 제외한, 모든 사법상 권리에 관한 비형사적 문제를 심리한다.

민사소송을 구성하는 두 당사자 중 하나는 원고로, 해당 소송을 제기한 사람, 그룹, 또는 기관이며(예를 들면, 운동 경기 중 상대방의 폭행으로 부상을 입은 선수) 피고는 고소를 당한 사람, 그룹, 기관이다(예를 들어 상대 운동 선수를 폭행한 자).

민사소송에서 여러 명의 피고가 생기는 것은 흔한 일이다. 민사 소송에서 원고는 피고에게 책임이 있다는 것을 증거의 우세에 의해(preponderance of evidence) 입증하기만 하면 된다. 위에서 기술했듯 형사법의 입증 책임은 '합리적 의심의 여지를 가질 수 없을 정도'(beyond a reasonable doubt)로, 강도가 가장 높은 수준의 입증책임이나 민사소송에서의 입증책임은 피고의 혐의에 대한 확증이 51% 이상임만을 입증하면 되는 낮은 수준의 입증책임이다.

스포츠경영과 관련한 소송의 대부분은 민법과 관련되어 있다. 형사 처분을 선고하는 형사소송과 다르게, 민사소송에서는 원고는 피고에 대해 금전적 배상을 명하는 판결을 받게 된다. 스포츠 영역에서 발생하는 소송은 계약, 고용, 불법행위, 대리 등 대다수 민법과 민사문제에 관한 것이다.

(1) 민사소송의 구조

원고가 피고를 상대로 소장(complaint)을 제출할 때, 민사소송은 시작된다. 개인은 민사소송을 통하여 자신이 피고로부터 입은 피해를 배상받을 수 있다. 소장은 소송을 시작하는 문서로, 원고가 피고에 대하여 구하는 손해에 대한 배상을 정당화시키는 사실관계를 구체화 한 것이다. 소장은 해당 사건의 재판적, 양 당사자의 정보, 해당 사건의 구체적 사실관계, 소송의 사유(cause of action), 판결을 통해 구하는 청구 목적 등으로 이루어진다.

소장은 소환장(summons)을 통해 송달(service)되는데, 대체로 법원 집행관에 의해 송달이 되며 피고로 하여금 그를 상대로 한 소송이 제기되었다는 사실을 고지하고 소제기에 응답할 특정된 시간을 제공한다. 소장을 받음으로, 피고는 대체로 피고의 이익을 대변할 변호사를 구하고 피고의 변호인은 의견서(answer)를 통해 소장에 열거된 혐의 중 전부 또는 일부를 부인하게 된다.

의견서와 더불어 피고의 변호인은 소의 기각신청(dismissal of complaint)을 할 수도 있다. 이것을 기각 청구(motion to dismiss)라고 하는데 소장이 청구원인을 명시하지 못하거나, 해당 혐의의 구성요건에 흠결이 있는 등, 법적으로 불충분할 때 사용된다. 소장과 의견서를 합하여 준비서면(pleadings)이라 한다. 이 최초의 준비서면 후에, 사건은 증거개시 절차(discovery)로 들어가게 된다. 증거개시절차는 의견서의 제출과 재판의 시작 사이에 위치한다. 이 재판전 기간은 재판을 준비하기 위해 양 당사자가 서로에 대한 정보, 사건에 관련한 정보와 사실관계를 얻고자 함이다. 보통의 증거개시 절차는 물리적 증거 생산요청과 질문서와 진술의 인용요청을 포함한다. 물리적 증거생산 요청은 당사자가 사건과 연관되어 있다고 믿는 증거가 다른 당사자의 지배나 소유 하에 있을 때 이를 생산하거나 조사를 위해 제공하도록 하고자 할 때 발생한다. 예를 들어 프로 운동선수가 시즌 준비 훈련을 하던 중 부상을 당하여 원고로 소속 팀을 상대로 불법행위로 인한 손해배상의 소송을 제기한 경우, 원고의 변호인은 원고의 부상 당시 사용되었던 장비나 시설(예를 들어 체육관, 피트니스 도구)을 조사할 수 있도록 요청할 수 있다. 더하여, 시즌 전 의료기록, 트레이닝 기록, 보호자 동의서, 사고 보고서, 시설/장비 보수기록, 고용 계약서와 같은 문서들도 요청가능하다.

질문서(Interrogatories)는 변호인이 소송의 상대방에게 보낸 서면 질문을 말한다. 이 질문서는 정해진 기간 안에 반드시 응답되어야 하며 재판에서 증거로 쓰일 수 있다. 진술(deposition)은 증인의 재판 전 질문을 말한다. 증인이 선서 후에 질문에 답을 하면 법원 서기관에 의해 기록된다. 질문서와 같이, 진술 기록 또한 재판에서 증거로 이용될 수 있다.

만약 사실관계에 대한 분쟁이 없다면 해당 사건은 재판 없이 판결이 날 수도 있다. 청구 당사자는 사실관계에 대한 의문이 없고 관련법에 의거하여 승소판결을 받을 수 있다는 것을 주장하며 즉결심판청구(motion for summary judgment)를 할 수 있다. 즉결심판청구가 받아들여질 경우, 재판은 더 이상 진행되지 않고 재판부는 사실관계에 대한 판단은 생략하고 사실관계에 대한 법률 적용만을 하여 판결을 내린다. 즉결심판청구는 어느 때에나 신청할 수 있으나 대체로 증거개시절차에서 유의한 사실관계상의 분쟁이 없다는 것이 밝혀졌을 때, 즉 증거개시절차 이후에 구하게 된다.

당사자나 법원은 대체로 증거개시절차가 완료된 이후에 재판 전 회담이나 심리를 요청할 수 있다. 이러한 비공식적 회담의 목적은 재판과정을 계획하기 전 쟁점을 명확히 하기 위해서이다. 이와 같은 심리에서, 재판부는 양 당사자로 하여금 합의에 이르도록 권장할 수 있다. 만약 합의에 이르지 못하면, 사건은 재판으로 진행된다. 대게의 민사 사건들은 합의에 의해 종료된다.

민사재판에서, 원고는 배심원에 의한 재판을 진행할 지 선택해야 한다. 원고는 피고의 모두진술에 이어 재판에서 제시될 증거의 종류와 쟁점에 관한 사실관계를 알리기 위한 모두진술을 한다. 모두진술에 이어서, 원고는 사건에 대한 소개를 한다. 원고는 곧이어 그의 증인을 소환하여 신문한다. 대게, 증인들은 피고와 원고에 의해 여러 번 교차 신문을 받게 된다. 피고는 원고와 같이 그의 증인을 신문하는 절차를 반복하게 된다.

재판 중에, 두 종류의 증인이 소환될 수 있다. 일반 증인은 사안과 관련하여 특정 사실관계에 대해 개인적으로, 직/간접적으로 알고 있는 증인이다. 전문가 증인 해당 사건과 관계는 없으나 전문지식을 제공하여 재판관과 배심원의 판단을 돕는 역할을 한다. 전문가 증인은 주로 해당 사건에 적용되는 주의의무 정도, 주의의무 여부에 관한 진술과 피고가 그 주의의무를 준수했는지에 대한 진술을 제공한다. 예를 들어 운동선수가 훈련 중 부상을 당하여 소속 팀 의료진에게 처치를 받았으나 심각한 상해를 입은 경우, 해당 의료진에게 주의 의무가 있는지, 있다면 주의의무의 정도, 의료진이 주의의무를 위반하였다면 그 위반과 운동선수의 상해와 인과 관계가 있는지 등을 알기 위해 현직 의사를 전문가 증인으로 소환하여 이에 대한 진술을 얻을 수 있다.

양 당사자가 서로 신문을 완료하면, 최후 변론이 이루어진다. 최후 변론 이후에 재판관은 배심원단에 적용할 수 있는 법과 이에 기대어 내릴 수 있는 판결에 대한 선택과 관련한 지침을 전한다. 지침의 전달이 있은 후 배심원단은 최종적으로 판결을 선고한다.

배심원에 의한 재판이 아닌 경우 재판관은 잠시 재판정에서 이석하여 판결 내용을 정리한 후 판결을 선고하거나 최후 변론 후에 바로 판결을 선고할 수도 있다.

재판에서 패소한 당사자는 상위 법원에서 하위 법원의 판결이 번복될 수도 있다는 희망을 가지고 항소를 할 수 있다.

항소법원은 하위 법원의 판결을 인용하여 동일한 판결을 내릴 수 있고, 파기하여 새로운 재판을 하거나 하위 법원의 판결을 수정하도록 하위 법원으로 환송할 수 있다.

(2) 미국 법정 체계

미국 법정 체계는 연방과 주 단위의 법원과 행정법원, 파산법원, 소액사건과 같은 특정 분쟁을 다루기 위한 법원으로 이루어져 있다.

법적 분쟁의 대다수는 재판 전에 합의 또는 즉결심판 등을 통해 해결되나 만약 재판을 하게 되면, 연방 또는 주 법원의 재판관들은 소속 법원에서 사건 해결을 위한 재판을 주재한다.

가. 예심법원(제1심법원)(Trial Courts)

미국법원 체계는 우리나라와 같이 계층적으로 구성되어 있다. 예심법원 또는 지방법원(district court) 으로 명명된 가장 하위 법원이 있고 그 다음은 항소법원, 가장 높은 계층의 법원은 최고법원(supreme court)이다. 우리나라의 지방법원, 고등법원, 대법원으로 이어지는 3단계 계층과 같이 미국의 법정 체계 또한 3단계로 이루어져 있다. 연방 법원과 대부분의 주 최고법원의 명칭은 supreme court이나 뉴욕 주의 경우에는 1심 법원의 명칭이 supreme court이므로 혼동하지 않도록 주의해야 한다. 1심법원은 소송의 가장 처음 절차를 수행하며 아래의 세 가지 사항을 결정한다.

1. 분쟁의 사실관계 확인
2. 해당 사실관계에 어떤 법률이 적용되어야 하는지를 결정
3. 해당 법률의 집행

위의 세 사항을 모두 수행한 재판부는 당사자중 일방에게 승소 판결을 내린다. 사실관계가 확실하고 적용할 명확한 법규가 존재할 때 대부분의 분쟁은 1심법원에서 해결되고 대다수의 사건은 2심, 3심법원까지 가지 아니한다.

나. 항소법원(Appellate Courts)

1심법원의 최종판결 후, 패소한 당사자는 일정한 기간 안에 판결에 대한 항소를 할 수 있다. 항소란 상위 법원에 하위 법원의 판결을 재검토 하도록 요청하는 절차이다. 재심사를 하는 법원을 항소법원이라 한다.

셋 또는 그 이상의 재판관으로 이루어진 항소법원은 하위법원의 판결이 실질적으로 또 절차적으로 정확한지에 대한 검토를 한다. 소송의 쟁점에 적절한 법률이 정확하게 적용 되었는지를 판단하고자 하는 것이다.

항소법원은 계약서, 사진, 사업 기록물, 권리포기서, 임대차 계약서와 같은 하위 법원에서 사용된 증거가 무엇인지 또한 하위 법원에서 어떤 논의가 있었는지에 대한 법정 기록을 검토한다. 주 항소법원은 배심원을 도입하거나 새로운 증거에 대한 판단을 새롭게 하거나 증인신문을 하거나 사실관계에 대한 새로운 판단을 하지 않는다.

대신, 항소법원은 하위 법원에서 법률이 해당 사실관계에 정확하게 적용되었는지에 대한 판단을 한다. 이를 위해 항소법원에서는 하위 법원에서 제시되었던 사실관계에 대해 법률이 어떻게 잘못 적용되었는지에 대한 변호사의

주장을 담은 간략한 서면 요약을 재검토 한다.

만약 하위법원이 법적용을 부정확하게 했다고 판단하게 되면 항소법원은 하위 법원의 판결을 수정하거나 변경된 새로운 판결을 내리거나 또는 하위 법원에서 항소법원의 지침에 따라 새로운 재판을 열도록 파기 환송(remand) 할 수 있다.

항소법원이 1심법원의 판결에 문제가 있다고 판단했지만 하위법원의 판결을 파기하기에는 불충분하다고 판단할 수도 있다. 판결에 오류가 있다 하더라도 항소인의 이익에 완전히 불리한 영향을 끼친 것은 아닐 때에 이러한 사소한 오류는 사건의 원심결과에 영향을 미치지 않을 수도 있다.

항소법원이 사건에 대한 판결을 하면 재판관은 원칙적으로 서면 의견을 작성하여 공표한다. 이와 같은 의견에는 항소법원이 적용한 법률과 더불어 그와 같은 판결에 이르게 된 근거 또한 기술한다. 판결을 내릴 때 항소법원은 연관된 법률과 더불어 판례에서 도출된 적절한 보통법(common law) 또한 해석하여 적용한다.

해당 사건에 적용할 만한 선례나 준거 법률이 존재하지 않는 경우에는 항소법원은 새로운 규칙을 만들어 내거나 현존하는 원칙을 확장하여 적용할 수 있다. 이와 같이 새롭게 만들어진 법을 판례법(case law) 이라 한다.

다. 미국 연방 법정 체계

연방법원 체계는 (1) 지방법원(district court)이라 불리는 예심법원(trial court), (2) 중간심의 항소법원(court of appeal) 그리고 (3) 연방 대법원(U.S. Supreme Court)의 세 단계 계층으로 이루어져 있다. 연방법원 시스템은 또한 해사법원, 군사법원, 파산법원의 특별법원 또한 포함하고 있다. 파산, 군사, 해사, 이민에 관한 법률문제는 연방의 권한 하에 있으므로 이에 관한 쟁점이 생길 경우 연방 법원에서 다루게 된다.

연방법원 시스템은 연방법을 집행하는 연방 관련 문제에 대한 재판을 주재한다. 그러므로 연방관련 문제가 발생했을 때 해당 사건은 연방 법원에서 다루어지게 된다. 연방법이 쟁점이 되더라도 사건의 피해액이 $75,000 이상이 되어야만 연방법원에서 판결을 받을 수 있다.

이 외에 연방법원에서 판결을 받으려면 복수 주간의 관할권(Diversity jurisdiction)이 있어야 한다. 복수 주간의 관할권 문제는 소송의 당사자가 복수의 주에 거주할 때 생긴다. 예를 들어 매사추세츠 주의 보스턴에서 개최된 마라톤 경기 중 미국 내 각 주에서 참가한 참가자들이 경기 진행 미흡으로 인해 부상을 입게 된 경우와 같다. 자연인(부상을 입은 참가자) 또는 법인(경기 진행 업체) 가 서로 다른 주에 거주할 때 소송은 연방법원에서 진행될 수 있다.

미국은 96개의 연방 재판 구획(federal judicial districts)으로 나누어져 있고 각 지역 또는 각 주에 최소 1개 이상의 연방 지방법원이 있다. 주 당 연방 지방법원의 수는 각 주의 인구 변화와 사건 양에 따라 달라진다. 연방 항소법원(U.S. courts of appeal)은 13개의 연방 재판 서킷으로 구성되어 있으며 연방 지방법원에서 항소된 사건을 맡는다.

연방 법정 체계의 가장 높은 단계는 연방 최고법원(U.S. Supreme Court)이다. 종신직으로 미국 대통령에 의해 임명된 9인의 재판관이 연방 최고법원을 구성한다. 이 최고법원은 연방 항소법원의 판결에 대한 최후의 항소법원의 역할을 한다.

라. 주 법정 체계

주의 법정 체계는 연방의 법정 체계와 용어와 그 체계가 다른 부분이 있지만 기본적으로는 연방정부의 체계와 유사하다. 모든 주는 1심 법원을 가지고 있으나 그 이름은 한 주에서는 순회 재판소(circuit court), 다른 한 주에서는 최고법원(뉴욕의 경우, supreme court), 또 다른 주에서는 다른 이름으로 불린다. 1심법원의 판결은 배심원 또는 재판관에 의해 내려진다.

1심 법원의 판결은 공공에 공개되지는 않는다. 대중에 공개되고 전체 판결문을 확인할 수 있는 판결은 오직 그 상위 단계의 법원에서만 나오게 된다(항소법원 또는 최고법원). 모든 주는 각각 특수한 항소 형식을 가지고 있으며 특정 법률문제를 다루는 특수 법원을 가지고 있다.

각 주마다 가지는 특성에도 불구하고 주 법원의 전형적인 조직은 1심법원, 항소법원, 최고법원의 삼 단계 계층으로 이루어져 있다.

3) 스포츠 관리자와 법

스포츠 관리자의 주요 임무 중 하나는 법률 쟁점을 이해하고 인식하여 해당 쟁점을 효과적으로 관리하고 법률문제 발생 가능성을 낮추는 데 있다. 이를 위해 스포츠 관리자는 스포츠 영역에서 계약, 대리, 지적재산권, 불법행위, 때로는 형사 사건까지 광범위한 스포츠 관련 법규를 알아야 한다. 관련 법규와 더불어 알아야 할 것은 법정 체계, 소송 단계와 절차 등으로, 이를 이해함으로써 법률문제들을 가장 잘 관리할 수 있다.

법의 핵심 요소에 대한 지식과 이해가 현재와 같은 소송이 난무하는 환경에서 스포츠 관리자들에게 점차 중요해지고 있다. 스포츠 관리자들에게 있어서 법률 정보, 법률, 판례, 공시된 기준과 지침에 대한 정보를 어떻게 획득하는지 아는 것은 매우 유용하다. 전문 법률가로부터 법률 지원을 받아야 할 적절한 시점을 이해하는 것 또한 중요하다.

지속적으로 변화하고 새로운 법이 생겨나는 법규의 특성상, 현명한 스포츠 관리자는 자신이 다루는 스포츠와 관련한 세미나에 참가하거나, 신문 및 전문 서적을 구독하거나, 전문 법률가에게 조언을 구하는 것을 늘 가까이 하여 미래의 법률문제에 대비하여야 할 것이다.

제 2 장

미국 불법행위와 제조물책임

본 장에서는 스포츠 관리자에게 있어서 스포츠 활동 중 부상, 사고와 같은 사건의 발생 시 책임 소재를 가르는 데 이용되어 그 활용 빈도가 매우 높은 불법행위에 대해 서술하고자 한다. 불법행위는 민사상 책임의 한 가지로 고의 또는 과실로 개인 또는 재산에 피해를 입힌 것으로, 범죄행위는 아니므로 징역이나 벌금과 같은 형사상 처벌을 받지는 않는 데 형사책임과 그 차이점이 있다. 불법행위에는 손해배상이 따르며 그 종류에는 과실에 의한 불법행위와 고의의 불법행위, 제조물 책임이 있다.

1. 과실에 의한 불법행위

과실에 의한 불법행위는 고의 없이 사람의 신체에 상해를 입혔을 때 발생하는 것으로, 고의로 상해를 입혔을 때는 불법행위가 아닌 형법상 처벌을 받는다. 과실에 의한 불법행위의 대표적 예로 맥도날드에서 뜨거운 커피를 주문한 고객이 이로 인해 화상을 입어 맥도날드를 상대로 수십억대의 소송을 제기한 사례를 들 수 있다. 대부분의 과실에 의한 불법행위 사건은 그 책임의 소재가 명확하므로 소송의 제기 후 합의에 의해 종결되나 책임 소재가 복잡하거나 모호한 경우 재판을 통해 해결된다.

스포츠 관리자가 가장 자주 직면하게 되는 소송이 바로 이 과실에 의한 불법행위 소송이다. 2005년의 판결 Green v. Konawa Independent School District을 보면 스포츠 활동 중 과실에 의한 불법행위가 어떻게 발생하는 지 알 수 있다. 초등학교 육상 경기 중 코치의 지시로 4학년 학생 Green이 경기장 외부의 스탠드에 앉아 대기하던 중 스탠드가 무게를 이기지 못하고 무너져 Green

이 상해를 입었고 Green의 아버지는 학교 당국을 상대로 스탠드의 안전을 유지하지 못한 점과 학생에 대해 관리 감독을 소홀히 했음을 이유로 과실에 의한 불법행위 소송을 제기했다.

과실에 의한 불법행위를 이해하기 위하여 그 구성요건, 중과실에 의한 불법행위, 과실에 의한 불법행위의 항변을 살펴보도록 하겠다.

1) 과실에 의한 불법행위의 구성요건

과실에 의한 불법행위의 입증의무는 원고(피해를 입은 당사자)에게 있으며 소송을 제기 할 때 왜 본인이 승소해야 하는지 이를 증명해야 한다. 기각이나 각하되지 않는 유효한 소를 제기하여 피해에 대한 보상을 받기 위해 원고는 구성요건이 있음을 입증해야 한다. 과실에 의한 불법행위의 구성요건은 네 가지로, 아래와 같다.

주의의무(Standard of Care)
의무위반(Breach of Duty)
인과관계(Causation)
해악(Injury or Damages)

주의의무는 의무와 책임으로 구성되어 있으며 의무위반은 주의의무를 다하는데 실패한 것, 인과관계에는 사실적 인과관계, 법적 인과관계가 있으며 피해는 반드시 실질적인 재산상, 또는 신체에 대한 해악이 있어야 한다.

(1) 주의의무

타인을 보호할 책임 또는 의무를 이행하지 못하여 타인에게 상해를 입혔을 때 과실에 의한 불법행위가 있다고 한다. 피고에게 주의의무가 있음을 입증하는 것은 소송에서 승리하는 데 핵심적인 요소이다. 여기서 주의의무란 피고가 타인에 대해 지는 의무 또는 책임을 말한다. 스포츠 분야에서 보자면 스포츠 시설 관리자가 관객 또는 시설 이용자가 안전하게 시설물을 이용할 수 있도록 시설물을 관리하고 유지, 보수해야 하는 의무가 바로 주의의무이다.

피고에게 주의의무가 존재하는 지의 여부를 판단하는 데에는 여러 가지 요소가 있으며 해당 요소들이 복합적으로 작용하여 법정으로 하여금 주의의무가 존재하고 존재하지 않음을 판단하게 하는 것이다. 주의의무 판단의 요소에는 다음과 같은 것들이 있다.

가. 선례

보통법체계 하에서의 미국법은 판례를 중심으로 구성되며 이러한 특징은 주의의무의 여부를 판단하는 데에도 동일하게 적용된다. 즉 비슷한 사실관계에 대한 기존의 법정의 판시가 주의의무 여부를 판단하는 데 크게 작용하는 것이다. 이는 법에 있어서 판결의 일관성과 안정성을 중시하는 미국법의 특징이다. 다만 판례도 공공 정책의 변화나 시대의 변화에 따라 필요한 경우 다른 법정에서 번복되는 경우가 있으므로 선례는 주의의무 판단의 요소 중 유연성이 있는 요소라고 할 수 있다.

나. 법규 및 규정

법규 및 규정을 제정하는 기관이 특정 사안에 대해 주의의무에 관한 법규 및 규정을 정해 놓은 경우, 이는 주의의무의 여부를 판단하는 데 필수불가결하게 이용된다. 예를 들어 대학 풋볼 시합에서의 태클에 관한 규정에 보호 장비의 수와 종류, 사이즈가 명시된 경우, 대학 풋볼 팀의 코치는 선수로 하여금 규정된 보호 장비를 착용하도록 관리 감독할 주의의무가 있다고 할 수 있다.

다. 주 또는 연방법

주법 또는 연방법이 특정 사안에 대해 주의의무를 규정한 경우, 예를 들어 스포츠 시설물에 자동제세동기(AED)를 반드시 설치해야 한다는 법을 제정한 경우에 스포츠 시설물의 관리자는 자동제세동기를 설치하고 유지, 보수해야 하는 주의의무가 있음은 자명하다.

라. 관행 또는 산업상 표준

주의의무는 해당 분야에서 다른 관리자들이 행하고 있는 관행 또는 해당 분야에서의 표준에 영향을 받는다. 예를 들어 한 지역의 풀장 관리자들이 모두 풀장의 크기에 비례하여 일정한 수의 라이프가드를 배치하여 운용하는 관행이 있다면 다른 풀장 관리자의 주의의무는 이에 크게 영향을 받을 것이다.

마. 전문가 협회

미국 대학 체육 협회, 미국 대학 체육 약물 협회, 전국 선수 트레이너 협회 등과 같은 전문가 협회는 때로 지침을 제정해 게시하는데 이러한 지침 내용이 법정에서 주의의무 여부를 판단하는 데 활용될 수 있다.

바. 자체 정책 및 매뉴얼

에이전시나 기관의 자체 정책이나 규정 또는 매뉴얼 또한 주의의무 여부를 판단하는 데 활용될 수 있는 데 예를 들면 에이전시 정책 매뉴얼상 머리에 부상을 입은 경우 즉시 911에 신고하여 병원에 후송토록 한다는 내용이 있는 경우 본 매뉴얼이 에이전시 구성원을 구속하여 매뉴얼에 규정된 행위를 하도록 주의의무를 지우게 되는 것이다.

사. 전문가 의견

재판에서 전문가 증인이 채택되면 다양한 분야의 전문가, 스포츠 관리자, 스포츠 공학자, 약물 전문가, 경제학자 등이 주의의무에 관한 견해를 제공하고 법정은 이를 수용하여 주의의무 여부를 판단할 수 있다. 예를 들어 스포츠 공학자는 스포츠 시설물 붕괴로 인한 불법행위 사건에서 해당 시설물의 구조가 안전하게 관리, 유지되고 있었는지에 대한 의견을 제공할 수 있고 경제학자는 불법행위로 피해를 입은 원고의 피해가 금전적으로 어떻게 환산될 수 있는지에 대한 견해를 제공할 수 있을 것이다.

주의의무는 대게 피고와 원고와의 관계에서 비롯한다. 특정한 관계는 피고로 하여금 원고에게 불합리한 위험이 발생하지 않도록 방지해야 할 의무를 지게 한다. 예를 들어 수영장에서 물에 빠진 사람과 다른 수영장 이용객 간에는 주의의무를 발생시킬 관계가 없어 구조하지 못하더라도 수영장 이용객에게 불법행위의 책임을 묻지 않지만 수영장에서 근무하는 라이프가드와의 관계에 있어서는 이야기가 다르다. 라이프가드와 수영장 이용객 간의 특별한 관계, 수영장 이용객을 구조하기 위한 본질적 업무 목적에 의해 라이프가드가 물에 빠진 이용객을 구조하지 않았을 경우 주의의무의 위반이 되는 것이다. 이와 같은 관계는 선수와 코치 또는 감독, 시설물 관리자와 이용객, 교사와 학생 간에도 동일하게 존재하여 주의의무의 성립이 되는 것이다.

원고와 피고 사이에 특별한 관계가 있지 않은 경우에도 주의의무가 성립하는 경우가 있는데 피고가 주의의무를 부담할 위험을 감수한 경우이다. 위의 수영장 예시로 보자면 수영장 이용객들 간에는 구조할 의무가 없지만 이용객 중 하나가 물에 빠진 다른 이용객을 자발적으로 구조한 경우, 그리고 구조의 결과로 부상의 정도를 심화시킨 경우에 구조한 이용객은 관계에 의해 발생한 주의의무는 없지만 스스로 부담하지 않아도 될 의무를 감수한 것이라 본다.

주의의무가 성립하는 또 다른 경우는 법률에 의한 경우이다. 법률상 규정된 사항에 대해 주의의무를 지는 것인데, 예를 들어 미성년자에 대한 주류 판매를 금지하는 법률이 있다고 할 때, 스포츠 시설물에 입점한 매점의 관리자는 해당 법률에 따라 미성년자에게 주류를 판매하지 않을 의무를 진다. 법률이 명시적으로 주의의무를 규정하고 있으므로 이를 지키지 않아 주류를 섭취한 미성년자가 사고를 당했을 때 해당 시설물의 관리자는 주의의무 위반의 책임을 지는데 여기서의 불법행위는 당연 불법행위라고 볼 수 있다. 법률이 명시적으로 주의의무를 규정하고 있으므로 주의의무에 대한 판단이 필요 없으며 원고는 오직 인과관계와 실질적 피해만을 입증하면 되는 것이다.

(2) 의무위반

과실에 의한 불법행위의 두 번째 구성요건은 의무위반이다. 주의의무와 같이 원고(피해를 입은 당사자)가 피고가 주의의무를 위반하였음을 입증할 의무가 있다. 이를 입증하기 위해 원고는 피고의 행위로 인하여 부당한 해악을 초래했다는 것을 입증해야 한다. 일반적으로 어떤 상황 하에서 피고에게 지켜야 할 책임과 의무가 있을 때 이를 지키지 못하였다면 의무의 위반이 있다고 할 것이다. 위의 주의의무에서 보았듯이 주의의무의 위반이 있다고 볼 수 있는 상황은 아래와 같다.

가. 선례

풀장의 정기 휴일에 무단으로 입장한 수영객이 수영을 하다 물에 빠진 경우, 기존 판례가 수영장 관리자는 수영장 시설을 관리하고 라이프가드를 배치할 의무가 있으며 수영장 운영시간 외에 예상치 못한 사고에 대해 불법행위의 책임을 지지 않는다고 판시하였다면 판례에 의해 수영장 관리자는 물에 빠진 해당 수영객에 대하여 주의의무 위반이 없으므로 불법행위가 성립하지 않는다고 할 수 있다.

나. 법규 및 규정

도시 수영장 운영 규칙에 따라 일정 크기 이상의 수영장에 반드시 7인 이상의 라이프가드를 배치해야 하는 경우 만약 수영장 관리자가 수영장 크기가 해당 규칙의 적용을 받는 크기에도 불구하고 라이프가드를 5인만 배치하였을 경우, 법규가 곧 주의의무가 되므로 법규위반은 주의의무의 위반이 된다.

다. 주 또는 연방법

위의 주의의무에서 보았듯이 주법 또는 연방법이 특정 사안에 대해 주의의무를 규정한 경우, 예를 들어 스포츠 시설물에 자동제세동기(AED)를 반드시 설치해야 한다는 법을 제정한 경우에 스포츠 시설물의 관리자는 자동제세동기를 설치하고 유지, 보수해야 하는 주의의무가 있으며 자동제세동기를 설치하지 않은 경우 그 부작위 자체로 스포츠 시설물 관리자는 주의의무 위반이 된다.

라. 연방 에이전시의 지침

소비자제품안전위원회의 가이드라인과 같은 강행적 성질을 가지는 연방 에이전시의 지침 또한 주의의무 위반을 판단하는 기준이 된다. 예를 들어 소비자제품안전위원회의 지침 상 축구장에 축구 골대를 설치할 때 반드시 지면에 고정시켜 설치하도록 하고 있다면 이와 같은 지침을 지키지 않아 골대에 기대던 어린이가 골대가 넘어가면서 부상을 입었을 경우 주의의무 위반의 책임을 지게 된다.

마. 전문가 협회

위에 언급된 미국 대학 체육 협회, 미국 대학 체육 약물 협회, 전국 선수 트레이너 협회 등과 같은 전문가 협회가 게시한 지침이 주의의무 여부를 판단하는 데 활용되는 경우, 예를 들어 경기 중 번개가 치면 번개가 멎은 후 30분 후에 경기에 복귀하도록 하는 지침이 있을 때 번개가 멎은 후 15분 만에 경기에 복귀하여 2차로 시작된 번개에 의해 부상을 입게 된 경우에 대기 시간은 단축하여 경기에 복귀하게 한 경기 운영자는 주의의무를 위반한 것이 된다.

바. 자체 정책 및 매뉴얼

에이전시나 기관의 자체 정책이나 규정 또는 매뉴얼 또한 주의의무 여부를 판단하는 데 활용될 수 있는 데 예를 들면 에이전시 정책 매뉴얼상 머리에 부상을 입은 경우 즉시 911에 신고하여 병원에 후송토록 한다는 내용이 있는 경우 본 매뉴얼이 에이전시 스스로를 구속하여 매뉴얼에 규정된 행위를 하도록 주의의무를 지우게 되는 것이고 이를 이행하지 못했을 때 주의의무 위반이 된다.

위와 같은 주의의무 위반 상황에서 중요한 점은 피고가 원고에 대해 주의의무 위반 행위로 부당한 해악을 초래했는지의 여부이다. 판례 Day v. Ouachita Parish School Board et al. (2002)를 보면 대학 풋볼 팀의 신입으로 훈련에 임하던 중 경한 부상을 입고 의사의 처방대로 훈련을 쉬도록 요청한 선수에 대해 훈련에 계속 참가하도록 강행한 팀 코치에게 계속된 훈련으로 선수로서 치명적인 부상을 입어 선수생활을 지속하지 못하게 된 학생에 대하여 주의의무를 위반하여 부당한 해악을 초래하였음을 이유로 원고 승소 판결을 내렸음을 알 수 있다.

(3) 인과관계

인과관계는 과실에 의한 불법행위의 세 번째 구성요건으로 피고의 작위 또는 부작위와 발생한 해악 사이의 관련성을 말한다. 인과관계는 불법행위 소송에서 매우 중요한 것으로, 주의의무가 존재하고 이에 대한 위반이 있었다 하더라도 주의의무 위반과 해악의 발생 사이에 인과관계가 존재하지 않는다면 불법행위의 책임이 없기 때문이다.

인과관계에는 두 종류가 있는데 사실적 인과관계와 법적 인과관계이다.

가. 사실적 인과관계

불법행위에 의한 피해보상을 받기 위해서는 주의의무의 존재, 주의의무 위반 사실, 그리고 인과관계를 증명해야 하는데 그 중 사실적 인과관계는 원고가 받은 해악과 피고의 의무 위반 사이에 사실상 연관이 있음을 말한다. 즉 피고의 작위 또는 부작위와 원고의 소송 원인 사이에 합리적이고 직접적인 연결이 있어야 한다는 것이다. 사실적 인과관계가 있음을 판단하기 위해 사용되는 방법은 "but for" 공식으로 "피고의 행위가 없었다면 원고에게 해악이 야기되지 않았을 것이다" 의 의미를 지닌다. 원고에게 발생한 해악이 피고의 작위 또는 부작위가 없었을 경우에도 발생하였을 상황이라면 사실적 인과관계가 조각되어 불법행위가 성립하지 않는 것이다.

예를 들어 오프로드 자전거 경기 중 가파른 내리막길을 도발하며 내려가는 경쟁자 선수를 따라가던 중 브레이크 고장으로 진로를 이탈해 큰 부상을 입게 된 선수가 경쟁자 선수를 상대로 불법행위 소송을 제기한 경우, 상대 선수의 행위가 없었더라도 브레이크가 고장 난 상태에서는 부상을 입을 수밖에 없었다는 정황이 인정된다면 사실적 인과관계가 없어 상대선수는 불법행위의 책임을 지지 않게 되는 것이다.

사실적 인과관계에 있어 둘 이상의 작위 또는 부작위가 해악과의 직접적 합리적 연관성이 있는 경우가 있다. 이러한 복수의 인과관계가 있을 때, 원고는 복수의 대상에 대하여 불법행위에 대한 피해의 보상을 받을 수 있는 것이다. 예를 들어 축구 경기를 관람하기 위해 경기장에 입장하는 관람객이 앞의 관람객이 갑자기 멈추어 서고 이에 아랑곳 않고 계속 진입하던 뒤의 관람객에 의해 넘어져 부상을 입은 경우 앞, 뒤의 관람객의 행위 모두 피해를 입은 관람객의 해악에 대하여 사실적, 직접적 인과관계가 있으므로 피해를 입은 관람객은 앞, 뒤의 관람객 모두에 대해 불법행위에 대한 피해보상을 청구할 수 있다.

나. 법적 인과관계

두 번째 인과관계는 법적 인과관계로, 법적 인과관계가 인정되기 위해서는 주의의무 위반의 작위 또는 부작위가 해악과 직접적으로 긴밀하게 연관되어 있어야 한다. 이는 피고로 하여금 제어 가능한 범위의 해악에 대해서만 책임을 지도록 제한하는 역할을 한다. 즉 행위와 직접적 연관이 없이 간접적으로 어떠한 해악을 발생 시켰다면 그 인과관계를 인정하지 않는 것이다.

법적 인과관계를 파악하는 이론에는 두 가지가 있는데 첫 번째는 행위가 발생한 해악과 직접적 연관이 있다면 그 중간에 다른 요인이 끼어들어 행위와 해악의 관계를 단절시키지 않는 한 인과관계를 인정하는 직접 인과관계 이론이다. 두 번째는 예상가능 이론으로 행위와 그 행위로 발생한 해악이 합리적인 일반인으로서 예상 가능하다면 그 인과관계를 인정하는 것이다.

예를 들어 술집의 주인이 차를 몰고 온 미성년자에게 불법으로 술을 판매하였고 만취한 미성년자가 자동차를 운전하다 교통사고를 냈다면 해당 술집 주인은 주의의무 위반 행위로 인해 미성년자가 사고가 날 수 있음을 합리적으로 예상 가능했을 것이므로 술집의 주인에게는 불법행위의 인과관계가 성립한다고 볼 수 있다. 반면에 위의 경우에서 미성년자가 축구 경기를 하다가 상대 선수의 태클로 부상을 입었다면 술집 주인의 주류 판매 행위로 축구 경기 중 태클로 인한 부상을 입을 수 있을 것이라는 예상은 합리적으로 할 수 없을 것이므로 첫 번째 예시와는 다르게 불법행위의 인과관계가 없다고 보아야 할 것이다.

(4) 해악

불법행위의 소를 제기하기 위하여 반드시 실질적인 해악이 존재해야 한다. 주의의무, 주의의무의 위반, 인과관계가 모두 존재 하더라도 입은 피해가 없다면 보상을 받을 수 없다. 일상생활에서 빈번히 일어나는 불쾌한 일들, 이를테면 신호를 무시하고 가던 차에 놀라고 화가 나게 된 경우, 부주의한 행인에게 밀쳐져 거의 넘어질 뻔 했으나 넘어지지는 않은 경우에는 불법행위의 구성요건을 모두 발견할 수 있으나 실질적으로 발생한 피해가 없으므로 소송을 통해 보상을 받을 것도 없는 것이다. 여기서의 해악은 반드시 실제적이고 물리적인 피해 혹은 정신적인 피해여야 한다. 즉 다치거나, 정신적 충격을 받게 되는 등의 신체적 피해와 불법행위로 인해 금전적 손해를 보거나 예상되는 수익을 얻지 못하게 되는 등의 경제적 피해 모두 보상 받을 수 있다.

일부 재판적에서는 징벌적 손해 또한 인정하고 있는데 불법행위 자체가 원고가 입은 해악에 대한 보상을 원칙으로 하는 것과는 상이하게 불법행위를 한 피고에게 징벌을 한다는 점에서 논란이 있지만 징벌적 손해를 인정하는 재판적에서도 그 한계를 해당 불법행위가 고의에 가까운 정도로 심히 중할 때로 정하고 있다.

2) 중과실에 의한 불법행위

미국은 우리나라와 마찬가지로 과실과 중과실을 구분하고 있는데 재판적에 따라 중과실을 보는 시선은 조금씩 다르다. 고의에 준하는 행위와 중과실을 동일하게 보는 재판적도 있으나 다수의 재판적은 고의에 준하는 행위와 중과실을 구분하고 있다. 중과실은 과실보다 그 부주의의 정도가 심한 것으로 규정화된 기준이 없기 때문에 판례는 중과실의 여부를 사건의 사실관계에 따라 개별적, 주관적으로 판단하고 있다. 중과실에 의한 불법행위와 고의의 불법행위의 차이점은 중과실에 의한 행위에는 해악을 야기할 의사가 조각되었다는 점이다.

Stringer v. Minnesota Vikings Football Club, LLC(2005) 판례를 보면 풋볼 훈련캠프에 참가한 선수가 훈련 도중 현기증과 두통을 호소하고 구토를 하며 수차례 훈련 중 바닥에 쓰러지는 등의 증상을 보였으나 팀의 의료진이 즉시 앰뷸런스를 부르지 않고 지체하다 수십 여분이 지난 후에 병원에 후송되어 결국은 사망하여 선수의 배우자가 팀을 상대로 증상이 심각하고 빈번하였음에도 적절한 의료 조치를 취하지 않은 것을 중과실에 의한 불법행위로 소송을 제기하였다. 본 판례에서도 법원은 중과실의 여부는 해당 사건의 사실관계에 따라 개별적으로 판단되어야 하며 지체 시간, 증상의 심각성 등을 모두 종합하여 과실의 정도가 중과실에 이르렀는지 판단해야 한다고 판시하였다.

3) 불법행위의 항변

스포츠 활동과 관련하여 불법행위의 소가 제기 되었을 때 스포츠 관리자가 할 수 있는 일에는 두 가지가 있다. 첫 번째는 원고가 주장하는 불법행위의 구성요건 즉 주의의무, 주의의무의 위반, 인과관계, 해악 이 네 가지에 대하여 구성요건을 충족하지 못했음을 입증하는 것이고 두 번째는 구성요건은 모두 충족 되었으나 불법행위에 대해 책임을 물을 수 없도록 불법행위의 항변을 입증하는 것이다. 스포츠 관리자가 위의 두 가지 중 한 가지를 성공적으로 해내었을 때, 불법행위가 있음에도 법적 책임을 지지 않게 된다.

불법행위의 항변에는 두 가지가 있다. 위험의 감수와 과실에의 기여가 그것이다.

(1) 위험의 감수

피고가 자발적으로 인지하고 있는 위험을 감수하고 스스로 그 위험에 노출시킨 경우 위험의 감수가 있다고 하며 이러한 경우 피고는 원고의 행위로 입은 피해에 대하여 보상을 받지 못하게 된다. 위험을 감수하기 위해 피고는 아래 세 가지 요건을 충족하여야만 한다.

스포츠에 반드시 해당 위험이 내재하고 있어야 한다.

참가자가 반드시 자발적으로 해당 위험에 노출되는 것에 동의를 해야 한다.

참가자는 반드시 스포츠 활동에 내재된 위험에 대해 인식하고 이해하며 이를 수용하여야 한다.

스포츠 참가자의 위험 감수의 대표적인 예는 풋볼 경기이다. 신체적 접촉이 많은 풋볼은 상해의 위험이 자연적으로 내재되어 있으며 풋볼 선수는 이를 인지하고 경기를 통해 이러한 위험에 노출되는 것에 동의를 하였으므로 이는 위험의 감수로 볼 수 있고 그리하여 경기 중 발생하는 일반적인 부상에 대하여 불법행위를 원인으로 한 소송을 제기하지 못하게 되는 것이다.

가. 내재된 위험

내재된 위험이란 해당 활동의 본질을 바꾸지 않는 한 제거할 수 없는 해당 활동 고유의 위험을 말한다. 아이스하키의 본질상 신체적 위험이 내재되어 있는데 이는 아이스하키에서 태클과 신체적 접촉을 모두 금지하지 않는 한 제거될 수 없으며 모든 종류의 태클과 신체적 접촉을 금지한 아이스하키는 본질적으로 더 이상 아이스하키라 부를 수 없을 것이다. 이렇게 스포츠 활동이 가지고 있는 고유한 위험이 내재된 위험이므로 고유하게 가지고 있지 않은 위험 이를테면 야외 경기 중 벼락에 의한 부상의 위험, 선수의 건강상태를 고려하지 않은 경기에서 발생한 질병의 위험 등은 내재된 위험이라 할 수 없다.

나. 자발적 동의

스포츠의 본질 상 특정한 신체적 접촉은 당연하게 허용(동의)된다. 축구에서 상대 선수로부터 공을 빼앗기 위해 몸을 밀치거나 신체에 밀착하는 행위 등은 본질적으로 허용되는 행위이므로 이로 인한 부상은 불법행위를 이유로 보상받기 어려울 것이다. 허나 규칙에 위반한 무리한 태클, 고의에 준하는 공격, 경기장 외에서의 다툼 등의 신체적 접촉에는 자발적 동의가 있다고 볼 수 없으므로 불법행위의 항변으로써 기능할 수 없게 된다.

다. 인지, 이해, 수용

스포츠 활동의 본질적 성질을 참가자가 알고 있을 때 위험 감수의 항변을 할 수 있다. 안다는 것은 스포츠 활동으로 발생할 수 있는 위험을 인지하고 있다는 뜻으로 예를 들자면 6살 아이가 풋볼 시합에 처음으로 참가해 태클로 인해 부상을 입었을 때는 풋볼 시합에 대한 위험을 인지하고 있는 상태였다고 보기 힘들 것이다.

스포츠 활동 참가자가 자신의 신체 상태와 능력에 대한 충분한 이해를 가지고 경기에 참가했을 때 위험에 대한 감수가 있다고 할 수 있는데 만약 심장마비의 위험이 있음을 알고도 자발적으로 경기에 임했을 때는 실제로 심장마비가 발발했을 때 스포츠 관리자가 위험감수의 항변을 할 수 있을 것이다.

위험을 인식하고, 신체 상태와 능력에 대한 이해를 가지고 경기에 임했더라도 그 위험을 수용하지 않았다면 항변을 할 수 없을 것이다. 수용은 스포츠 활동의 위험에 대한 고지를 받아 이에 대해 자발적인 위험 감수를 했을 때 존재한다. 만약 스포츠 관리자가 스쿠버 다이빙의 위험에 대해 전혀 설명하지 않고 위험하지 않다는 말로 회원을 모집해 회원이 이에 동의해 스쿠버 다이빙 교육을 받다 부상을 당했다면 해당 스포츠 관리자는 불법행위의 항변을 사용하지 못할 것이다.

라. 명시적, 묵시적 위험감수

위험을 감수하는 방식에는 두 가지가 있다. 첫 번째는 명시적 위험 감수로, 언어 또는 글을 사용하여 위험을 인지, 이해, 수용하였음을 표현하는 방식이다. 예를 들어 사회인 야구단에 막 가입한 신입 회원에서 팀 코치와 주장이 야구 경기 중 발생할 수 있는 부상과 위험에 대해 설명하고 회원이 이에 동의하며 구두로 위험을 감수 하겠다는 의사의 표시를 하는 경우 이는 명시적 위험 감수가 되는 것이다. 스포츠 활동에 내재하는 위험이 큰 경우, 예를 들어 번지점프나 급류 래프팅을 하기 전에 지원자는 해당 활동의 위험성을 경고하고 부상 발생 시 관리자에게 책임이 없다는 내용이 담긴 서약서에 서명을 하게 되는데 이것이 서면에 의한 명시적 위험 감수이다.

묵시적 위험 감수는 행위자의 행위나 태도에 의해 위험 감수를 하는 것으로 명시적 위험 감수와 같이 명확하고 분명한 의사의 표시가 없는 경우에도 정황상 의사 표시를 한 것과 마찬가지의 효과를 갖게 된다. 예를 들어 다년간 풋볼 선수로 활약하던 사람이 선수생활 은퇴 후 여가를 위해 지역 풋볼 팀에 가입하여 경기를 하는 경우, 해당 선수는 경기에 참가하는 것 자체로 풋볼 경기의 위험을 감수하는 것으로 본다. 이는 풋볼 선수로서의 오랜 경력으로 미루어 볼 때 추가적인 고지 없이도 충분히 해당 스포츠의 위험성을 인지, 이해, 수용할 능력이 있으므로 경기를 함으로써 해당 위험을 감수하는 의사의 표현을 하는 것이라고 보기 때문이다.

판례는 야구장의 네트가 쳐지지 않은 파울 구역의 자리에 앉는 행위를 관람객 스스로 파울 되는 공에 맞을 수 있는 위험을 감수하는 행위로 보고 파울볼에 맞아 부상을 입은 관람객이 제기한 불법행위의 소를 인용하지 않은 바 있다(Costa v. Boston Red Sox Baseball (2004)).

(2) 기여과실과 비교과실

기여과실과 비교 과실은 원고(피해를 입은 당사자)의 행위로 인한 불법행위의 항변이다. 기여과실은 원고의 과실이 해약의 발생에 기여를 한 경우에 원고의 피해 보상을 인정하지 않는 이론으로 원고의 과실이 피고의 과실에 비해 작은 부분만을 차지할 지라도 원고에게 불법행위에 대한 피해의 보상을 인정하지 않는 불합리함 때문에 소수의 재판적에서만 인정이 되고 있는 이론이다.

비교과실에는 순수 비교과실 이론과 수정 비교과실 이론이 있다. 순수 비교과실 이론에서는 원고의 과실이 90%, 피고의 과실이 10%의 비율로 해악의 발생을 초래했을 지라도 원고는 여전이 10%의 피해 보상을 받을 수 있다. 수정 비교과실 이론에서는 피해 보상을 받기 위해 원고의 과실이 피고의 과실보다 적을 것을 요구한다. 즉 원고의 과실이 51% 이상이라면 피고의 과실보다 크게 되므로 피해 보상을 받을 수 없는 것이다.

2. 고의의 불법행위

고의의 불법행위의 고의는 행위의 결과를 야기할 의사 또는 결과 발생에 대한 상당한 확실성을 동반한 인식으로 해석되고 해악을 야기할 의사 또는 악의의 의사와는 그 의미가 다르다. 치열한 경쟁과 신체 접촉으로 인한 잦은 갈등이 있는 스포츠 활동에서는 과실에 의한 불법행위 못지않게 고의의 불법행위 또한 빈번히 발생하며 그 양태 또는 매우 다양하다. 고의의 불법행위는 사람에 대한 불법행위와 재산에 대한 불법행위로 나눌 수 있으며 이 두 분류는 아래와 같이 하위분류로 나뉜다.

1) 사람에 대한 불법행위

사람에 대한 불법행위는 사람에게 불법행위의 결과로 해악을 끼치는 것으로, 여기서의 해악은 신체적 상해, 정신적 상해 또는 사람의 명예에 대한 훼손의 양태로 나타날 수 있다. 이는 다시 구체적으로 여섯 가지의 불법행위로 분류하는데 이에는 Battery, Assault, Defamation, False imprisonment, Intentional infliction of emotional distress, Invasion of the right to privacy가 있다. Battery는 폭행, Assault는 협박, Defamation은 명예훼손, False imprisonment는 불법감금, Intentional infliction of emotional distress는 고의에 의한 정신적 고통, Invasion of the right to privacy는 사생활 침해로 해석될 수 있을 것이다.

(1) 폭행과 협박(Battery and Assault)

일상에서 동일한 행위에 대해 모두 사용되는 두 용어를 민법에서는 타인에 대한 접촉과 접촉의 위협으로 구분하고 있다.

가. 폭행(Battery)

폭행은 상대의 허락 없이 고의적으로 위험하거나 공격적인 접촉을 하는 것으로 여기서의 고의는 타인에 대한 직접적 혹은 간접적 접촉을 하려는 의사를 말한다. 공을 사람을 향해 던지는 행위가 간접적 접촉의 사례가 될 수 있을 것이다. 공격적인 접촉은 신체적 상해를 야기하는 접촉뿐만 아니라 성희롱과 같이 신체적 상해는 유발하지 않는 접촉 또한 포함한다. 대게의 스포츠 활동은 위험한 접촉의 가능성을 내재하고 있으나 이러한 접촉은 경기의 일부로서 상호 동의가 있기 때문에 폭행이 되지 아니한다.

폭행이 인정되는 사례로는 흥분한 선수가 심판이나 관중을 직접 폭행하거나 공을 던지는 행위, 코치나 감독이 선수를 폭행하거나 성희롱하는 행위, 흥분한 관중이 선수를 향해 물건을 집어 던지는 행위 등이 있으며 이러한 행위를 제제하기 위해 입법기관, 행정기관, 또는 스포츠 협회 등의 조직이 규칙 또는 정책을 수립하여 위와 같은 행위의 발생을 예방하고 위반자에 대한 출전금지, 자격박탈과 같은 처벌을 가하고 있다.

나. 협박(Assault)

협박은 폭행과 밀접하게 연관되어 있으며 폭행과 같이 행위는 존재하지 않으나 폭행의 위협을 행사 하였을 때 성립한다. 여기서의 위협은 언어, 행위로 할 수 있다. 이를테면 때리겠다는 협박을 말로 할 수도 있으나 위협적인 표정으로 때릴 것 같은 제스처를 취하는 것 또한 협박이 된다. 여기서의 위협은 상대방이 폭행을 당할 수도 있다고 믿을 만한 위협이어야 하므로 만약 상대방이 위협이 있음을 인지하지 못하였거나 위협을 장난으로 여긴 경우에는 협박이 성립하지 않는다.

직원이 업무 중 타인에게 협박을 하였을 경우, 직원의 고용주 또한 불법행위의 책임을 질 수 있으므로 고용주는 반드시 업무 중 분쟁이 발생했을 경우의 가이드라인을 제시하고 직원으로 하여금 직접적인 폭행이나 협박을 가하지 않고 고용주에게 즉시 알리도록 고지하여야 한다.

(2) 명예 훼손(Defamation)

명예 훼손은 제 3자가 있는 상황에서 명예 훼손이 될 만한 거짓의 진술을 하여 그 결과로 당사자에게 피해가 발생했을 때 성립한다. 명예 훼손의 진술을 듣는 사람이 있어야 하므로 아무도 없는 곳에서 혼잣말을 한 경우에는 명예 훼손이 되지 않는다. 반면 단 한명이라도 듣는 이가 있었다면 이는 명예 훼손의 요건을 갖추었다고 할 수 있다. 또한 명예 훼손의 소송을 제기하려면 명예 훼손적인 진술로 당사자에게 실질적 피해(명예가 실추된)가 있음을 증명하여야 한다. 명예 훼손은 헛소문, 거짓된 기사, 거짓의 부정적인 평가 등 다양한 형태로 나타나는데 사람의 도덕성, 정조, 혐오성 질병, 직업과 전문성에 대한 거짓의 진술이 대표적인 명예 훼손이 된다. 명예 훼손은 또한 크게 언어에 의한 명예 훼손과 서면에 의한 명예 훼손으로 나뉜다.

공인과 일반 사인에 대한 명예 훼손은 다르게 나타나는데, 공인은 대체로 일반인에 비해 명예 훼손에 대해 더 적은 보호를 받는다. 공공의 이익과 대중에 노출되는 공인의 특성상 공인에 대한 명예 훼손이 되기 위해서는 공인에 대한 진술이 미필적 고의에 의한 거짓임을 증명하여야 한다.

스포츠 영역에서도 명예 훼손은 빈번히 일어날 수 있는데 예를 들면 유명 수영 선수에 대해 신문사가 판매 부수를 늘리기 위해 거짓임을 알면서도 금지된 약물 복용을 했다는 허위 보도를 한 경우, 사실이라고 믿을 근거도 없이 프로야구팀 감독과 선수 사이에 부적절한 관계가 있다고 선수들 사이에 공공연히 이야기를 하고 다니는 코치의 경우 모두 명예 훼손이 된다.

(3) 불법 감금(False imprisonment)

불법 감금은 고의로 타인을 불합리하게 가두는 것을 의미한다. 일반적인 의미의 감금은 밀폐된 장소에 가두어 이동할 수 없도록 하는 것이지만 불법 행위에서의 불법 감금은 광의의 감금을 의미한다. 즉 사방이 막힌 장소에 가두는 것뿐만 아니라 피해자가 특정 장소에서 이동할 수 없다고 믿는 상황이라면 불법 감금이 된다. 예를 들어 어린이를 벌주기 위해 경기장 한쪽에서 오랜 시간 동안 움직이지 말라고 지시한 경우, 가게에서 손님이 물건을 훔쳤다고 오인해 장시간 가게를 떠나지 못하게 하는 경우와 같이 가두는 행위 없이도 위력으로 피해자의 의사에 반하여 장소를 떠나지 못하게 한다면 불법 감금이 될 수 있다.

스포츠 영역에 있어서 불법 감금은 시설물의 관리자나 팀 코치 또는 감독이 선수를 징계하기 위하여 한 장소에 머물도록 지시하는 경우에 발생할 수 있다. 불법 감금은 피해자를 감금하여 해악을 끼치고자 하는 의사가 없어도 성립하므로 단순한 징계 차원에서 조치한 행위도 불법행위로 고소를 당할 수 있으므로 스포츠 관리자는 타인의 의사에 반하여 한 장소에 두고 이동하지 못하게 할 때에는 제한 시간이 적절한지, 제한 행위의 위력의 정도가 적절한지, 제한이 끝난 후 복귀를 시켰는지 등의 여부에 주의하여야 한다.

(4) 고의의 정신적 가해행위(Intentional Infliction of Emotional Distress)

고의의 정신적 가해행위는 극심하고 충격적인 행위에 의해 심각한 정신적 고통이 발생했을 때 성립한다. 극심하고 충격적인 행위에 객관적 기준이 있는 것은 아니고 상대방으로 하여금 심각한 정신적 고통을 유발할 만한 행위는 모두 그 대상이 될 수 있다. 예를 들어 지속적인 전화나 이메일, 문자 메시지를 통한 성희롱 또는 가족이 교통사고를 당했다고 장난을 한 행위 또한 상대방이 그로 인하여 심각한 정신적 고통을 받았다면 고의로 정신적 가해행위를 한 것이 된다.

고의의 정신적 가해행위는 폭행과 협박에 보충적으로 적용되는 것으로, 직접 접촉하여 신체와 정신에 대한 해악을 끼쳤다면 폭행이, 폭행의 위협을 하였다면 협박이 먼저 적용되고, 폭행과 협박이 성립하지 않는 행위로 정신적 고통을 당했을 때 본 불법행위가 적용된다.

만약 스포츠 경기 중 상대 팀 선수에게 고의적으로 반칙적인 태클을 가하여 상대 팀 선수가 심각하게 부상을 당하였고 이 모습을 관중석에서 목격한 선수의 어머니가 그로 인해 심각한 정신적 고통을 받았다면 태클을 한 선수는 상대 팀 선수에 대하여는 폭행의 불법행위, 선수의 어머니에 대하여는 고의로 정신적 고통을 유발한 불법행위의 소를 당할 수 있다.

(5) 사생활 침해(Invasion of the Right to Privacy)

연방 최고 법원은 미 연방 수정 헌법으로부터 사생활에 대한 권리를 도출하였고 몇 몇 주 의회는 이에 따라 사생활을 보호하는 법률을 제정하기도 하였다. 사생활에 대한 권리를 침해하는 불법행위가 Invasion of the Right to Privacy 이며 이는 Appropriation(도용), Intrusion(침입), False Light(왜곡), Public Disclosure of Private facts(사적 사실의 공표)의 네 가지로 나뉜다.

가. 도용(Appropriation)

도용은 허락 없이 자신의 영리를 위해 개인의 성명, 초상, 신분 등을 이용하는 것이다.

엔터테인먼트나 스포츠 분야에서는 이름과 얼굴이 대중에 널리 알려진 스타가 많기 때문에 도용 또한 빈번히 일어나 스포츠 영역에서의 불법행위 관련 소송의 큰 부분을 차지하고 있다. 도용의 예로는 유명 스포츠 스타와 광고계약을 맺지도 않고 마치 유명 스포츠 선수가 품질을 보증하는 것처럼 그의 사진을 게재하여 대중에게 광고를 하는 경우가 빈번하다. 도용의 대상은 비단 대중에게 널리 알려진 유명 인사뿐 아니라 일반인이더라도 그의 동의 없이 성명 및 초상 등을 영리를 위해 이용한다면 사생활 침해의 불법행위 책임을 지게 된다. 예를 들어 새로 개장한 실내 축구장을 홍보하기 위해 지역의 어린이 축구팀의 경기 모습을 해당 어린이 선수들, 부모, 코치 등의 허락을 받지 않고 촬영하여 광고를 제작한 경우, 이는 초상을 무단으로 사용당한 어린이들의 사생활을 침해한 것이 된다.

나. 침입(Intrusion)

침입이란 허락 없이 개인의 거소나 소유물에 대한 침해가 있을 때 구성된다. 즉 주인의 허락 없이 집에 침입하거나 소지품을 검사하는 등의 행위가 침입이 되는 것이다.

스포츠 영역에 있어서 스포츠 팀의 코치 또는 감독이 선수의 사물을 허락 없이 검사하거나 뒤지는 경우 사생활 침해의 불법행위 책임을 물을 수 있다. 여기서 검사하는 행위의 명분이 해당 학생의 마약 소지가 의심되거나 또는 금지 약물의 소지가 의심되는 경우 등 악의를 가지고 해악을 끼치려는 의도가 아니다 하더라도 이는 침입에 대한 항변이 되지 아니한다. 사인 간에는 상대방의 허락이 있지 않는 한 소지물을 검사할 권한이 없기 때문으로, 만약 선수의 불법적인 행위가 의심되어 소지품을 검사하는 등의 조치가 필요하다는 판단이 선다면 자력으로 검사를 하지 않고 경찰이나 감사, 징계 위원회 등 권한이 있는 자에게 보고하여야 할 것이다.

다. 왜곡(False Light)

왜곡은 공공에 개인에 대한 정보를 왜곡하여 공표하는 것으로 앞에서 살펴본 명예 훼손과 유사한 사실관계에서 발생할 수 있어 명예 훼손 소송에서 제기되기도 한다. 명예 훼손은 명예 훼손의 사실을 다수의 대중에게 적시하거나 혹은 소수 혹은 1인의 제 3자에게 적시하는 경우에도 성립하지만 왜곡은 반드시 대중에게 왜곡된 사실을 공표하여야 한다는 점에서 차이가 있다. 예를 들면 인기 축구 선수가 문란한 사생활을 영위하고 있다는 거짓된 사실을 불특정 다수가 접속하는 인터넷상의 커뮤니티에 게시하는 경우 이는 명예 훼손이 됨과 동시에 왜곡도 성립한다. 허나 같은 위의 사실 관계에서 거짓된 사실을 선수의 소속 팀 감독과 코치에게 개인적인 장소에서 고지하여 해당 선수가 제명되거나 불이익을 받게 되었다면 이는 대중에 대한 공표라고는 볼 수 없기 때문에 명예 훼손만이 성립하게 될 것이다.

라. 사적 사실의 공표(Public Disclosure of Private Facts)

사적 사실의 공표는 개인의 사생활에 관한 사실을 대중에 공표하는 것으로, 공표된 사실은 당사자가 알았더라면 공표에 이의를 제기할 만한 사생활이다. 사적 사실의 공표가 왜곡된 사실의 공표와 다른 점은 거짓이 아닌 사실을 공표한다는 점이다. 공표된 것이 비록 사실이기는 하나 개인의 사생활에 속하는 사항으로, 사생활의 권리 하에서 보호받을 만한 것이므로 불법행위가 성립하는 것이다. 명예 훼손에서 거짓 또는 사실의 적시 모두 요건으로 하므로 사적 사실의 공표와 그 성립 범위가 중첩되는 부분이 있으나 사적 사실의 공표는 위의 왜곡과 동일하게 대중에 공표하는 것을 요건으로 한다는 점에서 다르다.

사적 사실의 공표 또한 스포츠 영역에서 유명 선수 또는 코치, 감독에 대해 빈번히 일어날 수 있는 불법행위이다. 유명인사의 일거수일투족을 알고 싶어 하는 대중의 요구를 충족시키기 위해 연예 뉴스나 신문 지상에서 유명인사의 알리고 싶어 하지 않아 할 만한 가족에 대한 사실이나 결혼, 교제 등 지극히 사적인 영역의 사실을 취재하여 공표하는 것은 대표적인 사적 사실의 공표 사례이다.

2) 재산에 대한 불법행위

사람의 신체, 정신, 명예, 사생활에 대한 불법행위를 위에서 살펴보았다. 재산에 대한 불법행위는 크게 동산에 대한 불법행위와 부동산에 대한 불법행위로 나눌 수 있다. 부동산은 토지, 주택, 건물과 같이 부착되어 이동하지 않는 재산을 말하며 스포츠 영역에서는 경기장, 필드, 수영장 등과 같은 시설이 부동산이 되며 동산은 부동산을 제외한 재산을 말한다.

(1) 불법 침입

불법 침입이란 허락 또는 필요성 없이 타인의 부동산에 고의로 침입하거나 제 3자로 하여금 침입 하도록 하는 불법 행위이다. 불법 침입을 통해 부동산에 실질적, 물리적 피해가 발생하지 않더라도 침입 사실에 의해 불법행위가 성립한다. 불법 침입으로부터 보호하는 권리는 재산에 대한 피해를 입지 않을 권리뿐만 아니라 소유자의 재산에 대한 독점적 점유권도 포함하기 때문이다.

예를 들어 입장 금지 표지가 있는 수영장 시설에 몰래 들어와 단순히 구경만 하고 돌아간 경우라도 수영장 시설물에 가해진 피해가 없음에도 불구하고 여전히 불법행위는 성립하는 것이다. 입장 금지 표지만 또는 안내문은 허가 없음을 증명하는 대표적인 도구로, 스포츠 관리자는 시설물의 소유권을 명확히 하고 불법 침입에 항변하기 위하여 이와 같은 표지의 설치와 관리에 주의를 기울여야 한다.

불법 침입의 항변 중 다른 한 가지는 필요성으로, 본인의 혹은 제 3자를 해악으로부터 보호하기 위해 타인의 부동산에 침입하는 것은 불법행위가 되지 아니한다. 예를 들어 갑자기 쏟아지는 우박을 피해 입장 금지라는 표지판을 무시하고 경기장으로 몸을 피하는 것은 불법 침입에 대해 필요성의 항변이 있으므로 불법행위의 책임을 지지 아니한다.

(2) 동산에 대한 불법 침해

동산에 대한 불법 침해는 형법상 절도와 그 개념이 유사한 것으로 타인의 허락 없이 그의 개인 재산을 취하는 행위로써 성립한다. 예를 들어 수영장에 비치되어 있는 수영 도구들을 수영장 관리자의 허락 없이 수영장 밖으로 가지고 나온다면 이는 동산에 대한 불법 침해가 된다. 취하는 행위 자체로 불법행위가 성립하므로 후에 돌려줄 의사가 있었다거나 실제로 돌려주었다 할지라도 이미 침해 행위로 인해 동산의 소유자에게 피해가 발생한 후라면 여전히 불법행위의 책임을 면하기 힘들 것이다.

타인의 동산을 취한 후에 소유자의 해당 동산에 대한 소유권을 행사하지 못하게 한다면, 즉 취한 동산을 가진 경우에는 이는 횡령(conversion)이 된다.

(3) 동산에 대한 비방

개인의 재산에 대한 거짓의 적시로 영업상 경제적 손해를 야기하였을 경우 본 불법행위가 성립한다. 이는 소유권에 대한 비방과 품질에 대한 비방으로 나뉜다. 소유권에 대한 비방은 타인의 소유권에 대한 거짓의 적시로 타인에게 해악을 야기하는 경우에 성립하는데 예를 들면 고급 골프채를 판매하는 영업점이 판매하는 골프채가 사실은 훔친 물건이라는 거짓을 적시한 경우 자연적으로 이러한 거짓의 적시는 영업점의 평판을 떨어트릴 것이고 따라 영업점에 경제적 손해를 끼치게 될 것이므로 불법행위가 된다.

품질에 대한 비방은 타인의 생산품 또는 판매품의 품질에 대해 거짓의 적시를 하는 경우에 성립한다. 예를 들어 최고급 수제 스케이트를 파는 것으로 평판이 난 회사가 실은 중국의 공장에서 대량 생산되는 스케이트를 판매한다는 거짓을 적시한 경우 이는 당연히 회사의 판매 및 영업, 평판에 영향을 미쳐 금전적 손실을 보게 할 것이므로 불법행위가 된다.

3. 제조물 책임

제조물 책임은 물품으로 인해 피해를 받았을 때 피해를 입은 당사자가 해당 물품의 제조자, 유통자, 최종 판매자 등의 물품 판매와 관련된 당사자들로부터 피해를 보상 받을 수 있도록 한다. 원고(피해를 입은 당사자)는 물품을 직접 판 판매자뿐만 아니라 물품의 생산과 판매, 유통의 연결선상에 있는 어떤 사람에게나 보상을 받을 수 있다. 예를 들어 어린이 수영 클럽의 코치가 수영 도구를 직접 회원에게 판매 하였으나 도구로 인하여 피해가 발생한 경우 피해를 입은 당사자는 물품을 잘못 제조한 생산자뿐만 아니라 정식 판매자가 아닌 코치에게도 제조물 책임을 물을 수 있는 것이다.

피고가 제조물 책임의 항변으로 제기할 수 있는 것은 물품의 잘못된 설치, 잘못된 변형, 물품의 목적 외 사용, 사용 설명에 따르지 않은 사용 등의 사유가 있다. 예를 들어 바닥에 고정하여 설치하도록 되어 있는 축구 골대를 고정 없이 설치하여 골기 퍼가 다친 경우 피고는 제조물 책임에 대한 항변을 주장할 수 있다. 또한 풋볼 보호 장비를 무게를 줄이기 위해 일부 잘라 내거나 안의 충전재를 빼내어 착용하다가 선수가 부상을 당한 경우 이는 물품의 잘못된 변형으로 제조물 책임의 항변 사유가 될 수 있다. 또 다른 예로는 수영 초보자를 보조하기 위한 부표 장비를 다이빙대로 사용하다가 장비가 부러져 상해를 입은 경우, 이는 해당 장비의 사용이 합리적으로 예상되는 범위를 벗어난 것으로 물품의 목적 외 사용으로써 제조물 책임을 지지 않는다. 마지막 예로는 복잡한 스쿠버 다이빙 장비의 사용 설명과 다르게 임의로 장착하여 사고가 발생한 경우 또한 제조물 책임이 조각될 수 있다.

원고가 제조물 책임에 근거하여 소를 제기하기 위해서는 피고에게 과실, 무과실 책임 또는 보증 위반 사실이 있음을 증명하여야 한다. 이에 대해서는 아래에서 서술한다.

1) 과실

제조물 책임을 지우기 위하여 원고가 제기할 수 있는 것 중 하나는 제조자의 과실이다. 과실에는 앞에서 살펴본 것처럼 네 개의 구성요건, 주의의무, 주의의무의 위반, 인과관계, 피해가 있음을 증명해야 하나 제조물 책임에 있어서, 특히 유통단계가 복잡한 물품에 대하여 유통 체인 중 누가 과실을 가지고 있는지, 원고의 전문 분야가 아닌 한 복잡한 생산과 디자인 공정에서 어느 부분이 과실인지 증명하기란 쉬운 일이 아니다. 또한 물품으로 인해 직접 피해를 입은 경우에는 쉽게 인과관계를 증명할 수 있지만 예를 들어 문제가 있는 야구 배트가 친 공에 맞아 부상을 입은 경우처럼 간접적으로 피해를 입은 경우(Sanchez v. Hillerich & Bradsby Co. (1992))에는 과실의 구성요건을 증명하기가 더욱 어렵다.

2) 무과실 책임

물품으로 인한 분쟁에 있어서 소비자와 생산자 중 대량 생산을 통한 더 많은 재화와 지식과 정보를 가지고 있는 생산자가 소비자보다 유리한 위치에 있어 위의 과실 부분에서 보았듯이 소비자가 과실의 입증을 하는 것이 어려운 문제가 있다. 이에 정책적으로 생산자가 물품의 위험성에 대한 예상을 소비자에 비해 쉽게 할 수 있으므로 위험에 대한 방지책을 강구하여야 한다는 측면에서 제조물에 의해 피해를 입은 경우 제조자의 과실에 대한 입증 없이도 그 손해를 배상받도록 하는 것이 무과실 책임이다.

무과실 책임을 적용하기 위해 소비자는 해당 제조물을 구입할 당시 제조물에 하자가 있었으며 그 하자로 인하여 피해를 입었다는 사실만을 증명하면 된다. 제조물에 대한 무과실 책임은 원칙적으로 새 상품에만 적용된다. 중고 상품의 경우 생산과 유통 단계가 아닌 이전 사용자에 의해 하자가 발생했을 가능성을 간과할 수 없기 때문이다.

3) 보증 위반

보증이란 상품의 품질에 관한 약속으로 광고, 유인물, 라벨, 판매원의 설명 등에 의한 명시적 보증과 묵시적 보증으로 나뉜다. 보증은 상품을 구매하는 구매 계약으로부터 파생되는 것으로 실질적으로는 불법행위가 아닌 계약법의 법리에 속해 있다. 계약에 의하므로 일상적으로 보증이 이용되는 형태는 제품이 고장 나거나 문제가 있을 때 판매자에게 돌려주어 수리 또는 교환하게 하는 것이고 별도의 조건이 없는 한 제품으로 인해 발생한 상해나 재산상 손실은 보상되지 않으므로 그런 경우 불법행위의 법리를 적용한다. 다만 계약 위반으로 인한 소의 시효가 10년가량 되는 반면 불법행위는 해악의 발생으로부터 1~2년 사이에 소를 제기하지 않으면 그 시효가 만료되므로 소 제기 시점에 주의를 기울여야 한다.

제조자 또는 판매자가 제품에 대한 보증을 명시적으로 한 경우 제조자 또는 판매자는 소비자에 대하여 해당 제품이 보증과 다를 경우 그에 대한 책임을 져야 한다. 묵시적 보증에는 특정 목적 부합에 대한 묵시적 보증과 상품성의 묵시적 보증이 있다. 특정 목적 부합에 대한 묵시적 보증은 소비자가 제품을 구매할 때 판매자 또는 제조자가 소비자의 제품 구매 목적을 알고 있었고 소비자는 판매자 또는 제조자의 판단과 기술에 의존하여 구매한 경우에 성립한다. 이와 같은 경우에 판매자 또는 제조자는 해당 제품이 소비자의 목적에 맞는 물품임을 보증한 것이므로 해당 제품이 소비자의 목적을 충족시키지 못하는 물품일 때에는 그에 대한 책임을 지게 된다. 예를 들어 수영복 매장에서 국제 대회에서 착용 가능한 수영복을 추천 받아 구입 하였으나 수영복이 국제 대회 규정에 어긋나는 규격을 가지고 있었던 경우, 수영복 판매자는 보증 위반의 책임을 지게 된다.

상품성의 묵시적 보증은 판매자가 제품이 일반적인 목적에 합리적으로 부합하는 기능을 가질 것을 보증한다는 의미이다. 여기서의 판매자는 일반적으로 상품의 판매를 업으로 하는 자를 말하므로 개인끼리의 판매는 상품성의 묵시적 보증에 의한 보호를 받기 힘들 것이다. 보증의 한계가 그 내용은 제품의 제조 또는 판매자가 정하는 것이고 또한 통상 일반적인 품질 보증은 1년 남짓한 기간 동안만 적용된다. 하지만 상품성의 묵시적 보증은 그러한 제한 없이 기능한다.

4) 하자

제품의 하자에는 제조상 하자와 설계상 하자의 두 가지가 있다. 용어 그대로 제조상 하자는 제품의 제조 과정에서 발생한 하자로, 같은 라인에서 생산된 동종 제품과의 비교를 통하여 그 하자 여부를 밝힐 수 있다. 설계상 하자는 제품의 생산 전에 설계 단계에서 발생한 하자로, 제품의 효용성과 제품으로 인해 발생할 해악을 비교 형량 하여 그 하자 여부를 밝힌다. 예를 들어 선수의 관절에 가는 부담을 줄여주고 발 부상을 줄여주기 위해 설계된 새 축구화가 잘 벗겨지는 문제점이 있다면 해당 제품의 효용성과 문제점을 비교하여 효용성이 해악의 발생 가능성에 비해 현저히 낮다면 해당 제품이 설계상 하자가 있다고 말하기 어려울 것이다.

5) 위험의 고지

제조자는 소비자에 대하여 제품 사용상 발생할 수 있는 위험성, 제품의 목적 외 사용으로 발생할 수 있는 위험성, 제품의 하자를 발견한 후 이에 대해 고지할 의무를 가진다. 직접 제품을 설계, 생산하므로 제품에 대한 더 많은 정보와 지식, 통제력을 가지고 있기 때문이다. 이러한 위험의 고지는 반드시 합리적인 방법으로 행해져야 하는데, 식별하기 쉽게 제품의 잘 보이는 곳에 가독성이 좋은 형태로 기재하고 이해하기 쉬운 언어로 기재되어야 한다.

제 3 장

미국 계약법

본 장에서는 스포츠 영역에서 이루어지는 계약에 대해 다룰 것이다. 계약은 스포츠 상점에서 물건을 사는 것, 경기장을 대관하는 것, 선수 계약을 맺는 것 등 스포츠 영역 전반에서 광범위 하고도 다양한 방식으로 이루어지고 있다. 빈번히 일어나는 일이니만큼 이와 관련된 분쟁도 방대하며 잘못된 계약을 체결했을 때 스포츠 관리자와 조직에 큰 영향을 끼칠 수 있으니만큼 계약과 관련한 기본 법리를 숙지하고 일반적 계약 조항을 이해하여 법적 구속력이 있으며 합리적인 계약을 체결하여야 할 것이다.

아래에서는 계약의 정의, 그 요건, 일반적 조항들에 대해 서술하여 계약에 대한 이해를 도울 것이다.

1. 계약의 정의

계약은 2인 이상이 어떠한 일을 하거나 하지 않기로 약속하고 그에 대해 반대급부를 받기로 하는 의사의 합치라고 할 수 있다. 2인 이상임을 요하므로 예컨대 새해 목표를 세우는 것처럼 스스로 목표를 정하고 그에 대한 보상을 설정하여 실행하는 것은 계약이라 할 수 없다. 계약의 목적은 어떠한 일을 하는 것뿐만 아니라 하지 않는 것도 포함되므로 가만히 있기로 약속하고 보수를 받는 것도 계약이 된다. 반대급부란 반드시 금전적인 보상임을 요하지 않고 계약자의 의사에 구속력을 부여할 만한 어떠한 가치 있는 것을 의미한다. 예를 들어 대학팀 운동선수에게 밤에 외출하는 것을 그만두면 프로팀에 입단할 수 있도록 추천을 해주겠다고 약속을 하는 것도 계약이 될 수 있다. 또한 계약에는 당사자 간의 의사의 합치가 있어야 한다. 의사의 합치로 보기 위해서는 명시적 또는 묵시적인 동의가 있어야 하는데 예를 들어 고가의 피트니스 장비를 파는 회사가 피트니스 센터에 사전 상의 없이 장비를 보내며 "본 장비를 반품하지 않으면 계약의 성립으로 간주 한다" 는 의사를 표시한 경우, 피트니스 센터는 장비의 인수에 대한 동의를 하지 않았으므로 장비를 반품하지 않아도 계약의 성립은 없었다고 볼 수 있다.

계약에는 쌍방 계약과 일방 계약이 있다. 쌍방 계약은 청약과 응낙으로 구성되어 있다. 예를 들어 수영장 운영을 위해 수영장 관리자가 수영 장비 도매상에게 부표 공급 계약을 제의하고 도매상이 이에 화답하여 계약서에 서로 서명하고 계약을 체결한 경우, 수영장 관리자의 청약에 대한 도매상의 응낙으로 계약은 유효하게 성립되었다. 쌍방 계약은 물품 구매 계약, 고용 계약, 소속 계약 등 스포츠 분야에서 그리고 일상생활에서 가장 많이 볼 수 있는 유형의 계약이다. 일방 계약은 청약과 의무의 이행으로 이루어져 있다. 일방 당사자가 청약의 의사표시를 하면 타방 당사자는 응낙 대신 계약상 의무를 이행하는 것이다. 일방 계약의 대표적인 예로는 보험 계약이 있다. 보험 가입자가 보험 계약을 하기 위해 보험회사가 제시하는 청약서에 서명을 하면 보험회사의 서명이 따로 필요 없이 자동적으로 보험 계약이 체결되며 보험회사는 응낙의 의사표시에 갈음하여 보험계약상 보장을 제공하고 보험금을 제공하는 것이다.

2. 계약의 구성 요소

계약의 3대 구성 요소는 청약, 응낙, 약인(Consideration)이다. 이 구성 요소의 흠결은 구속력 있는 계약 성립을 가능하지 않게 하므로 스포츠 관리자는 계약의 구성요소에 대해 숙지하여 구속력 있고 유효한 계약을 체결하여야 할 것이다.

1) 청약(Offer)

청약이란 조건부로 미래에 어떠한 일을 하거나 또는 하지 않을 것을 약속하는 행위이다. 청약의 의사표시의 대표적인 것은 어떠한 물품을 구매하기 위해 의사를 표현하는 것이다. 청약은 미래에 대한 일을 약속하는 것으로 이미 벌어진 과거의 일에 대한 약속을 하는 것은 청약이 되지 아니한다. 또한 구속력 있는 청약이 있기 위해서는 그 내용이 구체적이어야 한다. 예를 들어 '스쿠버 장비를 구입하고 싶다'라고 의사를 표현하는 것은 구체적 사항이 드러나 있기 않기 때문에 유효한 청약이 되기 힘들다. 구체적으로 필요한 장비의 수, 종류, 사양 등을 나열하여 그 구매의사를 밝히고 이에 대해 상대방이 응낙을 할 수 있다면 이는 유효한 청약이 된다.

만일 진정한 청약의 의사가 없으면서 장난으로 청약의 의사표시를 하고 이를 상대방이 믿어 응낙을 하였다면 유효한 계약이 될 것인지를 살펴보자. 예를 들어 갑이 구하기 어려운 월드컵 관람권을 가지고 있고 을을 놀릴 생각으로 관람권을 100만원에 팔겠다고 한 경우, 만약 을이 이를 믿어 금액을 지불하고 관람을 위한 준비를 이행했다면 갑은 관람권을 인도하지 않을 경우 이에 대한 계약상 책임을 지어야 할 것이다. 하지만 동일한 사실 관계에서 을이 갑의 진의에 대한 사실을 알 만한 사유가 있었다면, 혹은 합리적인 일반인이라면 갑의 청약이 진실이 아니라는 것을 알만한 사정이 있다면 갑의 청약은 유효하지 않은 청약으로서 계약 성립이 되지 않을 것이다.

이와 같이 청약의 형식에 따라 계약의 유효성이 좌우될 수 있으므로 스포츠 관리자는 고용, 구매, 회원가입 등의 계약을 위한 청약에 주의를 기울여야 할 것이다.

2) 응낙(Acceptance)

청약을 받은 상대방은 응낙을 할 권한이 생긴다. 응낙의 의사 표시는 구술, 서면, 또는 행동으로 할 수 있으나 침묵은 응낙의 의사표시로 볼 수 없다. 예를 들어 갑이 을에게 월드컵 관람권을 팔겠다는 제의를 하고 을이 이에 대해 거절하지 않고 침묵하여 갑이 이를 응낙의 의사표시로 받아 들여 관람권을 인도한 경우, 을의 침묵은 응낙의 의사표시로 볼 수 없어 관람권에 대해 대금을 지급할 의무를 지지 아니한다. 또한 갑이 을에게 관람권을 매도하겠다는 의사를 밝히면서 을이 거절의 응답을 하지 않을 시 응낙의 표시로 보겠다고 하는 경우 이 역시도 을의 침묵을 응낙의 표시로 하겠다는 갑의 청약은 일방적인 것으로서, 을은 거절의 의사표시를 따로 하지 않아도 계약상 책임을 지지 아니한다.

응낙의 의사표시는 행동으로 할 수도 있다. 예를 들어 농구공 30개를 15만원에 팔겠다는 청약을 하면서 만약 구입을 원한다면 화물을 배달할 수 있도록 밤 10시에 농구장의 화물 하차장 입구를 개방해놓고 있으라는 단서를 붙인 경우, 화물 하차장의 입구를 정해진 시간에 개방해놓는 것은 응낙의 의사표시가 될 수 있다.

응낙은 청약에 대한 전부 동의를 원칙으로 한다. 청약 내용의 일부를 변경하여 응낙을 하는 경우 이는 유효한 응낙이 아니고 상대방에 대한 역 청약이 된다. 예를 들어 갑이 을에게 6개월 동안 이용 가능한 수영장 회원권을 10만원에 매도하겠다는 청약의 의사표시를 했을 때 을이 3개월 동안만 사용하고 5만원에 매수 하겠다는 의사의 표시를 한다면 이는 응낙이 아닌 을이 갑에게 하는 새로운 청약이 되는 것이다.

응낙의 의사 표시는 합리적인 선 안에서의 매체를 이용해야 한다. 계약의 내용, 금액, 기간 등에 따라 이메일, 전화통화, 문자 메시지, 카카오톡 등의 매체를 이용 할 수 있으나 합리적으로 보았을 때 응낙으로 간주될 만한 방식으로 해야 한다. 예를 들어 100억 원대의 이적 계약에 대해 문자 메시지로 간략히 "하겠음" 이라고 답한 경우, 계약의 중대성에 비추어 볼 대 문자 메시지는 응낙의 표시로 보기 어려울 것 이다. 반면 수영모를 2만원에 팔겠다는 청약에 대해 카카오톡으로 "사겠음" 이라고 보내는 것은 충분히 합리적인 방식의 응낙이라고 볼 수 있을 것이다.

또한 응낙의 의사 표시는 명확해야 한다. 애매모호한 의사표시는 특별한 사정없이 응낙으로 보기 힘들다. 예를 들어 실내 골프 연습장에 골프공 1000개를 100만원에 납품 하고자 하는 청약의 의사표시를 했을 때 골프 연습장 관리자가 별 다른 말없이 고개를 한 번 끄덕거린 경우 평소 이러한 방식으로 계약을 체결했던 관행이 없다면 고개를 한 번 끄덕거린 것은 응낙의 의사표시로 보기에는 애매모호한 점이 있다. 이러한 애매모호한 경우에 스포츠 관리자는 추후에 발생할 계약상 분쟁을 피하기 위해 반드시 계약서를 작성하는 등 명확한 방식으로 응낙의 여부를 가려야 할 것이다.

3) 약인(Consideration)

약인이란 계약으로 인해 양 당사자가 교환하는 가치 혹은 포기하는 이익을 말한다. 즉 계약으로 받는 반대급부를 이르는 것이다. 미국법상 약인은 유효한 계약 성립에 반드시 필요한 요소로 약인이 없는 계약은 청약과 승낙이 있어도 계약법상 보호를 받는 계약이 되지 아니한다. 어떤 것의 대가로 받는 반대급부가 있어야 비로소 계약이 되는 것이기 때문이다. 대가가 없는 선물은 그러므로 계약이 될 수 없다. 예를 들어 갑이 을에게 생일 선물로 100여만 원 상당의 스포츠 용품을 주기로 약속한 경우, 이는 순수한 선물로서 갑이 실제로 생일 선물을 주지 않은 경우 을이 이에 대해 계약상 책임을 갑에게 물을 수 없다. 반면에 동일한 사실 관계에서 을이 갑의 생일선물에 대하여 갑의 매장에서 일주일간 일을 해주기로 한 경우 이는 더 이상 순수한 선물이 아닌 약인이 존재하는 계약이 될 수 있다.

약인의 가장 대표적인 것으로는 금전을 들 수 있다. 일반적인 매매, 고용계약에서 갑과 을은 특정 물품이나 용역에 대한 대가로 금전을 받기로 하는데 이 금전이 약인이 된다.

약인은 어떠한 이익을 포기하는 것 또한 될 수 있는데 예를 들어 갑이 다시는 마약에 손을 대지 않는 다면 을이 갑의 아버지에 대해 가지는 재산 상속권을 포기하기로 하는 경우 마약 포기 계약에 대해 재산 상속권 포기의 반대급부를 제공. 즉 이익 포기의 약인이 있게 되는 것이다.

어떠한 가치를 가지고 있는 것이라면 거의 무엇이든 약인이 되어 계약을 성립하게 할 수 있지만 불법적인 것은 약인이 되지 못한다. 예를 들어 조직폭력단 A가 유명 축구팀 B의 골키퍼에게 승부조작을 위해 상대팀의 슛을 막지 않으면 거액의 돈을 주겠다고 제안하고 골키퍼가 이를 이행한 경우, 이는 불법적인 행위로 골키퍼는 추후에 A가 약속한 돈을 지급하지 않아도 계약상 책임을 A에게 물을 수 없다. 이와 같이 불법적인 일을 하는 대가로 약속된 것은 약인이 되지 못하므로 유효한 계약도 되지 않음을 스포츠 관리자는 유념하여야 한다.

계약의 구성요소가 모두 갖추어지면 계약은 그 효력을 발휘한다. 하지만 계약의 3 요소가 있더라도 계약의 효력이 발생하지 않거나 무효화 될 수 있는데 계약 당사자가 유효한 계약을 체결할 능력이 없을 때이다. 즉 당사자가 정신지체나 마약중독, 알코올중독 등의 이유로 심신이 미약한 경우, 혹은 미성년자인 경우 이들이 체결한 계약은 언제든 취소될 수 있다. 예를 들어 15살의 중학생이 수영장 회원 등록을 한 경우 이 학생은 언제든지 해당 계약을 취소하고 돈을 돌려받을 수 있다. 미성년자의 계약에는 부모나 법정 대리인이 반드시 함께 서명하거나 위임장을 받아야 하는 이유이다. 어린이와 청소년을 대상으로 하는 스포츠 활동이 광범위하게 이루어지고 있는 스포츠 시장에서 스포츠 관리자는 미성년자와 계약을 할 대 반드시 그 부모나 법정 대리인에게 계약 사실을 고지하고 동의를 받는 것이 중요하며 이를 지나칠 시 거의 무조건적인 계약상 손실을 보게 됨을 반드시 인지해야 한다.

3. 계약법 이론

계약의 주요 3요소 외에 계약에 효력을 미치는 것에 대한 이론에는 Parole Evidence Rule(종전문언배제의 법칙)과 Statute of Frauds(사기방지법)가 있다.

1) 종전문언배제의 법칙(Parole Evidence Rule)

종전문언배제의 법칙은 합의를 거쳐 서면 계약이 체결된 후에는 체결 전 있었던 현재 계약과 상반되거나 모순되는 사항을 법정에서 주장할 수 없다는 의미를 가지고 있다. 서면 계약의 체결은 양 당사자의 최종적이고 완전한 합의를 의미하기 때문이다. 예를 들어 프로 농구 선수의 입단 계약을 체결하기 위해 구단 갑과 선수 을이 몇 달간의 합의를 거쳐 계약 조건을 계약기간 3년에 연봉 1억 원으로 합의하여 첫 번째 계약서 초안을 작성 하였다가 결국엔 최종적으로 계약기간 5년에 연봉 7000만원으로 최종 계약서를 작성하고 양 당사자가 서명하였다. 후에 갑과 을 사이에 연봉과 계약 기간과 관련한 분쟁이 생겨 소송을 진행하는 중에 을이 최초 계약서 초안을 증거로 제시하며 받아야 할 연봉이 1억 원임을 주장하는 것은 종전문언배제의 법칙에 의하여 인정되지 않는다.

양 당사자가 서명한 서면 계약서에는 이와 같은 큰 법률적 효력이 있으므로 스포츠 관리자는 서면 계약서를 작성함에 있어서 반드시 합의한 사항이 누락 없이, 또 명확한 언어로 기재되어 있는지를 확인하여 추후 발생할 수 있는 소송에서 불이익을 당하지 않도록 주의를 기울여야 할 것이다.

이와 같은 종전문언배제의 법칙을 계약상 조항으로 명문화한 것이 아래의 Entire Agreement(완전합의조항)이다. 이 조항은 일반적인 계약에서 광범위하게 쓰이는 조항으로, 계약서에 기재된 것과 다른 문서, 진술 등은 유효하지 않으며 계약서가 이에 우선한다는 것을 명시하고 있다.

Entire Agreement

a. All Sections and Annexes of this Contract and any other documents attached thereto constitute the entire and sole agreement of the parties to this Contract and any other representations, agreements, undertakings or proposals not expressed in this Contract are superseded and declared null and void.

b. No alteration, modification or change of this Contract shall have any effect unless such alteration, modification or change be made in writing and signed by the duly authorized representatives of the parties to this Contract.

2) 사기방지법(Statute of Frauds)

사기방지법으로 번역을 하는 Statute of Frauds는 사실상 사기방지를 목적으로 하는 법률이 아니다. 사기방지법은 토지의 매매, 모기지, 임대, 1년 이상의 이행 기간이 걸리는 계약, 총 가치가 미화 500달러가 넘는 물품의 매매에 관한 계약은 서면으로 이루어져야 한다는 원칙을 의미한다. 계약 자유의 원칙에 의해 계약은 양 당사자 간 정하는 어떤 방식으로든 할 수 있지만 위에 언급된 특정 사항에 대한 계약은 그 계약의 중대성, 또한 분쟁 발생 시 증거 확보를 위해 서면 계약서의 작성이 요구되는 것이다. 사기방지법의 적용을 받는 계약에 만약 서면 계약서를 작성하지 않았다면 소송에서 유효한 계약의 존재를 증명할 수 없으므로 스포츠 관리자는 체육 시설물의 대관, 체육 시설물 건축을 위한 토지 매매 등의 계약에 서면 계약서를 작성하여야 한다.

우리나라는 미국의 사기방지법과 같이 특정한 유형의 계약은 반드시 서면 계약서를 작성하도록 포괄적으로 강제하고 있지 않지만 개별 법률에 의하여 근로계약서, 받떼기거래 계약서, 하도급계약서 등은 반드시 서면으로 작성하고 그렇지 않을 경우에는 과태료를 부과하고 있으므로 스포츠 관리자는 체육시설의 설치 이용에 관한 법률 등 적용대상이 되는 법령을 파악하여 법률상 불이익을 받지 않도록 하여야 한다.

4. 계약의 위반

유효한 계약의 성립 후 일방 당사자가 계약상 의무를 이행하지 않는 경우 이는 계약의 위반이 된다. 계약의 위반으로 인하여 선의의 상대방이 경제적 손실을 입은 경우 이를 보상하도록 하는 것이 일반적인 계약 위반의 결과이다. 계약 위반으로 입게 되는 손해에는 아래와 같이 여러 가지 유형이 존재한다.

1) 보상적 손해(Compensatory Damages)

보상적 손해배상이란 계약의 위반으로 인하여 직접적으로 입은 모든 금전적 손해를 배상하는 것이다. 예를 들어 수영 지도자와 회원 간에 하루 10만원의 금액으로 3개월간 수영 개인 강습을 하기로 계약을 체결하고 일주일간 강습을 한 후 돌연 회원이 마음을 바꾸어 계약을 파기한 경우, 수영 지도자는 일주일간의 강습비 70만원을 보상적 손해배상으로 배상 받을 수 있다.

2) 간접적 손해(Consequential Damages)

간접적 손해배상은 계약의 위반으로 간접적으로 입은 금전적 손해에 대한 배상을 하는 것이다. 간접적 손해는 계약 위반이 없었더라면 얻을 수 있었던 기회에 대한 손해, 계약 목적을 달성하기 위해 추가적으로 지출한 금액 등을 포함한다. 위의 수영 강습 예시에서 수영 지도자가 개인 강습 계약을 위해 기존에 강습을 하던 회원을 포기한 경우 현 계약 위반 시 기존 회원으로부터 얻을 수 있었던 금전적 손해를 간접적 손해로 배상받을 수 있다. 또한 특정 브랜드의 스쿠버 장비를 금 100만원에 구입하기로 하는 계약을 체결 하였으나 판매자가 돌연 마음을 바꾸어 계약을 파기한 경우, 구매자는 동일한 사양의 장비를 다른 판매자로부터 110만원에 구매할 수밖에 없었다면 10만원의 차액은 계약이 이행 되었더라면 발생하지 않았을 손해로, 이는 간접적 손해로서 배상받을 수 있을 것이다.

3) 손해배상액의 예정(Liquidated Damages)

계약 위반의 경우에 일정 금액을 손해배상액으로 산정하여 지급하기로 계약상의 조건으로 정한 경우 실제 발생 손해액에 관계없이 정해진 금액을 손해액으로 배상하게 할 수 있다. 손해배상액의 예정은 '계약 위반 시 금 000을 지급하기로 한다'와 같이 정액으로 정할 수 있고 또는 '계약 위반 또는 지체 시 하루에 금 000을 지급하기로 한다'와 같이 일수로 계산하는 형식으로 정할 수 있다. 손해 배상액의 예정의 대표적인 예로는 계약 이행의 지체 일 수당 배상액을 산정하는 지체상금이 있다. 이는 계약 이행 시기가 중요한 용역 계약 또는 주요 물품의 구매 계약에 사용하는 조항으로 아래와 같은 형식으로 체결할 수 있다.

Liquidated Damages

a. Notwithstanding the provisions of the Article 13, when the Seller fails to effect shipment or delivery within the period or time stipulated in this contract and if the Buyer allows the Seller to make delayed shipment or delivery into the date fixed by the Buyer, the Buyer shall be entitled to deduct from any money due or confiscate the performance bond or make a claim against the Seller for compensation of the amount of liquidated damages calculated at the rate of one and a half tenth of one percents (0.15%) per day of the contract amount until such delayed shipment or delivery is effectively made. However, total liquidated damages for delayed shipment or delivery shall not exceed ten percents (10%) of the contract value.

b. Where partial shipments or deliveries are permitted in this contract and if it has been expressly agreed that this contract is of divisible nature, the liquidated damages under this Article shall be calculated at a rate of one and a half tenth of one percent(0.15%) per day of the invoice amount of delayed partial shipment(s) or delivery(ies).

c. Notwithstanding the provisions of the preceding paragraphs of this Article, where the Seller fails to effect shipment(s) or delivery(ies) within the period of time stipulated in this contract or fails to make such delayed shipment or delivery as provided in the preceding paragraph (a) of this Article, the Buyer shall have an option to nullify or terminate this contract wholly or partially under the provisions of Article 13.

4) 이행 강제

계약 위반 시, 대부분 손해 배상을 하고 책임을 다하게 되지만 금전적인 손해 배상으로는 계약 위반의 보상이 충분치 않은 경우, 법원의 명령으로 계약을 이행하도록 할 수 있다. 하지만 계약의 이행을 강제하는 것은 계약의 자유를 침해할 소지가 다분하여 특수한 상황에서만 허용된다.

예를 들어 월드컵 결승전 관람권 20매를 매매하기로 계약을 한 경우 매도인이 더 높은 금액을 주겠다는 제 3자에게 관람권을 팔기 위해 계약을 위반한 경우, 일반적으로 관람권 20매에 대한 금전적 손해를 배상하는 것은 매수인의 특수하고 유일한 목적, 월드컵 결승전을 관람하고자 하는 목적의 좌절에 대한 적절한 배상이 되지 못한다. 이런 경우 계약 위반을 원인으로 한 소송을 제기하여 매도인으로 하여금 계약 내용대로 관람권을 매수인 에게 양도하도록 이행을 강제할 수 있다.

5) 손실 경감 의무

계약 위반으로 손실을 입은 당사자는 그 손실을 경감시킬 의무가 있다. 계약 위반을 기화로 아무런 조치를 취하지 않고 손실을 누적시키거나 고의로 손실을 증대 시키는 것을 방지하기 위하여 계약 위반을 당한 당사자에게도 의무를 부과하는 것이다.

예를 들어 피트니스 박람회를 개최하기 위해 피트니스 컨설팅 회사와 컨벤션 센터 간 계약을 체결하고 컨벤션 센터는 행사에 사용될 대량의 자재를 주문하여 준비한 경우 만약 컨설팅 회사가 계약을 위반하여 행사의 개최를 취소하여 컨벤션 센터에서 구매한 대량의 자재가 그대로 방치한다면 녹슬고 헤어져 쓸 수 없게 된다면 손실을 경감하기 위해 컨벤션 센터는 자재를 제3자에게 되팔거나 환불을 시도하는 등의 합리적인 노력을 하여야 한다.

손실 경감 의무는 어디까지나 합리적으로 가능한 선 안에서의 의무이며 무조건적으로 손실을 경감시킬 의무는 없다. 위의 사례에서 만약 자재가 당 행사를 위해 특별 맞춤으로 제작된 것이라면 이를 되팔거나 환불하는 것은 합리적으로 가능하지 않으므로 손실을 경감시킬 수 없음에도 컨벤션 센터는 이에 대한 책임을 지지 아니하고 계약을 파기한 컨설팅 회사가 손해 전부를 배상해야 한다.

5. 계약상 분쟁의 해결

계약상 분쟁은 다양한 형태로 발생한다. 계약 조건에 대한 다른 해석으로 다툼이 발생하거나 일방 당사자가 계약을 이행하지 못하는 사정이 생기거나 혹은 계약의 이행을 미리 거절하는 경우도 있다. 이러한 분쟁 발생 시 대표적인 분쟁 해결 방법에는 재판, 중재, 조정이 있다.

1) 재판

계약상 분쟁으로 인한 재판은 특별히 계약 체결이나 이행에 사기나 강박과 같은 형사 범죄의 구성요건이 있지 않는 한 민사 재판으로 진행된다. 민사 재판은 1심 법원인 District Court(뉴욕 주의 경우 1심 법원은 Supreme Court 이다)의 심리만도 짧게는 수개월, 길게는 1년 이상의 장기간의 시간이 소요되고 변호사 수임료 등 비용도 상당히 소모되므로 소송을 통한 이익보다 손실이 클 수도 있어 빈번한 계약행위를 하는 스포츠 관리자의 경우에는 큰 부담을 안게 될 수 있다.

계약 체결 당시에, 특히 국제적 계약의 경우 추후의 재판 시 재판이 이루어질 장소나 준거법을 미리 확정하여 이에 대한 다툼이 생기는 것을 방지할 수 있다. 만약 스포츠 관리자가 계약을 체결하게 될 경우 재판적과 준거법을 유리한 방향으로 협상하여 정한다면 비용과 시간을 아낄 수 있게 될 것이다. 아래와 같이 재판적과 준거법을 정할 수 있다.

Jurisdiction

In the event of disputes, controversies, or disagreements between the Contractor and the ADD arising in connection with this Contract (the "Dispute"), the parties shall negotiate in good faith. However, if the parties fail to reach settlement or resolution after thirty (30) days from the occurrence of the Dispute, the Dispute shall be finally settled by the Seoul Central District Court, Republic of Korea.

Governing Laws

The formation, validity, construction and performance of this contract shall be governed by the laws of the Republic of Korea.

2) 중재(Arbitration)

중재는 중립적인 제 3자를 통하여 심리를 거쳐 판결을 받아 분쟁을 해결하는 방식이다. 중재를 하는 기관 및 단체는 그 내용에 따라, 지역에 따라 다양하게 존재한다. 국제적 스포츠 관련 사건에 관한 중재를 시행하는 기관 중 대표적인 곳은 Court of Arbitration for Sport(CAS), 스포츠 중재 재판소이다. 이러한 중재 재판소는 표준화된 중재 규칙을 가지고 있으며 이러한 규칙에 따라 재판과 비슷한 형태로 심리를 하여 분쟁을 해결한다. 많은 경우 재판을 통한 분쟁 해결의 부담으로 인하여 계약 당시 분쟁 발생 시 중재를 통해 해결하며 중재 판결이 법원의 판결과 동일한 구속력을 가지도록 명문화 하는 추세이다. 아래는 분쟁 발생 시 중재를 통해 해결하도록 하는 조항이므로 참고 하도록 한다.

Arbitration

a. In the event of disputes, controversies, or disagreements between the Contractor and the ADD arising in connection with this Contract (the "Dispute"), the parties shall negotiate in good faith. However, if the parties fail to reach settlement or resolution after thirty (30) days from the occurrence of the Dispute, the Dispute shall be finally settled by litigation or arbitration.

b. In case of arbitration, the Dispute shall be finally settled by an arbitration panel in Seoul, the Republic of Korea, in accordance with the Commercial Arbitration Rules of the Korean Commercial Arbitration Board.

c. The arbitration shall be made by three (3) arbitrators; each one arbitrator nominated by the Contractor and the ADD respectively and the third neutral arbitrator nominated by the mutual agreement between the arbitrators. In case the two arbitrators fail to agree to nominate the third arbitrator, Korean Commercial Arbitration Board shall have the right to nominate the third arbitrator.

3) 조정(Mediation)

조정은 중재와 유사하게 제 3의 중립적인 조정인을 통하여 분쟁을 해결하는 방식이다. 중재와의 차이점은 조정에는 중재 판결과 같은 구속력이 없다는 것이다. 대신 양 당사자는 조정 결과에 승복하고 합의에 이를지, 또는 불복하여 다른 분쟁 해결 방안을 찾을지 선택권을 가진다. 조정은 중재와 같이 계약 체결 시 조정 절차에 대한 조건을 명문화 할 수 있고 구체적으로 조정인 또는 조정 기관을 누구로 할지, 그 비용은 어느 쪽 당사자가 부담할지 등의 사안을 미리 정해 추후 분쟁 발생 시 조정 절차에 대한 다툼을 예방하고 분쟁 해결의 지체를 막을 수 있다.

6. 일반적 계약 조항

계약 자유의 원칙에 의하여 양 당사자는 법에 위배되지 않는 한 합의에 의해 계약서에 어떠한 조건이든 정하여 계약을 체결할 수 있다. 계약의 세부적인 사항을 제외하고 일반적으로 널리 쓰이는 조항에는 계약상 용어를 명확히 정의하는 Definition 조항, 계약 대금의 지급 방법 및 화폐 단위 등을 규정하는 Payment 조항, 계약 목적물에 대한 보증을 규정하는 Warranty 조항, 계약 위반과 계약 취소에 따른 조건을 규정한 Breach of Contract, Termination 조항, 계약의 이행을 하지 않아도 계약상 책임을 묻지 않는 불가항력 사유를 규정한 Force Majeure 조항, 계약의 양도에 관한 사항을 규정하는 Assignment 조항 등이 있다.

1) 용어의 정의(Definition) 조항

일반적인 계약서는 양 당사자의 신원에 관한 정보와 계약의 목적을 명시하고 이어서 계약상 용어를 정의한다. 이는 용어에 대한 오해로 인하여 추후 계약서 전체에 대한 해석이 달라지는 것을 방지하며 일반적으로 쓰이는 용어를 계약서에서는 특별한 의미를 부여하여 다른 의미로 사용하고자 할 때 용어의 일반적 정의와 혼동을 주지 않기 위해 필요하다. 아래는 물품 구매 계약서의 용어 정의 조항이다.

Definitions

The following expressions have the meaning as set forth below:

a. "SELLER" means any person or organization that furnishes commodity under this contract.

b. "BUYER" means the Korea Sports Association

c. "Agent" means Korean citizens(s) or business entities, duly incorporated or organized under the laws of the Republic of Korea, which is not a branch, department, subsidiary, parent entity, assignee of the Seller, or an entity in which the Seller beneficially owns controlling interest or equity and vice versa, who has been employed by the Seller, at its own discretion and expense, in connection with this Contract, and assumes all duties under Annex 1 hereto.

d. "Commodity" is the subject matter of transaction under the Contract, other than monies, including accessories, spare parts, technical data, training, Service and/or any other additions as it may be applicable, which corresponds with the Commodity Descriptions and whose specification corresponds with the Commodity specifications. Any inspection, acceptance tests procedures or other delivery conditions regarding a Commodity in connection with this Contract, unless explicitly specified herein, shall not be construed to be included in the definition of "Commodity."

e. "Service" means those service and/or activities by the Seller, including but not limited to installation and/or integration. Any inspection, acceptance tests procedures or other delivery conditions regarding a Commodity in connection with this Contract, shall not be construed to be included in the definition of "Service."

f. "Delivery of Commodity" shall mean, unless explicitly specified otherwise, delivery of tangible Commodity in accordance with delivery conditions and schedule, as well as completion of performance by the Seller of other intangible Commodities such as, including but not limited to, training and/or Service, in accordance with conditions, schedules and/or procedures applicable to such performance.

g. "Carrier" means any person or entity, who undertakes to perform or to procure performance of the carriage of the Commodity under a contract with the Buyer.

h. "Contract Price" means United State Dollars or Other Currency as a consideration payable by the Buyer to the Seller for the Commodity provided by the Seller to the Buyer hereunder.

i. When a time or period is stipulated "in number of days", it is counted on a continuous basis. A time or period expressed as "from" a given date "to" a given date shall include the two given dates preceded by "from" and "to."

2) 대금지급(Payment) 조항

계약의 조건 중 가장 중요한 것 중 하나는 대금의 지급이다. 대금지급의 방법은 일시불, 정액, 일할계산, 할부지급 등 다양한데 대금지급의 시기와 방법을 명확히 규정하여 오해가 없도록 해야 한다. 예를 들어 골프공 1000개의 구매 계약에서 '골프공에 대한 대금을 적시에 지급 한다'라고 규정하면 대금이 얼마인지, 적시는 언제인지 양 당사자 간 생각하는 바가 달라 분쟁이 생길 수 있다. 스포츠 관리자는 대급지급 조항에서 총 금액, 지급 방식, 지급일의 세 가지는 반드시 구체적이고 명확한 언어로 규정하여 법적 분쟁 발생 위험을 최소화해야 한다. 아래는 물품 구매계약의 대급지급 조항 예시이다.

Payment

a. The total Contract Price is USD 3,000.00. The Contract Price shall be paid to the Seller by March 1, 2015.

b. In case of cash payment, the Seller shall send to the Buyer the documents against which payment is made as specified as below hereto by e-mail, or registered airmail, or by telegram or telefax, or fax without undue delay upon delivery of Commodity. The Buyer shall remit the appropriate payment by wire or telegraphic transfer to the Seller's bank account as stipulated below hereto within thirty (30) days after the Buyer has received and accepted such documents.

i) One(1) original copy of clean receipt of the commodity or other transport document

ii) One(1) duly signed copy of the commercial invoice of the Commodity or any part thereof shipped,

iii) One(1) duly signed copy of the packing list consisting of representing detailed packing list.

3) 보증(Warranty) 조항

시장에서 구매할 수 있는 물품에 대한 일반적 보증 기간은 제품의 표준 약관에 의하여 정해져 있으나 용역 계약이나 특수한 물품에 대한 계약 시 보증이 정해져 있지 않는 경우가 많으므로 계약 당사자는 개별적으로 보증에 대해 협상하여 규정하여야 한다. 보증 조항에서는 총 보증 기간, 물품 또는 서비스의 하자 발생 시 그 수리, 교환 등의 사항을 규정할 수 있다. 아래는 물품 구매 계약의 보증 조항이다.

Warranty

a. The Seller guarantees that the Commodity supplied under this contract shall be free from any defects in materials or workmanship and conforms to the requirements of the contract. This guarantee shall continue until twelve(12) months after the date when the Commodity has been actually delivered to the Buyer or its representative at the place of destination in Korea.

b. Where the Buyer has found or recognized any defect in materials and workmanship or any non-conformance in the commodity delivered during the warranty period, notice such defect or non-conforming to the Seller by Email. The Seller shall, with all possible haste, refurnish or replace the defective or non-conforming commodity in accordance with the Buyer's instruction, at all the Sellers cost. I

c. If the Seller fails to repair or replace such defective or non-conforming commodity or such part thereof within a given period of time in accordance with the instructions of the Buyer, the Buyer will claim against the Seller a full compensation for i) the invoice amount of such defective or non-conforming commodity or any part thereof, ii) any extra costs occasioned by the Buyer procuring similar or substitute goods from other sources.

d. When the defective part is repaired or replaced in accordance with the instruction of the Buyer, the repaired or replaced part shall be warranted by the Seller as provided in the preceding paragraph(a) for twelve(12) months from time of completion of such repairing or replacement.

4) 계약 위반(Breach of Contract) 조항

일반적으로 계약상 의무를 이행하지 않을 시 계약의 위반이 된다. 하지만 계약상 의무가 여러 개 존재하고 이 의무들의 경중이 다를 경우 어떠한 의무를 위반했을 때 계약 위반으로 볼 수 있는지는 여러 해석을 낳을 수 있다. 예를 들어 '2015년 7월 1일까지 매수인은 계약대금 금 2000만원을 매도인 갑의 사무실로 직접 가져와 전달 한다' 라는 계약 조항이 있을 때, 만약 매수인이 시간이 없어 갑의 사무실에 우편으로 대금을 전달하거나 제3자를 시켜 대금을 전달하게 하였다면 계약 조건을 정확히 지키지 않았으므로 계약의 위반이라 할 수 있을지, 또는 계약의 주요 사항이 아니므로 계약의 위반이라 할 수 없다고 해석할지 양 당사자 간 분쟁이 생길 수 있다. 그러므로 어떤 상황에서 계약의 위반이 되는지 그 사항을 구체적으로 정하는 것이 필요하다. 아래는 물품 구매 계약에서의 계약 위반조항의 예이다.

Breach of Contract

a) A party shall be deemed to have committed a material breach when it fails to perform substantial obligations under the Contract.

b) Any of the events enumerated below constitutes the Seller's material breach of this Contract:

(i) Failure to effect Delivery of Commodity:

(ii) Failure to satisfy all the requirements and/or specifications of the Commodity as specified in this contract:

(iii) Anticipatory repudiation of this Contract by the Seller:

(iv) Failure to establish the Performance Bond or the Repayment Guarantee, or amend or extend the validity as required by the Contract:

(v) Failure to perform the Warranty Obligations stipulated in Article 6 hereof:

(vi) Failure to cure any discrepancy or deficiency of the Commodities within the delivery period:

(vii) Any other significant non-performance of any of the Seller's major obligations stipulated in this Contract

5) 계약해지(Termination) 조항

양 당사자에게 계약 체결의 자유가 있듯이 또한 계약을 해지할 자유도 있다. 계약의 해지란 유효한 계약이 체결되어 효력을 유지하여 왔으나 계약을 취소하여 취소 시점부터 그 효력을 중단시키는 것을 말한다. 계약의 해지는 조건 없이 할 수도 있고 일정한 조건을 정하여 하게 할 수도 있다. 계약해지 조항에는 계약해지의 방법, 해지 후 기 이행된 부분에 대한 처리 등의 내용을 담을 수 있다. 아래는 물품 구매 계약의 계약해지 조항의 예시이다.

Termination

a) Both Parties are free to terminate this Contract upon prior 30 days written notification of termination. In the event of termination, Parties are entitled to the following:

(i) terminate the Contract in whole or in part,

(ii) confiscate the whole amount of the Performance Bond and,

(iii) confiscate the Repayment Guarantee

b) When the Parties terminate this Contract in whole or in part pursuant to the preceding sub-paragraphs a, the terminating Party shall notify the other Party to that effect by registered airmail.

c) If this Contract is terminated in whole or in part pursuant to this Article, the other party may procure the commodity which meets the purpose of this Contract from other source of supply within six (6) months after such termination. In this case, the terminating party shall be liable for any excess costs to procure such commodity.

6) 불가항력(Force Majeure) 조항

불가항력 조항이란 천재지변, 전쟁 등과 같이 계약 당사자가 통제할 수 없는 사유가 발생했을 때 계약의 불이행에 대해 책임을 면제하여 주는 조항이다. 정형적인 불가항력 사유는 위에서 언급한 천재지변, 전쟁, 폭동 등과 같은 사유로 해석상 논란의 여지없이 불가항력으로 인정된다. 하지만 일부 파업, 수출, 수입 허가와 같은 사유는 계약서에 명확히 언급하지 않으면 해석상 불가항력 사유가 되는지에 대한 논란이 있을 수 있으므로 스포츠 관리자는 계약 체결 시 나열된 불가항력 사유를 면밀히 살펴 불이익을 받지 않도록 해야 한다. 아래는 물품 구매 계약에서의 불가항력 조항 예시이다.

Force Majeure

a. Neither party shall be responsible for any delay or failure of Delivery of Commodity which may arise from causes beyond the its reasonable control such as acts of God, fires, explosions, strikes, lockouts, riots, civil commotions, mobilizations, threat or existence of war, blockades, embargoes, requisition of vessels, epidemics, changes in the relevant laws and regulations made after this Contract became effective (the "Force Majeure Event").

b. Upon occurrence of the Force Majeure Event, the Seller shall notify the Buyer by teletransmission and subsequent airmail within twenty (20) days from such occurrence of Force Majeure Event. The notification shall be attached by a written certificate issued by the authorized governmental organization of the applicable country. The certificate shall indicate ;
   (i) that the Seller could not reasonably foresee occurrence of Force Majeure Event at the time of execution of the Contract, and
   (ii) that the Seller could not control the failure of or the delay in Delivery of Commodity due to such Force Majeure Event.

c. In case the Force Majeure Event continues for more than ninety (90) days, and the Buyer judges the purpose of this Contract to be unattainable, the Buyer may terminate this Contract in whole or in part, and confiscate the whole amount of the Repayment Guarantee. In this case, neither party of this Contract shall make any claim for compensation of any loss by such termination.

d. The provisions of this Article shall apply to both the Seller and the Buyer in connection with the default or the delay in performing the respective obligations under this Contract due to Force Majeure Event.

7) 계약양도(Assignment) 조항

물리적 실체가 없으나 계약 자체 또한 양도의 대상이 될 수 있다. 시장에서 유통되는 공산품에 대한 매매 계약의 경우 물품의 특수성이 없으므로 양 당사자가 합의 한다면 물품 인도 의무나 대금 지급 의무를 제 3자에게 양도하여 계약을 이행케 할 수 있다. 하지만 맞춤 제작이나 용역의 경우, 계약 목적물은 특수성을 가지게 되어 계약 양도를 허용하게 되면 계약의 목적을 달성하기 어려울 수 있는 문제가 생긴다. 특히 맞춤제작, 고용계약과 같은 계약 유형이 빈번한 스포츠 분야에서 계약상 문제를 피하기 위해 스포츠 관리자는 계약 목적물의 성질을 파악하고 계약 양도에 관한 조항을 규정할 수 있는 능력이 있어야 한다. 아래는 계약 양도를 원천적으로 금지하고 예외적으로 양 당사자의 합의 하에 가능하게 하는 계약양도 조항 예시이다.

Assignment

The Seller shall not assign, transfer or novate to any third party this Contract or any part thereof without prior written consent of the Buyer. Even if the Seller's legal status as a business entity is changed by merger and acquisition after this Contract is entered into, its obligations under this Contract shall remain unchanged.

7. 스포츠 계약

고용계약, 스폰서 계약, 행사 계약 등 다양한 형태의 계약이 스포츠 영역에서 체결되고 있다. 아래에서 다양한 스포츠 계약의 종류와 계약서 예시를 살펴보도록 하겠다.

1) 장학 계약

장학 계약은 대학 스포츠 팀이 우수한 선수를 영입하기 위해 재학 중 스포츠 팀에서 활동하는 것을 조건으로 선수에게 장학금을 지급하기로 하는 계약이다. 전미 대학 체육 협회(NCAA)는 장학 계약 체결에 대한 상세한 규칙을 정해 놓았는데, 장학금을 받기 위해 학교에 입학한 학생들의 권익을 보호하고 학교 간 합리적인 선을 넘어서는 경쟁을 막기 위해서이다. 전미 대학 체육 협회의 규정에 따르면 계약에 따른 장학금의 금액은 일반적으로 대학 생활을 하기 위해 필요한 정도의 금액만을 보조하도록 되어 있으며 이를 넘어서는 금액은 허용되지 않는다. 보조 가능한 금액의 명목은 등록금, 주거비, 교재비,

교통비, 기타 학교생활에 필요한 비용들이다. 이 비용을 넘어서는 인센티브를 제공할 수 있게 되면 우수 선수를 먼저 영입하기 위해 대학 간 과도한 경쟁이 유발되어 프로 스포츠 팀과 같이 연봉 경쟁이 일어나 대학 본연의 교육 목적을 달성하는 데 장애물이 될 수 있기 때문이다.

장학 계약은 1년을 단위로 체결하여야 하며 계약 기간 동안 경기 성적이나 성취도에 따라 학교 측이 만족하지 못한다고 계약을 해지할 수는 없다. 1년의 계약기간이 경과하면 학교와 선수는 새로운 계약을 체결할 수 있다.

판례 Taylor v. Wake Forest University (1972)에 따르면 대학 풋볼 팀의 선수로 활동하는 조건으로 장학금을 받는 계약을 체결하고 입학한 선수가 한 학기 후 돌연 마음을 바꾸어 선수활동을 중단하였고 이에 대학은 장학금 지급을 중지시켰다. 선수는 계속 장학금을 지급하도록 소송을 제기하였으나 계약의 주목적인 풋볼팀 선수로서의 참여를 선수가 자발적으로 거절하였으므로 법원의 대학의 손을 들어 장학금 지급 중단이 정당하다고 판시하였다.

국내 대학 스포츠 팀 역시 우수한 운동선수를 영입하기 위해 장학금을 제공하는 방식으로 입학을 유도하고 있으나 미국과 같이 정형화되고, 구체적인 계약서를 작성하는 경우는 드물다. 하지만 스포츠 시장이 커지고 학생 운동선수의 권익 보호에 대한 요구가 증대하는 추세에 맞추어 학교 스포츠 팀 관리자는 학교 스포츠 팀에서 활동할 운동선수와의 활동 조건을 구체적으로 기재한 계약서를 마련하여 학생과 학교 간 분쟁을 사전에 예방하도록 해야 할 것이다.

2) 프로선수 계약

위에서 서술한 학생과 학교의 계약과 달리 프로선수 계약은 그 금액과 기간의 설정이 자유롭다. 미국의 메이저리그 야구(MLB), 전미 농구 연맹(NBA), 전미 풋볼 리그(NFL), 전미 하키 리그(NHL)와 같은 주요 프로 리그 협회는 선수 협회와 협상하여 만든 단체 교섭 계약서(collective bargaining agreement)를 보유하고 있다. 선수 개인과 개별적으로 연봉과 같은 사항을 협상하여 계약을 체결하되 다른 부분은 단체 교섭 계약서를 일괄적으로 적용하는 것이다. 단체 교섭 계약서에는 연봉, 약물검사조항, 고충처리 절차, 행동 강령과 같은 선수 고용에 대한 모든 조건이 담겨져 있다. 다음은 전미 농구 연맹(NBA)과 전미 농구 선수 연맹(NBPA) 간에 맺어진 단체 교섭 계약서(CBA)의 일부를 발췌한 것이다(출처: http://www.nba.com/media/CBA101.pdf).

Highlights of the 2011 Collective Bargaining Agreement Between the National Basketball Association (NBA) and National Basketball Players Association (NBPA) Prepared by the NBA (August 2014)

A. Term of Agreement

This Collective Bargaining Agreement (CBA) began effective with the 2011-12 season (December 8, 2011) and runs through the 2020-21 season (June 30, 2021). The NBA and NBPA each have an option to terminate the CBA after its sixth season (i.e., on June 30, 2017) by notifying the other party on or before December 15, 2016.

B. Calculating the Salary Cap and Minimum Team Salary

Under the CBA, all teams are subject to a Salary Cap and Minimum Team Salary for each season. The "Salary Cap" places a limit on the total salaries each team can pay its players during the season, subject to certain "Exceptions" (refer to Section I.E. below).

The Salary Cap for 2014-15 is $63.065 million. The Salary Cap for each future season, subject to certain adjustments, will be calculated by multiplying projected "Basketball Related Income" (a defined term that generally includes all income received by teams as a result of basketball operations) by 44.74%, subtracting projected player benefits, and then dividing the result by 30.

The Salary Cap Year goes into effect in early July and continues in effect until early July the following year.

The "Minimum Team Salary" is the minimum Team Salary that a team must have for a Salary Cap Year.

The Minimum Team Salary for 2014-15 is $56.759 million (90% of the Salary Cap).

S. Early Termination Options

A five-year contract may contain an option allowing the player to terminate the contract before it expires.

However, this type of option can be exercised no earlier than following the fourth season of the contract.

IV. ANTI-DRUG AGREEMENT

Since 1983, the NBA and NBPA have jointly maintained and administered a comprehensive Anti-Drug Program for NBA players. The purpose of the Program is to detect and deter the use of illegal and performance-enhancing drugs by players, and to provide treatment and counseling for those who are struggling with substance abuse problems.

The Program subjects each player to six random, unannounced drug tests during each season and offseason.

It also includes testing based on reasonable cause at any time. Urine testing is conducted for more than 160 substances by state-of-the-art laboratories certified by the World Anti-Doping Agency, and a standing committee of independent experts appointed by the NBA and NBPA is empowered to ban additional substances as necessary.

Penalties for violations of the Program are substantial; for example, players testing positive for drugs of abuse are banned from the league for a minimum of two years, and players testing positive for performance enhancing substances are suspended for 20 games (1st violation), 45 games (2nd violation), and a minimum of two years (3rd violation).

G. Conduct and Discipline

(1) Missed Practices: $2,500 for the first offense; $5,000 for the second offense; $7,500 for the third offense; for the fourth or any subsequent offense, reasonable discipline (including suspension).
However, any time a player intentionally misses a practice without a reasonable excuse, he will be subject to such discipline as is reasonable under the circumstances.

(2) Missed Exhibition, Regular Season or Playoff Game: 1/110th of salary

(3) Missed Promotional Appearance: $20,000

(4) A player's failure to report for a trade is "conduct detrimental to the NBA," which (in addition to any discipline imposed the team) will subject the player to fines and suspensions by the Commissioner.

(5) Suspensions by the Commissioner in excess of 12 games for on-court misconduct are subject to review by an independent arbitrator. For this purpose, "on-court" generally includes anything that occurs anywhere in the arena during, before or after a game.

(6) Players convicted of DUI/DWI will be subject to a mandatory evaluation by the Medical Director of the Anti-Drug Program.

H. Player Appearances

Upon request, players are obligated to make at least 12 promotional appearances for their team or the NBA each year.

I. International Player Buyout Payments

The limit on payments to international teams (for the purpose of securing the right to enter into a contract with a player) that will be excluded from Team Salary is $600,000 for the 2014-15 season, increasing by $25,000 each season thereafter.

다음은 CBA 안에 포함된 NBA 선수 고용 계약서 샘플의 주요 부분이다. 계약서는 양 당사자가 제공할 용역의 종류와 내용, 그에 대한 보수, 행동강령, 계약의 양도, 계약의 해지, 분쟁 발생 시 해결 방식 등 주요 사항에 대한 매우 구체적인 내용을 담고 있다(출처: http://mediacentral.nba.com/media).

EXHIBIT A
NATIONAL BASKETBALL ASSOCIATION
UNIFORM PLAYER CONTRACT

THIS AGREEMENT made this _____ day of ___________________, is by and between

_________________________ (hereinafter called the "Team"), a member of the National Basketball Association (hereinafter called the "NBA" or "League") and ___________________ , an individual whose address is shown below (hereinafter called the "Player"). In consideration of the mutual promises hereinafter contained, the parties hereto promise and agree as follows:

1. TERM

The Team hereby employs the Player as a skilled basketball player for a term of ____ year(s) from the 1st day of September ____.

2. SERVICES

The services to be rendered by the Player pursuant to this Contract shall include: (a) training camp, (b) practices, meetings, workouts, and skill or conditioning sessions conducted by the Team during the Season, (c) games scheduled for the Team during any Regular Season, (d) Exhibition games scheduled by the Team or the League during and prior to any Regular Season, (e) if the Player is invited to participate, the NBA's All-Star Game (including the

Rookie-Sophomore Game) and every event conducted in association with such All-Star Game, but only in accordance with Article XXI of the Collective Bargaining Agreement currently in effect between the NBA and the National Basketball Players Association (hereinafter the "CBA"), (f) Playoff games scheduled by the League subsequent to any Regular Season, (g) promotional and commercial activities of the Team and the League as set forth in this Contract and the CBA and (h) any NBADL Work Assignment in accordance with Article XLI of the CBA.

3. COMPENSATION

(a) Subject to paragraph 3(b) below, the Team agrees to pay the Player for rendering the services and performing the obligations described herein the Compensation described in Exhibit 1 or Exhibit 1A hereto (less all amounts required to be withheld by any governmental authority, and exclusive of any amount(s) which the Player shall be entitled to receive from the Player Playoff Pool). Unless otherwise provided in Exhibit 1 or Exhibit 1A, such Compensation shall be paid in twenty-four (24) equal semi-monthly payments beginning with the first of said payments on November 15th of each year covered by the Contract and continuing with such payments on the first and fifteenth of each month until said Compensation is paid in full.

5. CONDUCT

(a) The Player agrees to observe and comply with all Team rules, as maintained or promulgated in accordance with the CBA, at all times whether on or off the playing floor. Subject to the provisions of the CBA, such rules shall be part of this Contract as fully as if herein written and shall be binding upon the Player.

10. ASSIGNMENT

(a) The Team shall have the right to assign this Contract to any other NBA team, and the Player agrees to accept such assignment and to faithfully perform and carry out this Contract with the same force and effect as if it had been entered into by the Player with the assignee team instead of with the Team.

16. TERMINATION

(a) The Team may terminate this Contract upon written notice to the Player if the Player shall:

(i) at any time, fail, refuse, or neglect to conform his personal conduct to standards of good citizenship, good moral character (defined here to mean not engaging in acts of

moral turpitude, whether or not such acts would constitute a crime), and good sportsmanship, to keep himself in first class physical condition, or to obey the Team's training rules;

17. DISPUTES

In the event of any dispute arising between the Player and the Team relating to any matter arising under this Contract, or concerning the performance or interpretation thereof (except for a dispute arising under paragraph 9 hereof), such dispute shall be resolved in accordance with the Grievance and Arbitration Procedure set forth in Article XXXI of the CBA.

20. ENTIRE AGREEMENT

This Contract (including any Exhibits hereto) contains the entire agreement between the parties and, except as provided in the CBA, sets forth all components of the Player's Compensation from the Team or any Team Affiliate, and there are no other agreements or transactions of any kind (whether disclosed or undisclosed to the NBA), express or implied, oral or written, or promises, undertakings, representations, commitments, inducements, assurances of intent, or understandings of any kind (whether disclosed or undisclosed to the NBA) (a) concerning any future Renegotiation, Extension, or other amendment of this Contract or the entry into any new Player Contract, or (b) involving compensation or consideration of any kind (including, without limitation, an investment or business opportunity) to be paid, furnished, or made available to the Player, or any person or entity controlled by, related to, or acting with authority on behalf of the Player, by the Team or any Team Affiliate.

3) 스폰서 계약(Endorsement Contract)

스폰서 계약이란 스폰서로 하여금 운동선수의 이름, 이미지, 초상 등을 스폰서의 상품을 광고하는 데 이용할 수 있도록 권리를 수여하는 계약이다. 스폰서는 운동선수의 유명세, 긍정적인 이미지를 활용하여 자신의 브랜드나 상품을 광고할 수 있고 운동선수는 경기로 벌어들이는 수입 외의 추가 수입을 얻을 수 있어 유명 운동선수들은 물론 성적이 좋은 유명 팀이 활발히 계약을 체결하고 있다.

스폰서 계약의 형태는 독점 계약의 형태로 체결할 수도 있고 운동선수가 직접 텔레비전이나 지면 광고에 출연하거나 경기 중 착용하는 유니폼을 통해 광고를 하여 계약을 이행할 수도 있다.

스포츠 관리자는 상당한 금액이 오가는 스폰서 계약을 체결할 때 광고에 활용할 물건 혹은 매체의 범위, 이용 가능한 권리의 범위, 계약 기간, 계약 위반의 사유 등을 세분화하여 구체적으로 정하여야 한다. 아래는 스폰서 계약서 예시이다.

ENDORSEMENT AGREEMENT

This Agreement is made and entered into this 1st day of September, 2015 by and between Jane Doe ("Doe"), AND NIKE INCORPORATED, with its principal office at 1

Bowerman Drive, Beaverotn, Oregon 97005. (Each or both of which shall hereinafter be referred to as the "PARTY" or "PARTIES", respectively).

WHEREAS, Jane is known and recognized as a highly skilled professional basketball player with a reputation so that his/her name has substantial advertising value; and

WHEREAS, Nike Inc. is desirous of acquiring the exclusive right to utilize Jane's name

and likeness in connection with the advertisement, promotion and sale of Endorsed Products (as defined herein); and

WHEREAS, Jane is desirous of entering into an agreement to authorize such use of his/her name and likeness upon such terms and conditions as are set forth herein,

NOW, THEREFORE, in consideration of the mutual covenants set forth herein, and for other good and valuable consideration, the receipt and sufficiency of which are hereby acknowledged, Nike Inc. and Jane agree as follows:

1. Definitions.

1.1. "Jane Endorsement" shall include the right to use the name, nickname, initials, autograph facsimile signature, voice, video or film portrayals, photograph likeness and image or facsimile image of Jane.

1.2. "Nike Inc." shall include Nike Inc., its subsidiaries and any successor Nike Inc.

1.3. "Contract Territory" shall be worldwide.

1.4. "Endorsed Products" shall mean all products and/or services described as such in paragraph 2 of Addendum 1 to this Agreement.

1.5. "Term" shall mean the contract term as specified in paragraph 3 of Addendum 1 of this Agreement.

2. Grant and Protection of Endorsement Rights.

2.1. Subject to the terms and conditions set forth in this Agreement, Jane hereby grants to Nike Inc. the exclusive right and license during the Term and within the Contract Territory to utilize his/her Jane Endorsement in connection with the advertisement, promotion, and sale of Endorsed Products, so long as such does not conflict with any applicable rules or regulations of the National Basketball Association ("NBA"), United States Olympic Committee ("USOC") or International Olympic Committee ("IOC").

2.2. Jane shall receive no additional compensation beyond that provided for under section 8 hereof for each such use by Nike Inc. of the Jane Endorsement, it being understood and agreed to by the parties that the consideration for each such use is encompassed by the compensation provided for under section 8 hereof.

2.3. Jane and Nike Inc. agree that they shall each take all necessary steps during the Term to protect the Jane Endorsement in connection with the advertisement, promotion and sale of the Endorsed Products.

2.4. Nike Inc. shall have no right to assign or sublicense any of the rights granted hereunder without the prior written approval of Jane, which may be withheld for any reason.

2.5. Subject to the provisions of paragraph 2.1 above, Nike Inc. agrees that Jane shall retain all rights in and to his/her Jane Endorsement and, whether during the Term, or any extension thereof, Jane shall not be prevented from using, or permitting or licensing others to use, his/her Jane Endorsement in connection with the advertisement, promotion or sale of any products or services of a type other than the Endorsed Products hereunder.

3. Exclusion of NBA Names and Marks.

Notwithstanding anything herein to the contrary, the Jane Endorsement rights granted to Nike Inc. hereunder shall not include any right to reproduce or use in any way any name(s) and/or mark(s) owned by the National Basketball Association ("NBA"). Such names and marks include, without limitation, the names National Basketball Association Players, and any derivations thereof, as well as the National Basketball Association team logos, and the NBA logo. Nike Inc. shall not be entitled to make specific reference to any affiliation between Jane and NBA, without the prior written consent of NBA.

4. Use and Ownership of Commercial Materials.

4.1 Commercials. During the Term, and within the Contract Territory, Nike Inc. shall have the exclusive right to broad cast, use and reuse up to one (1) television and one (1) radio ad annually so long as it does not conflict with applicable rules and regulations of NBA, USOC, or IOC.

5. Jane Approval of Advertising and Promotional Materials.

Nike Inc. agrees to submit to Jane (or any authorized Legal Representative of Jane designated in Addendum 1 hereto), for his approval, copies of all advertising and/or promotional materials utilizing the Jane Endorsement at least ten (10) days prior to their release to the public. Nike Inc. further agrees that the same shall not be released without the prior written approval of Jane (or his/her authorized Legal Representative). Jane may not unreasonably withhold or delay approval of such materials, and in the absence of written disapproval by either of them within ten (10) days of receipt thereof, such advertising and promotional materials shall be deemed approved. Once such materials are approved, Nike Inc. shall be entitled to make multiple uses of said materials without obtaining the additional approval of Jane.

6. Appearances.

If so requested by Nike Inc., Jane shall make himself available at times and places designated by Nike Inc. to make personal appearances, pose for hotographs, and otherwise assist Nike Inc. in the preparation of advertising and promotion materials and campaigns utilizing the Jane Endorsement. Jane's travel expenses including air travel, hotel, and subsistence shall be paid in full by Nike Inc. Jane's appearance obligations under this paragraph shall be subject to Jane's schedule of training, competition and other NBA activities and events, as well as reasonable prior notice and approval of Jane. Jane shall not be required to make more than five (5) such personal appearances annually in the United States and one (1) personal appearance annually internationally, although he may elect to do so if he chooses upon such additional terms and conditions as he may deem appropriate in his sole discretion.

7. Special Rights of Termination.

7.1. Jane shall have the right to terminate this Agreement in the event that Nike Inc. fails to make payment to Jane of any sums due pursuant to this Agreement within thirty (30) days following receipt by Nike Inc. of written notice that such payment is past due.

7.2. Nike Inc. shall have the right to terminate this Agreement upon written notice to Jane in any of the following events:

7.2.1 Jane's death during the Term hereof;

7.2.2 Jane's conviction (whether by trial or by plea of guilty or no contest) of any felony;

7.2.3 Changes to the rules or regulations of NBA, USOC or IOC which would prevent Nike Inc. from making reasonable use of the Jane

Endorsement as contemplated by this Agreement;

7.2.4 Jane is confronted, accused, and convicted of breaking the drug use policy stated by the NBA;

7.2.5 Jane does not make the NBA draft and is ineligible for compensation;

7.2.6 Jane decides not to appear for appearances as requested or agreed;

7.2.7 Jane decides to retire before said contract is up due to an injury, strike, or lockout of the NBA;

7.2.8 Jane performs a major illegal act;

7.2.9 Jane decides to play professional sports in another country or region.

7.3 In the event of any termination of this Agreement under section 7.1 above, no party shall have any cause of action against any other party for any damages allegedly arising out of such termination.

8. Termination.

Upon termination of this Agreement, for any cause whatsoever, Nike Inc. shall immediately cease using the Jane Endorsement for advertising, promotional, or any other purpose whatsoever, except as follows:

8.1. Jane agrees that Nike Inc. shall have the right, for a period of six (6) months following the effective date of termination to dispose of all advertising and promotional materials bearing the Jane Endorsement which were printed or ordered in good faith and reasonable quantities prior to the effective date of termination.

9. Compensation.

9.1. In consideration for the rights and benefits granted to Nike Inc. hereunder, Nike Inc. agrees to pay such base compensation and bonuses to Jane of such kinds, in such amounts and according to such schedules as set forth in Addendum 2 to this Agreement.

9.2. All compensation of any kind, whether monetary or otherwise, due

> hereunder shall be remitted to NBA, on behalf of Jane, to be administered by NBA in accordance with NBA eligibility regulations. Such payments should be by check or money order made payable to "NBA" and, for the protection of Jane, must include a memo clearly identifying that such funds are submitted for the benefit of the Jane.

스폰서 계약을 통해 기업은 극대화된 광고 효과를 얻고 선수는 때로 연봉을 상회하는 금액의 광고료를 받기도 한다. 아래는 2015년도 세계 운동선수 소득 순위로 연봉과 더불어 스폰서 계약 금액도 나타나 있다(출처: 포브스, http://www.forbes.com/).

Rank	Name	Pay	Salary	Endorsements
#1	Floyd Mayweather Boxing	$300 M	$285 M	$15 M
#2	Manny Pacquiao Boxing	$160 M	$148 M	$12 M
#3	Cristiano Ronaldo Soccer	$79.6 M	$52.6 M	$27 M
#4	Lionel Messi Soccer	$73.8 M	$51.8 M	$22 M
#5	Roger Federer Tennis	$67 M	$9 M	$58 M
#6	LeBron James Basketball	$64.8 M	$20.8 M	$44 M
#7	Kevin Durant Basketball	$54.1 M	$19.1 M	$35 M
#8	Phil Mickelson Golf	$50.8 M	$2.8 M	$48 M
#9	Tiger Woods Golf	$50.6 M	$0.6 M	$50 M
#10	Kobe Bryant Basketball	$49.5 M	$23.5 M	$26 M

4) 경기 및 행사 계약

스포츠 경기와 각종 스포츠 관련 행사 개최 시 스포츠 관리자는 다양한 종류의 계약을 체결하게 된다. 예를 들어 2015년 가장 주목받는 스포츠 경기였던 매니 파퀴아오와 플로이드 메이웨더의 복싱 경기는 양 선수간의 대전 계약은 물론 방송사와의 중계 계약, 경기장과의 임대 계약, 보험 회사와의 보험 계약, 경기 진행을 위한 경호 회사와의 경호 계약 등 경기 하나에 부대하는 수많은 계약을 체결했다. 대전 계약에서는 양 선수의 이익 분배 비율, 경기 관람권의 가격, 권투 글러브의 재질 및 형태, 보호 장비, 판매 상품, 양 선수의 스폰서, 경기 배점 방식, 심판의 선택, 경기 후 재경기에 관한 사항 등 경기에 관한 모든 사항을 구체적이고 세분화하여 명시하였다.

스포츠 행사의 모든 관련 계약은 상호 영향을 미치며 때로는 행사의 성패를 좌우하기도 하므로 스포츠 관리자는 경기 또는 스포츠 행사에 관한 계약을 체결할 때 반드시 해당 종목에 대한 전문적 지식을 갖추고 행사 전반에 걸친 이해도를 높여 흠결 없는 계약을 체결해야 할 것이다.

5) 권리 포기 각서(Waivers)

권리 포기 각서란 스포츠 단체와 스포츠 참여자 간의 계약으로, 스포츠 활동과 관련하여 발생한 상해 및 피해에 대하여 스포츠 단체의 책임을 면제한다는 내용을 담은 계약이다. 일반적으로 익스트림 스포츠와 같은 위험한 스포츠 활동 시, 활동에 임하기 전에 활동을 주관하는 단체가 참여자에게 서명하도록 제시하며 양 당사자의 서명으로 참여자는 활동과 관련하여 입은 피해에 대한 소를 제기할 권리를 포기하게 된다. 권리 포기 각서 또한 계약이므로 앞서 서술한 계약의 구성요소들을 갖추어야 유효한 계약으로 효력을 발생시킬 수 있다.

일반적인 구매, 고용 계약의 약인이 금전이나 물품과 같이 눈에 보이는 것이 대부분인 반면 권리 포기 각서의 약인은 스포츠 단체에 대해 책임을 묻지 않겠다는 약속으로, 그 형태가 무형적인 것에 차이점이 있다.

구속력 있는 권리 포기 각서가 되기 위해서는 형평성과 참여자의 각서 조건에 대한 이해와 수용이 필수 불가결하다. 각서가 형평성을 가지기 위해서는 각서를 체결하는 양 당사자에게 동등한 수준의 교섭 능력이 있어야 하며 의사 결정에 있어서 사기나 허위의 의사표시 또는 강박이 있어서는 안 된다. 만약 스포츠 단체가 개인인 스포츠 참여자에 비하여 월등하게 높은 교섭 능력을 가져 참여자의 각서 서명이 강제되는 환경에서는, 참여자의 서명이 비록 자유의지에 의해 이루어졌다 하더라도 그 각서의 구속력에는 문제가 있다고 볼 수 있다.

또한 권리 포기 각서는 체결 당사자가 일반적인 평균인의 수준에서 이해 가능한 언어로 씌어져야 한다. 권리 포기 각서 자체가 이해 가능하다 할지라도 각서의 체결 당사자가 미성년자 이거나 지체장애와 같은 의사능력 또는 행위 능력에 문제가 있는 경우 이들이 체결한 권리 포기 각서는 구속력이 없다.

권리 포기 각서에 의한 책임 면제는 적법하며 유효하지만 고의 또는 중과실이 있음에도 스포츠 단체의 책임을 무조건으로 면책시키는 각서는 대부분의 주에서 인용되지 않는다.

스포츠 관리자는 각종 스포츠 활동을 추진하고 운영하는 데 있어서 권리 포기 각서를 활용하여 법적인 책임을 면제받을 수 있다. 이를 위하여 권리 포기 각서 또한 계약의 한 부분임을 인지하고 유효한 필요 요건을 갖추는 노력이 필요하며 각서를 체결하는 상대방이 법적 책임을 질 수 있는 의사, 행위 능력을 갖추고 있는지를 사전에 판별하는 것이 중요하다. 아래는 권리 포기 각서의 예시이다.

RELEASE OF LIABILITY, WAIVER OF CLAIMS,
ASSUMPTION OF RISKS AND INDEMNITY AGREEMENT
(Hereinafter the "Release Agreement")
BY SIGNING THIS DOCUMENT YOU WILL WAIVE OR GIVE UP CERTAIN LEGAL RIGHTS,
INCLUDING THE RIGHT TO SUE OR CLAIM COMPENSATION FOLLOWING AN ACCIDENT

DEFINITION

In this Release Agreement, the term "bungee jumping" shall include travel to and from the bungee jumping site, all training and instructional sessions, any use of the bungee jumping bridge and related equipment, and any other activities, events or services provided, arranged, organized, sponsored or authorized by the Release in any way associated or connected with bungee jumping.

ASSUMPTION OF RISKS

I am aware that bungee jumping involves unusual risks, dangers and hazards including, but not limited to: accidents which may occur during travel to and from the bungee jumping bridge; slips and falls; falling from the bungee jumping bridge without being properly attached to a bungee jumping cord; impact with the water or with an object or other person in the water; hypothermia; equipment malfunction including breakage of the bungee cord or harness; shock, stress or other injury to the body while bungee jumping; negligence on the part of other persons; and NEGLIGENCE ON THE PART OF THE RELEASE. I UNDERSTAND THAT NEGLIGENCE INCLUDES FAILURE ON THE PART OF THE RELEASE TO TAKE REASONABLE STEPS TO SAFEGUARD OR PROTECT ME FROM THE RISKS, DANGERS AND HAZARDS OF BUNGEE JUMPING. I acknowledge that bungee jumping may result in injury, worsening of an existing medical condition, or death. I freely accept and fully assume all such risks, dangers and hazards and the possibility of injury, death, property damage or loss resulting therefrom.

MEDICAL CONDITION

I understand that bungee jumping may place unusual stresses on the body. Bungee jumping is not recommended for persons suffering from asthma, epilepsy, cardio/respiratory disorder, hypertension, or skeletal, joint or ligament problems or conditions. Women who are pregnant or suspect they are pregnant, and persons who have consumed alcohol, must not engage in bungee jumping. I have been advised to consult with my medical practitioner if I have any concern about my medical condition or fitness to engage in bungee jumping. RELEASE OF LIABILITY, WAIVER OF CLAIMS AND INDEMNITY AGREEMENT In consideration of the Release agreeing to my participation in bungee jumping, and permitting my use of the bungee jumping

equipment, bridge, trails, parking and other facilities, I hereby agree as follows:

1. TO WAIVE ANY AND ALL CLAIMS AND TO RELEASE THE RELEASE from any and all liability for any loss, damage, expense or injury including death that I may suffer, or that my next of kin may suffer, as a result of my participation in bungee jumping, DUE TO ANY CAUSE WHATSOEVER, INCLUDING NEGLIGENCE, BREACH OF CONTRACT, OR BREACH OF ANY STATUTORY OR OTHER DUTY OF CARE, INCLUDING ANY DUTY OF CARE OWED UNDER ANY RELATED LAWS. I UNDERSTAND THAT NEGLIGENCE INCLUDES THE FAILURE ON PART OF THE RELEASE TO TAKE REASONABLE STEPS TO SAFEGUARD OR PROTECT ME FROM THE RISKS, DANGERS AND HAZARDS OF BUNGEE JUMPING REFERRED TO ABOVE;
2. TO HOLD HARMLESS AND INDEMNIFY THE RELEASE from any and all liability for any property damage or personal injury to any third party resulting from my participation in bungee jumping;
3. This Release Agreement shall be effective and binding upon my heirs, next of kin, executors, administrators, assigns and representatives, in the event of my death or incapacity;
4. This Release Agreement and any rights, duties and obligations as between the parties to this Release Agreement shall be governed by and interpreted solely in accordance with the laws of the Province of New York, NYS. and no other jurisdiction;
5. Any litigation involving the parties to this Release Agreement shall be brought solely within the Province of British Columbia and shall be within the exclusive jurisdiction of the Courts of the New York, NYS.

PHOTO/VIDEO RELEASE

I consent to photographs being taken of me during my participation in bungee jumping, and to publication of the photographs by the Release for advertising, promotional and marketing purposes.

In entering into this Release Agreement I am not relying on any oral or written representations or statements made by the Release with respect to the safety of bungee jumping, other than what is set forth in this Release Agreement.

I CONFIRM THAT I HAVE READ AND UNDERSTOOD THIS RELEASE AGREEMENT PRIOR TO SIGNING IT, AND I AM AWARE THAT BY SIGNING THIS RELEASE AGREEMENT I AM WAIVING CERTAIN LEGAL RIGHTS WHICH I OR MY HEIRS, NEXT OF KIN, EXECUTORS, ADMINISTRATORS, ASSIGNS AND REPRESENTATIVES MAY HAVE AGAINST THE RELEASE.

Signed this day of , 20___

____

Signature of participant

Print name clearly:

____

Witness Signature of parent or guardian if under 19 years

제 4 장

미국 에이전시법

협상에 있어서 본인을 대리하여 행위 하는 자를 에이전트라 하고 이 에이전트와 본인과의 관계, 에이전트의 권한과 의무, 에이전시의 형성에 관하여 적용되는 법을 에이전시법이라 한다. 에이전시법은 우리나라의 민법의 대리에 관한 이론과 유사하나 미국법상 민법(Civil law)과 분리하여 개별적인 에이전시법(Agency law)으로 규정하고 있는 점이 다르다. 스포츠 에이전시 법은 일반적인 에이전시법의 이론이 스포츠 분야에 적용된 것으로, 스포츠 산업의 특성에 맞게 적응되어 일부 주와 연방법으로 선수 에이전트에 관한 특별법이 시행되고 있기도 하다. 스포츠 에이전트의 정의와 그 권한과 의무 등을 아래에서 서술하겠다.

1. 에이전시법 정의

미국 법률 협회의 법학자들이 기술한 에이전시 리스테이트먼트(Restatement of Agency)에 의하면 에이전시는 본인의 동의로 본인을 위하여 본인의 통제하에 에이전트가 행위 하고 에이전트 또한 행위를 하기로 동의한 경우 성립하는 신탁 관계라 정의하고 있다. 즉 에이전트는 본인의 이익을 위하여, 또한 본인의 통제 하에서 행위 해야 하는 것이다. 그러므로 에이전트가 본인이 아닌 에이전트나 제 3자의 이익을 위하여 행위 하거나 본인의 통제를 벗어나 월권행위를 한다면 이러한 행위는 에이전시 관계에 기반한 행위가 아니므로 본인은 에이전트의 행위에 대해 법적 책임을 지지 않는다. 예를 들어 프로 야구 선수의 자산을 관리하는 에이전트가 부동산 투자에 대한 권한을 위임받은 것을 기화로 에이전트 소유의 부동산을 선수에게 매도한 경우, 이는 본인의 이익을 위한 행위가 아니므로 에이전트의 행위는 적법하지 않다고 할 것이다.

에이전시 관계는 스포츠 분야에서 흔하게 찾아볼 수 있는데 예를 들어 대학 리그에서 학교 기념품을 파는 학생, 피트니스 센터의 오픈 기념행사를 진행하는 이벤트 회사, 프로 리그 경기 티켓을 판매하는 대행사 모두 에이전트로, 각자 대리하는 본인과 에이전시 관계가 있다고 할 수 있다.

2. 스포츠 에이전트

에이전트란 본인을 위하여 제 3자와의 법률행위를 대리하는 대리인이라 할 수 있다. 스포츠 에이전트는 운동선수, 스포츠 팀, 코치, 또는 감독을 대리하는 모든 대리인을 지칭하나 현실적으로 통상 선수를 대리하는 선수 에이전트에 초점이 맞춰져 있다. 에이전트는 계약은 물론 마케팅, 시장 분석 및 조사, 분쟁 해결, 소송 수행 등 스포츠 산업에서 일어나는 모든 일에 대한 행위를 할 수 있다.

미국 스포츠 에이전트의 역사는 1925년 풋볼선수 Red Grange가 최초로 계약 협상을 위해 에이전트를 고용한 것에서 시작되었다. 1960년대까지 큰 성장을 보이지 않던 스포츠 에이전시 산업은 60년대 골프선수 아놀드 파머가 변호사를 고용하여 에이전트로 활동하게 하여 많은 수익을 내며 스포츠 산업의 이목을 끌었고 1970년대 프로 리그 선수들에게 팀을 이적할 자유가 주어짐에 따라 폭발적으로 성장하게 되었다.

스포츠 에이전트는 다방면에서 활동을 하고 있는데 선수의 고용계약 협상을 비롯하여 스폰서 계약 대리, 광고 및 미디어 출연 알선 및 대리, 경기 또는 스포츠 행사와 관련한 상품 제작 계약 대리, 보안업체와의 경호 계약 대리, 선수와 외부 기관과의 관계 조정 및 연결, 자산관리, 세무 상담, 투자 상담 및 알선, 선수와 구단과의 관계 중재, 계약관련 분쟁의 조정, 선수의 권리 침해 시 소송 수행 등 수 많은 역할을 수행한다.

3. 에이전시 성립

본인과 에이전트간 구속력 있는 에이전시 관계가 성립하기 위해서는 반드시 양 당사자의 동의가 있어야 한다. 선수와 에이전트간 에이전시 관계는 일반적으로 계약에 의해 성립하는데 이때에는 계약의 구성 요건이 갖추어져야 한다. 에이전시 관계는 서면 계약서 뿐만 아니라 구두로도 성립 가능하다. 에이전시 관계 성립에 어떠한 형식상 절차가 요구되지 않기 때문이다. 다만 에이전시 관계의 성립도 법률행위이기 때문에 양 당사자에게 유효한 의사능력과 행위능력이 있어야 한다. 앞의 계약법 부분에서 보았듯이 미성년자나 정신 지체자 또는 만취자와 같은 무능력자의 동의에 의한 에이전시 관계는 구속력이 없다.

구두에 의해 성립한 에이전시 관계에는 양 당사자의 해석 차이에 따른 분쟁 발생의 위험이 상존한다. 미 법원은 이러한 분쟁 시 양 당사자의 언어 자체보다 그 상황을 객관적으로 보아 판시한다. 이 판단에는 본인의 행위나 언어를 통해 에이전트가 본인을 위해 행위 하도록 허용하였다고 합리적으로 해석할 수 있는지의 여부가 중요한 지침이 된다. 예를 들어 지역 체육 행사의 홍보를 맡은 에이전트가 우연히 만난 유명 축구 선수를 행사에 초대하였고 선수가 "좋은 행사네요, 꼭 참여하면 좋겠습니다, 선생님이 행사 관련해서 도움을 주시면 좋겠네요" 라고 답변을 한 뒤 매니저에 의해 급히 자리를 떠났다. 에이전트는 행사에 선수가 참여한다고 홍보를 하여 예년보다 훨씬 많은 입장료와 광고 수입을 거두게 되었다. 선수는 지역 신문에 난 해당 행사의 광고에 자신이 참여한다고 되어 있는 것을 보고 사실이 아님을 밝히고 정정하도록 했고 이에 행사 주최측은 입장료 환불과 광고료 반환의 손실을 입게 되어 에이전트가 선수를 상대로 손해배상 청구 소송을 제기했다. 위와 같은 경우, 우연히 만난 자리에서 잠시의 대화를 통해 행사 참여를 승낙하였고 그 이후 행사와 관련하여 선수와 에이전트간에 어떠한 접촉도 없었던 상황을 보면 선수의 단순한 구두 승낙이 에이전트와의 에이전시 관계를 성립하게 했다고 보기 힘들 것이다.

4. 에이전트의 권한

에이전트의 권한 범위는 에이전트의 행위에 대한 본인의 책임 소재를 결정하므로 중요한 문제가 할 수 있다. 만약 에이전트가 본인으로부터 부여받은 권한 외의 행위를 하거나 부여받은 권한의 범위를 넘어서는 행위를 한 경우 본인은 에이전트의 행위에 대해 법적 책임을 지지 않는다. 예를 들어 프로 농구선수의 에이전트에게 이적 계약을 대리할 권한을 주었는데 에이전트가 스포츠 브랜드로부터 광고 계약을 따내기 위해 협상을 하고 계약을 체결한 경우, 광고 계약을 통해 본인인 선수가 경제적 이익을 얻게 되더라도 에이전트의 행위는 권한 외의 행위로서 유효한 에이전트 행위가 될 수 없는 것이다.

에이전트의 권한은 명시적 권한과 묵시적 권한을 포함하는 실질적 권한과 표면적 권한으로 나눌 수 있다.

1) 실질적 권한(Actual Authority)

실질적 권한은 에이전트의 행위가 본인이 에이전트에게 수여한 권한의 범위 안에 있다고 합리적으로 믿는 권한이다. 권한의 범위는 본인이 에이전트와 에이전시 관계를 맺은 목적을 달성하기 위해 필요한 정도의 권한을 말한다. 예를 들어 프로 축구 선수가 스폰서 계약을 맺기 위해 에이전트를 고용한 경우 에이전트의 권한 범위는 계약 가능한 스폰서를 조사하는 것, 스폰서 계약의 시장 가격을 조사하고 분석하는 것, 기존 스폰서와 이익의 상충이 없도록 기 계약을 검토하는 것, 스폰서와 계약 조건을 협상하는 것 등 에이전시 관계의 목적을 달성하기 위한 전반적인 행위가 모두 포함된다.

실질적 권한에는 명시적 권한과 묵시적 권한이 있다.

(1) 명시적 권한(Express Authority)

명시적 권한은 서면이나 구두 계약에 의해 권한의 범위가 정해진 경우 발생한다. 미국의 주요 프로 선수 협회는 선수와 에이전트의 계약을 위해 표준 대리계약서를 제공한다. 이 계약서에는 에이전트의 임무와 권한, 그리고 권리에 대해 구체적인 기술이 되어 있어 명시적 권한의 범위를 예측하고 한정하기 쉽다.

(2) 묵시적 권한(Implied Authority)

묵시적 권한이란 본인과 에이전트간에 명시적으로 정한 권한 안에서 구체적으로 기재되어 있지 않지만 위임의 목적을 달성하기 위해 필요한 행위를 할 수 있는 권한을 말한다. 위의 선수-에이전트 규칙상 에이전트에서 특정 인물, 특정 팀을 만날 수 있다는 조항은 없지만 협상, 계약을 체결할 수 있다는 명시적 권한 범위 내에서 그 목적을 달성하기 위해 필요한 인물과 팀과 접촉할 수 있는 권한이 당연히 있다고 보아야 할 것이다. 묵시적 권한은 에이전트가 행위를 할 시점에 묵시적 권한이 있는지에 대한 합리적인 이해가 있어야 한다. 만약 에이전트의 권한 범위에 대한 해석이 비합리적일 경우 이는 월권행위가 된다.

만약 광고 계약에 대한 위임을 받은 에이전트가 위임장에 구체적으로 기재되어 있지는 않으나 광고주를 조사하고 특정 브랜드의 광고주와의 회의를 마련해 협상을 하였다면 이는 합리적으로 명시적 권한 범위의 필요 불가결한 행위로서 묵시적 권한의 행사로 유효하다고 볼 수 있을 것이다. 반면 연봉 협상에 대한 위임을 받은 에이전트가 주가 상승이 유력하다고 판단한 회사의 주식을 매수하기 위하여 회사와 접촉하고 주식 가격을 협상하는 것은 권한 범위에 대한 합리적인 판단이라고 볼 수 없어 월권행위로 에이전트의 행위에 대해 본인이 구속되지 않을 것이다.

2) 표면적 권한(Apparent Authority)

표면적 권한은 한국의 표현대리 이론과 흡사한 모습을 보인다. 제 3자가 에이전트에게 본인을 대리할 권한이 있음을 합리적으로 믿을만한 사정이 있었다면 제 3자에 대하여 본인과 에이전트 사이에 에이전시 관계가 있다고 보는 것이다. 합리적으로 믿을만한 사정이란 본인의 행동 또는 말로 인하여 에이전트에게 권한이 있다고 제 3자가 믿고 이에 기대어 법률 행위에 나아가는 경우를 말한다. 다음과 같은 상황에서 표면적 권한이 있다고 볼 수 있을 것이다. 뛰어난 실력과 외모로 대중의 사랑을 받는 유명 축구 선수와 그의 에이전트는 아니지만 이전에 광고 계약과 관련하여 조력을 몇 번 받은 적 있는 변호사가 사적인 모임에서 우연히 만나게 되었다. 그 자리에 동석한 유명 스포츠 브랜드의 홍보 부장은 선수에게 제품 광고 계약을 체결할 것을 제의했으나 선수는 이미 경쟁 브랜드의 광고 모델을 하고 있어 광고 계약을 체결할 의사가 없었다. 직접적으로 거절하기 어려웠던 선수는 '저기 있는 제 변호사와 상의 하시죠' 라고 하고 그 자리를 모면하였다. 선수는 해당 변호사가 권한이 없음을 인지하고 홍보 부장의 제안을 거절할 것으로 생각했으나 해당 변호사는 홍보 부장의 회사와 협상을 통해 계약을 체결하였다. 뒤늦게 이 사실을 알게 된 선수는 해당 회사에 계약 체결이 유효하지 않음을 통보하였으나 이미 회사는 계약금을 지불하고 광고를 위해 선수의 얼굴이 인쇄된 제품을 생산하는 등 피해를 입게 되었다. 이와 같은 경우에 선의의 제 3자인 스포츠 브랜드 회사는 본인인 선수 자신의 말을 믿고 계약에 착수하게 되었고 회사의 믿음은 선수 자신의 말로부터 나온 만큼 합리적 믿음이라 할 수 있다. 회사는 선수로 하여금 계약에 구속시키거나 계약의 파기로 인한 피해를 보상받을 수 있을 것이다.

선의의 제 3자가 본인의 행위나 말을 믿고 에이전트와 법률행위를 하게 된 것은 본인에게 오인 유발 원인이 있으므로 합리적으로 믿음을 가질 수밖에 없었던 제 3자를 보호하기 위해 에이전트에게 표면적 권한이 있음을 인정하는 것이다.

이와 유사하게 본인과 에이전트 간에 에이전시 관계가 만료 되었으나 제 3자가 알지 못하고 합리적으로 에이전시 관계가 있다고 믿고 에이전트와 법률행위를 한 경우, 본인이 에이전트의 행위를 알았거나 알 수 있었지만 방임한 경우, 또는 마땅히 에이전시 관계 종료를 알렸어야 하나 하지 않은 경우에 본인이 제 3자에 대하여 책임을 지게 될 수 있다.

본인이 직접 자신의 일을 수행하지 않고 에이전트에게 위임하여 수행하는 에이전시 관계의 특성 상, 본인과 에이전트는 명확한 의사소통을 통해 권한의 범위를 설정하고 제 3자로 하여금 오인의 소지가 없도록 해야 한다. 스포츠 관리자는 이를테면 스포츠 행사에 유명 스포츠 스타를 초청하거나 스포츠 스타를 활용한 광고를 기획하는 등 다양한 분야에서 본인이 아닌 에이전트와 접촉하여 업무를 수행해야 하는 상황에 놓일 수 있다. 법적 분쟁의 발생을 방지하고 구속력 있는 유효한 계약을 체결하기 위해서 스포츠 관리자는 에이전트의 위임장 또는 본인과의 계약서를 확인하여 에이전트의 유효성, 위임받은 권한의 범위를 알고 법률행위에 나아가야 한다.

3) 추인(Ratification)

특정 행위에 대해 권한이 없는 에이전트의 행위 또는 권한 범위를 벗어난 행위에 대해 본인은 이를 수용하여 유효화 할 수 있다. 이를 추인이라 한다. 추인을 하기 위해서는, 해당 행위는 본인이 위임할 수 있는 행위여야 한다. 병역의무나 법정에서 증언할 의무, 선거권 등은 타인에게 위임될 수 없으므로 추인할 수도 없다. 예를 들어 에이전트가 본인을 위하여 투표를 대신 하고자 하는 경우, 투표권은 본인에게만 귀속된 권리이므로 설령 본인이 원한다 할지라도 에이전트의 행위를 추인할 수 없는 것이다.

만약 제 3자가 본인이 아닌 에이전트 개인과 법률행위를 하는 것으로 애초에 생각 하였다면 이 또한 본인이 추인할 수 없다. 애초에 본인을 위한 행위가 아니었기 때문이다. 또한 본인과 에이전트 사이에 에이전시 관계가 전혀 없었다면 추인 또한 존재할 수 없다.

본인은 제 3자와 에이전트간 법률행위의 효과가 없는 경우에 추인할 수 없다. 예를 들어 제 3자와 에이전트간에 유효한 청약이나 승낙이 없거나 약인이 없는 계약을 체결한 경우, 해당 계약은 효력이 없으므로 이를 추인하더라도 계약은 여전히 효력이 없으므로 추인의 문제는 발생하지 않는 것이다.

경기와 연습에 전념해야 하는 프로 스포츠 선수들이 에이전트에게 권한을 위임하고 직접 계약에 나서지 않는 경우는 흔하고 에이전트가 권한 외의 행위를 하더라도 본인에게 더 유리한 결과를 가져 온다면 이를 추인하는 것은 당연할 것이다. 예를 들어 광고 계약에 대한 권한을 위임 받은 에이전트가 권한의 범위를 넘어 연봉계약에 대한 협상을 하였으나 기존 연봉보다 훨씬 큰 액수의 계약을 성사시켰다면 본인은 권한 범위를 넘은 에이전트의 연봉 계약 체결을 추인할 것이다.

5. 에이전시 관계의 의무

에이전트와 본인 사이에는 신인의무(fiduciary duty)가 존재한다. 이는 수탁자의 의무라고도 하는데 본인을 대리하여 행위 할 때 본인의 이익을 위하여만 행위 하여야 한다는 의미를 지니고 있다. 에이전트와 본인이 에이전시 관계를 설정할 때 서로간의 의무와 권리를 정할 수 있으므로 에이전트의 의무는 상황에 따라 다양한 양상으로 규정될 수 있다. 구체적이고 개별적인 의무외에 신인의무로부터 파생되는 일반적인 의무가 있는데 이를 충실의무(Duty of Loyalty) 와 준수의무(Duty of Obedience)라 한다.

1) 본인에 대한 에이전트의 의무

에이전트는 에이전트 업무에 대하여 상당한 주의와 기술을 다하여 수행해야 하고 본인의 요구에 따라 에이전시와 관련한 정보를 제공할 의무가 있다. 또한 충실의무와 준수의무가 있는데 아래에서 기술하도록 하겠다.

(1) 충실의무(Duty of Loyalty)

충실의무는 에이전트는 반드시 본인의 이익을 위하여만 행위 하여야 한다는 에이전트의 주 의무이다. 에이전트는 본인의 명시적 동의가 있지 않는 한 본인과 경쟁할 수 없으며 본인의 이익과 상충되는 행위를 할 수 없다. 만약 본인과 에이전트의 이익이 상충되는 경우에는 본인의 이익을 우선하여야 한다. 에이전트는 또한 본인과의 에이전트 관계와 관련한 사안에 있어서 본인의 이익과 상충하는 제 3자를 위하여 행위할 수 없다.

본인을 위한 계약에 에이전트의 개인적 이익이 연관된 경우 에이전트는 자신의 지위를 이용하여 본인에게 사전 고지 없이 해당 계약을 체결해서는 안된다. 에이전트는 본인의 허락이 있다 하더라도 합리적이고 공정한 거래로 법원이 판단하지 않는 경우에는 이러한 거래를 할 수 없다. 다음과 같은 예시를 살펴보자. 올림픽에서 3회 연속 금메달을 수상한 유명 태권도 선수의 에이전트는 스포츠의류 회사의 이사직을 맡고 있다. 선수의 은퇴 시기가 다가옴에 따라 에이전트는 수익을 극대화하기 위하여 본인이 이사로 재직하고 있는 스포츠의류 회사와 선수 간에 스폰서 계약을 맺고 선수의 유명세를 광고에 활용 하고자 한다. 에이전트는 선수에게 본인이 스포츠의류 회사의 이사로 있음을 알리고 스폰서 계약을 제안한다. 세상 물정에 어두운 선수를 대리하여 스폰서 계약을 맺기 위한 협상에서 에이전트는 계약금 500만원에 스포츠의류 회사가 향후 5년간 선수의 초상 및 성명을 독점적으로 사용할 수 있도록 계약을 체결하였다. 이와 같은 경우 비록 에이전트가 선수에게 자신이 스포츠의류 회사와 이해관계가 있음을 사전 고지하였으나 본인을 대리하여 스포츠의류 회사와 한 거래의 내용이 합리적이고 공정하다고 보기 어려우므로 이 거래는 선수 본인 또는 법원에 의해 무효화될 수 있을 것이다.

에이전시 관계가 지속되는 동안 에이전트는 업무를 수행하는 중에 본인의 개인 재산이나 개인적 정보에 접촉할 수 있을 것이다. 충실의무에 의해 에이전트는 에이전트 관계에 의해 득한 본인의 재산, 사적 정보, 에이전트의 지위를 본인의 허락 없이, 에이전트나 제 3자의 이익과 목적을 위해 사용할 수 없다. 이는 본인의 권리를 보호하기 위한 것으로, 에이전시 관계가 종료된 이후라도 에이전트는 자신의 이익을 위하여 본인의 정보를 이용할 수 없는 것이다.

(2) 준수의무(Duty of Obedience)

본인이 내리는 모든 합리적인 지시를 따르는 것이 준수의무이다. 준수의무는 합리적인 지시에 따를 것을 요구하므로 만약 본인의 지시가 사회상규에 위배되거나 상당한 위험을 초래한다면 이는 비합리적인 지시로 따르지 않아도 에이전시 관계에 위배되지 않는다. 만약 본인의 지시가 본인 자신의 이익을 해하는 결과를 초래한다면 에이전트는 먼저 이러한 사실을 알리고 그럼에도 불구하고 지시에 따를 것을 고집하는 경우에 에이전트는 이에 따를 수 있다.

본인의 지시는 때로 에이전트나 본인 자신에게 해가 될 수 있고 이러한 지시에 따르는 것은 에이전트로 하여금 미래에 법적 분쟁 위험을 불러올 수 있으므로 에이전트는 이메일, 서신, 메모 등 본인의 지시 사항에 대한 서면 증거를 보관하는 것이 필요하다.

(3) 이익 상충

에이전트와 본인의 이익이 상충하는 경우, 위에서 보았듯이 에이전트는 본인의 이익을 우선하여야 한다. 에이전트가 둘 이상의 본인을 대리하고 본인들 간의 이익이 상충하는 경우, 에이전트는 다른 본인들과의 에이전시 관계를 중단할 수 있다. 또는 복수의 본인들을 대리함에 있어서 동등한 정도의 능력과 열의를 가지고 주의를 기울여 대리를 계속 할 수도 있다. 스포츠 산업에서 유능한 에이전트가 여러 명의 선수를 대리하는 것은 드문 일이 아니다. 특히 같은 종목의 프로 선수를 대리하는 경우 에이전트는 그 대리행위를 함에 있어서 선수들에게 이익이 상충되는 상황을 정확히 설명하고 대리 직무를 수행함에 있어서 깊은 주의를 기울여야 한다. 다음의 예시를 살펴보자. 축구계에서 유명한 에이전트 A는 각각 다른 팀에서 활약하고 있는 축구 선수 B와 C를 대리하고 있다. B와 C의 구단 계약이 만료되는 시점이 다가오는 와중에 B와 C가 입단하기 원하는 팀과 계약할 수 있도록 A에게 힘을 써 줄 것을 부탁했고 해당 팀은 선수 한 명만을 채용하길 원하고 있다. B와 C는 서로 상대보다 낮은 연봉을 제시 하더라도 반드시 해당 팀과 계약할 수 있도록 A에게 지시를 한 경우, 경쟁 관계에 있는 B와 C를 동시에 대리하는 것은 합리적으로 가능하지 않으므로 A는 이러한 상황을 B와 C에게 고지하고 둘 중 한 명의 선수와의 에이전시 관계를 중단할 수 있다.

2) 에이전트에 대한 본인의 의무

에이전트가 본인에 대하여 충실의무와 준수의무를 지듯이 본인 또한 에이전트에 대한 의무를 진다. 본인은 에이전트의 임무 수행에 대한 정당한 대가를 지불하고 소요된 비용 및 에이전트가 손실을 입은 부분에 대해 보상할 의무가 있다. 또한 임무 수행을 위해 에이전트와 협력해야 할 의무가 있다. 본인의 지시로 수행하는 임무에 대한 협력 없이 임무의 완수를 강요하는 것은 부당할 수 있기 때문이다. 또한 본인은 에이전트의 평판이나 사회적 명성을 손상시키는 행위를 해서는 안된다. 본인의 에이전트에 대한 의무에는 계약상 의무가 있다. 에이전시 관계는 본질적으로 계약 관계이기 때문이다.

(1) 계약책임

본인은 에이전트와 계약에 기반한 계약상 의무를 진다. 위에서 서술하였듯이 계약상 대가를 에이전트에게 지급하는 것이 계약상 의무의 본질이다.

이와 별개로 본인은 에이전트가 제 3자와 계약한 사항에 대하여 계약상 책임을 진다. 에이전트가 본인을 위하여 대리하여 체결한 계약이기 때문에 본인에게 그 계약을 이행할 책임이 있는 것이다. 제 3자가 에이전트와 별개로 본인이 존재함과 본인이 누구인지 알고 에이전트의 행위는 본인의 이익을 위하여 대리하는 것임을 알고 계약에 나아간 경우, 이와 같이 공개된 본인은 에이전트가 본인을 위하여 제 3자와 체결한 계약의 이행 책임을 진다. 에이전트는 이와 같은 경우에 계약 이행에 대한 책임을 지지 않는다.

제 3자가 에이전트가 대리하는 본인이 존재하는 것은 알지만 본인이 구체적으로 누구인지는 알지 못하고 에이전트와 계약을 체결한 경우, 본인은 위와 동일하게 계약에 대한 이행 의무를 가진다. 반면 이전 경우에서는 이행 책임을 지지 않았던 에이전트는 대부분의 주에서 이행 책임을 지도록 하고 있는 점이 다르다.

제 3자가 에이전트와 거래함에 있어서 본인의 존재나 에이전트가 누군가를 대리하고 있다는 사실을 모르고 계약에 나아간 경우, 본인과 에이전트 모두 계약 이행에 대한 책임을 진다. 다만 에이전트가 계약을 이행하거나 제 3자에게 손해 배상을 하게 된 경우, 에이전트는 본인으로부터 이를 보상받을 수 있다.

위의 세 경우를 통해 보았듯이, 에이전트가 본인을 위한 대리행위를 함에 있어서 본인에 대한 명확한 공개가 없을 경우 에이전트 자신이 계약 이행 책임을 지게 되는 결과가 초래될 수 있다. 이를 방지하기 위해 스포츠 관리자는 에이전트로서 타인을 대리하여 법률행위를 하는 경우에 반드시 거래 상대방에게 본인의 존재와 신원을 고지하고 에이전트 자신은 본인을 위해 대리행위를 하는 것임을 밝혀야 한다.

(2) 불법행위 책임

본인은 에이전트와의 관계에서 에이전트에게 불법행위의 요건에 해당하는 행위를 했을 때 에이전트에게 불법행위 책임을 진다. 이와 같이 본인 자신의 불법행위에 대한 책임 외에 에이전시 관계에 의해 에이전트의 불법행위에 대한 책임을 본인이 질 수 있다. 이는 사용자 책임이론(respondent superior)에서 파생한 것으로, 에이전트가 고용관계에 의한 임무 수행 중 불법행위를 하여 제 3자에게 해악을 초래한 경우, 본인은 고용인(에이전트)의 행위에 대한 책임을 지는 것이다.

하지만 본인이 에이전트의 모든 불법행위에 대해 책임을 지는 것은 아니다. 본인이 책임을 지는 에이전트의 행위는 해당 에이전트의 행위가 에이전트의 직무 범위 내에 있어야 한다. 에이전트의 행위가 에이전트의 직무 범위 내에 있었는지는 해당 행위가 본인으로부터 권한을 받아 실행한 것인지, 행위의 목적 및 행위가 벌어진 장소와 시간, 행위가 해당 일반적으로 고용주를 위해 고용인이 행하는 종류의 것인지, 행위로 인하여 고용주가 얻은 이익이 있는지, 행위를 함에 있어서 고용인(에이전트)의 개인적인 이해관계가 존재했는지, 고용주가 해당 행위를 하도록 독려했는지, 에이전트의 행위를 고용주가 알거나 알 수 있었는지 등의 복합적인 요소를 고려하여 결정할 수 있다. 즉 에이전트의 직무 범위 내의 행위는 사건 별로 그 사실관계에 따라 개별적, 종합적으로 판단하는 것이다.

에이전트의 불법 행위가 그의 직무 범위 내에서 이루어진 경우 본인은 에이전트의 불법행위에 대해 제 3자의 피해를 보상해야 한다. 다음의 예를 살펴보자.

수영 강사인 A는 수영장 책임자 B에게 고용되어 아침 7시부터 저녁 7시까지 수영 강습 및 안전 요원으로 근무를 하고 있다. A는 근무가 끝난 후 수영 개인 교습을 하는데 부주의로 개인 교습을 받는 회원을 다치게 하였다. A의 개인 교습은 수영장의 정식 근무 시간 외에 이루어지고 특별한 사정이 없는 한 수영장 책임자와의 고용관계로부터 이루어지는 것도 아니므로 A의 불법행위에 대해 수영장 책임자가 책임을 지지 않을 것이다. 만약 A의 개인 교습이 수영장 우수 고객에 대한 서비스로, 수영장 책임자의 독려 하에 이루어졌다면 A의 불법행위에 대한 책임을 수영장 책임자 또한 지게 될 것이다.

만약 에이전트의 행위가 합리적으로 직무를 이행하기 위해 이루어졌다고 보기 어려운 경우, 본인은 에이전트의 행위에 대한 불법행위 책임을 피할 수 있다. 대표적인 예는 범죄행위로, 에이전트가 직무 중 임의로 범죄행위를 저질러 제 3자에게 손해를 끼친 경우, 본인은 에이전트의 범죄행위를 조장 또는 방조한 경우가 아닌 한 이에 대한 책임을 지지 않는다.

예를 들어 직원이 가게에서 근무를 하던 중 응대하던 고객을 폭행한 경우, 일반적으로 고용주는 직원의 폭행에 대한 책임을 지지 않는다. 하지만 전의 사례에서 만약 근무하는 장소가 밤늦게 영업을 하는 주류 섭취가 가능한 볼링 센터이고 직원은 경비를 담당하는 경비원이라면 직원이 고객과 다툼이 생기는 일이 업무 중 빈번히 발생하는지, 해당 직원이 이전에도 비슷한 사건이 있었음을 고용주가 인지하고 있는지, 직원의 행위의 중대성이 어느 정도인지 등의 요인을 고려하여 고용주의 직원에 대한 책임 여부를 판단하게 된다.

6. 에이전시법

운동선수, 그 중에서도 프로 리그에서 활약하는 운동선수의 에이전트로 성공하기 위해서는 대리하는 운동선수의 성공이 선결 조건이다. 자신이 대리하는 운동선수의 성공과 재능 있는 선수와의 에이전시 계약을 위해 에이전트는 때로 물불을 가리지 않는 행동을 하기도 하는데 이를 규제하기 위해 각 주마다, 또한 전미대학체육 협회, 메이저리그, 프로농구리그, 전미풋볼리그, 주요 스포츠 선수 협회와 같은 단체는 에이전트와 선수의 관계를 규제하는 규칙을 제정하여 시행하고 있다.

이 중 전미대학체육협회는 학생신분인 운동선수가 에이전트에게 이유 없이 금전적 이익을 받는 것을 금지하고 있는데, 이는 학생 리그에서 두각을 보이는 우수 인재들을 프로로 데뷔하기 전에 먼저 스카웃하려는 에이전트들의 경쟁 과열을 막고 아마추어 스포츠 경기의 취지를 살리기 위해서이다. 전미대학체육협회 규칙 조항 12.1.1과 12.3.1에 의하면 학생 운동선수는 에이전트로부터 이익을 취하거나 구두 또는 서면계약을 체결해서는 안 되고 만약 이를 위반하였을 경우에는 선수 자격을 잃게 되어 학생 스포츠 경기에 참가할 수 없게 된다. 해당 위반 학생의 학교 또한 감찰, 장학금 박탈, 출정 금지, 이익 환수 등의 엄격한 처벌을 받게 된다.

1) 주 법률

90년대까지 에이전트에 관한 법은 각 주마다 개별적으로 제정하고 시행하여 그 내용과 절차가 주마다 각기 달랐다. 미국 내의 각 도시를 순회하며 경기를 치루는 운동선수와 그들의 에이전트는 선수가 경기를 치루는 지역마다 해당 에이전트법에 따른 등록, 수수료 납부 등의 번거로운 절차를 거쳐야 했다. 각 주마다 개별적으로 존재하는 주 법률을 통일된 하나의 법률로 만들고자 조직된 주통일법위원회의(NCCUSL)에 의하여 전미대학체육협회와 프로리그, 여타 전문가들이 모여 2000년도에 선수에이전트통일법(Uniform Athlete Agents Act, 2000)을 제정하였다. 본 법에 의해 학생선수와 에이전트의 에이전시 계약 시 에이전트 등록 절차, 수수료, 위반 시 처벌 등의 내용이 통일성 있게 정리되었고 본 법을 수용한 42개 주(2015년 기준)에서 동일하게 적용하고 있다. 아래는 선수에이전트통일법을 일부 발췌한 것이다.

UNIFORM ATHLETE AGENTS ACT (2000)

SECTION 2. DEFINITIONS. In this [Act]:

(1) “Agency contract” means an agreement in which a student-athlete authorizes a person to negotiate or solicit on behalf of the student-athlete a professional-sports-services contract or an endorsement contract.

(2) “Athlete agent” means an individual who enters into an agency contract with a student-athlete or, directly or indirectly, recruits or solicits a student-athlete to enter into an agency contract. The term includes an individual who represents to the public that the individual is an athlete agent. The term does not include a spouse, parent, sibling, [or] grandparent[, or guardian] of the student-athlete or an individual acting solely on behalf of a professional sports team or professional sports organization.

…

(12) "Student-athlete" means an individual who engages in, is eligible to engage in, or may be eligible in the future to engage in, any intercollegiate sport. If an individual is permanently ineligible to participate in a particular intercollegiate sport, the individual is not a student-athlete for purposes of that sport.

SECTION 4. ATHLETE AGENTS: REGISTRATION REQUIRED; VOID CONTRACTS.

(a) Except as otherwise provided in subsection (b), an individual may not act as an athlete agent in this State without holding a certificate of registration under Section 6 or 8

SECTION 5. REGISTRATION AS ATHLETE AGENT; FORM; REQUIREMENTS.

(a) An applicant for registration shall submit an application for registration to the [Secretary of State] in a form prescribed by the [Secretary of State]. [An application filed under this section is a public record.] The application must be in the name of an individual and, except as otherwise provided in subsection (b), signed or otherwise authenticated by the applicant under penalty of perjury and state or contain:

SECTION 6. CERTIFICATE OF REGISTRATION; ISSUANCE OR DENIAL; RENEWAL.

(a) Except as otherwise provided in subsection (b), the [Secretary of State] shall issue a certificate of registration to an individual who complies with Section 5(a) or whose application has been accepted under Section 5(b).

SECTION 10. REQUIRED FORM OF CONTRACT.

(a) An agency contract must be in a record, signed or otherwise authenticated by the parties.

(b) An agency contract must state or contain:

(1) the amount and method of calculating the consideration to be paid by the student-athlete for services to be provided by the athlete agent under the contract and any other consideration the athlete agent has received or will receive from any other source for entering into the contract or for providing the services;

(2) the name of any person not listed in the application for registration or renewal of registration who will be compensated because the student-athlete signed the agency contract;

(3) a description of any expenses that the student-athlete agrees to reimburse;

(4) a description of the services to be provided to the student-athlete;

(5) the duration of the contract; and

(6) the date of execution.

(c) An agency contract must contain, in close proximity to the signature of the student-athlete, a conspicuous notice in boldface type in capital letters stating:

WARNING TO STUDENT-ATHLETE

IF YOU SIGN THIS CONTRACT:

(1) YOU MAY LOSE YOUR ELIGIBILITY TO COMPETE AS A STUDENT-ATHLETE IN YOUR SPORT;

(2) IF YOU HAVE AN ATHLETIC DIRECTOR, WITHIN 72 HOURS AFTER ENTERING INTO THIS CONTRACT, BOTH YOU AND YOUR ATHLETE AGENT MUST NOTIFY YOUR ATHLETIC

DIRECTOR; AND

(3) YOU MAY CANCEL THIS CONTRACT WITHIN 14 DAYS AFTER SIGNING IT. CANCELLATION OF THIS CONTRACT MAY NOT REINSTATE YOUR ELIGIBILITY.

(d) An agency contract that does not conform to this section is voidable by the student-athlete. If a student-athlete voids an agency contract, the student-athlete is not required to pay any consideration under the contract or to return any consideration received from the athlete agent to induce the student-athlete to enter into the contract.

(e) The athlete agent shall give a record of the signed or otherwise authenticated agency contract to the student-athlete at the time of execution.

SECTION 14. PROHIBITED CONDUCT.

(a) An athlete agent, with the intent to induce a student-athlete to enter into an agency contract, may not:

(1) give any materially false or misleading information or make a materially false promise or representation;

(2) furnish anything of value to a student-athlete before the student athlete enters into the agency contract; or

(3) furnish anything of value to any individual other than the student athlete or another registered athlete agent.

SECTION 16. CIVIL REMEDIES.

(a) An educational institution has a right of action against an athlete agent or a former student-athlete for damages caused by a violation of this [Act]. In an action under this section, the court may award to the prevailing party costs and reasonable attorney's fees.

본 법의 주요 조항을 살펴보면, 제 2조의 용어의 정의에서 에이전시 계약, 선수 에이전트, 학생 선수의 개념에 대해 정의하고 있다.

제 4, 5조에서는 에이전트 등록 의무와 그 절차에 대해 규정하고 있고 제 6조는 에이전트 등록증서의 발급, 거절, 갱신에 대한 내용을 기술하고 있다.

제 10조는 에이전시 계약의 형식으로 계약서에 반드시 기재되어야 할 정보와 체결 요건에 대해 규정하고 있는데 학생 선수와 에이전트가 에이전시 계약을 체결할 때 반드시 계약서에 포함해야 하는 세 가지 사항이 열거되어 있다; (1) 계약에 서명함과 동시에 학생 선수로서의 신분을 잃게 될 수 있다는 점, (2) 운동 지도자가 있는 경우 계약에 서명하고 72시간 안에 선수와 에이전트 모두 지도자에게 계약에 대해 고지해야 하는 점, (3) 서명 후 14일 안에 본 계약을 취소할 수 있으나 계약의 취소로 학생 신분의 복귀가 되지 않을 수 있다는 점이다.

조항 제 14조는 에이전트가 하지 말아야 할 행동에 관해 규정하고 있는데 학생 선수를 유인하기 위해 잘못된 정보를 제공하거나, 계약 체결 이전에 금전적 가치를 지닌 것을 선수나 선수에게 영향을 미칠 수 있는 자에게 제공하는 등의 행위를 금지하고 있다.

조항 제 16조는 학생 선수나 에이전트가 본 법을 위반했을 경우에 해당 선수의 학교가 입게 되는 처벌 및 피해를 보상하는 구제책을 규정하고 있다.

2) 연방 법률

2004년 연방 의회에 의해 스포츠에이전트책임신뢰법(Sports Agent Responsibility and Trust Act, U.S.C. §§ 7801-7807, 2008)이 제정되었다. 이 법률의 제정 목적 또한 학생 선수와 대학을 불법적인 스포츠 에이전트의 행위로부터 보호하는 것에 있다. 내용 또한 위에서 기술한 선수에이전트통일법과 거의 흡사하나 에이전트를 등록하게 하는 의무나 절차에 대해서는 규정하지 않고 있어 그 실효성에 의문을 제기하게 된다.

선수에이전트통일법과 유사한 내용의 연방 법률이 제정되게 되면서 선수에이전트통일법을 수용하지 않고 있는 주에서도 사실상 수용하고 있는 주와 거의 동일한 규제가 이루어지게 되었다. 아래는 스포츠에이전트책임신뢰법에서 발췌한 것으로, 용어의 정의, 에이전트의 금지행위, 해당법률 위반으로 받는 교육기관의 피해 구제 등의 내용면에서 선수에이전트통일법과 많은 부분이 유사함을 확인할 수 있다.

CHAPTER 104—SPORTS AGENT RESPONSIBILITY AND TRUST

§ 7801. Definitions

As used in this chapter, the following definitions apply:

(1) Agency contract

The term "agency contract" means an oral or written agreement in which a student athlete authorizes a person to negotiate or solicit on behalf of the student athlete a professional sports contract or an endorsement contract.

(2) Athlete agent

The term "athlete agent" means an individual who enters into an agency contract with a student athlete, or directly or indirectly recruits or solicits a student athlete to enter into an agency contract, and does not include a spouse, parent, sibling, grandparent, or guardian of such student athlete, any legal counsel for purposes other than that of representative agency, or an individual acting solely on behalf of a professional sports team or professional sports organization.

…

(9) Student athlete

The term "student athlete" means an individual who engages in, is eligible to engage in, or may be eligible in the future to engage in, any intercollegiate sport. An individual who is permanently ineligible to participate in a particular intercollegiate sport is not a student athlete for purposes of that sport.

§ 7802. Regulation of unfair and deceptive acts and practices in connection with the contact between an athlete agent and a student athlete

(a) Conduct prohibited

It is unlawful for an athlete agent to—

(1) directly or indirectly recruit or solicit a student athlete to enter into an agency contract, by—

(A) giving any false or misleading information or making a false promise or representation; or

(B) providing anything of value to a student athlete or anyone associated with the student athlete before the student athlete enters into an agency contract, including any consideration in the form of a loan, or acting in the capacity of a guarantor or co-guarantor for any debt;

(2) enter into an agency contract with a student athlete without providing the student athlete with the disclosure document described in subsection (b); or

(3) predate or postdate an agency contract.

(b) Required disclosure by athlete agents to student athletes

(1) In general

In conjunction with the entering into of an agency contract, an athlete agent shall provide to the student athlete, or, if the student athlete is under the age of 18, to such student athlete's parent or legal guardian, a disclosure document that meets the requirements of this subsection. Such disclosure document is separate from and in addition to any disclosure which may be required under State law.

(2) Signature of student athlete The disclosure document must be signed by the student athlete, or, if the student athlete is under the age of 18, by such student athlete's parent or legal guardian, prior to entering into the agency contract.

(3) Required language

The disclosure document must contain, in close proximity to the signature of the student athlete, or, if the student athlete is under the age of 18, the signature of such student athlete's parent or legal guardian, a conspicuous notice in boldface type stating: "Warning to Student Athlete: If you agree orally or in writing to be represented by an agent now or in the future you may lose your eligibility to compete as a student athlete in your sport. Within 72 hours after entering into this contract or before the next athletic event in which you are eligible to participate, whichever occurs first, both you and the agent by whom you are agreeing to be represented must notify the athletic director of the educational institution at which you are enrolled, or other individual responsible for athletic programs at such educational institution, that you haveentered into an agency contract."

§ 7805. Protection of educational institution

(a) Notice required

Within 72 hours after entering into an agency contract or before the next athletic event in which the student athlete may participate, whichever occurs first, the athlete agent and the student athlete shall each inform the athletic director of the educational institution at which the student athlete is enrolled, or other individual responsible for athletic programs at such educational institution, that the student athlete has entered into an agency contract, and the athlete agent shall provide the athletic director with notice in writing of such a contract.

(b) Civil remedy

(1) In general

An educational institution has a right of action against an athlete agent for damages caused by a violation of this chapter.

(2) Damages

Damages of an educational institution may include and are limited to actual losses and expenses incurred because, as a result of the conduct of the athlete agent, the educational institution was injured by a violation of this chapter or was penalized, disqualified, or suspended from participation in athletics by a national association for the promotion and regulation of athletics, by an athletic conference, or by reasonable self-imposed disciplinary action taken to mitigate actions likely to be imposed by such an association or conference.

(3) Costs and attorneys fees

In an action taken under this section, the court may award to the prevailing party costs and reasonable attorneys fees.

(4) Effect on other rights, remedies and defenses

This section does not restrict the rights, remedies, or defenses of any person under law or equity.

3) 선수 협회 규칙

미국의 대표 프로 스포츠 리그인 MLB(메이저리그), NBA(전미농구협회), NFL(전미풋볼리그), NHL(전미하키리그)는 각 선수 협회는 에이전트를 규율하는 규칙을 가지고 있다. 미국 내에서 독자적으로 에이전트를 규율하는 규칙을 제정하여 시행하고 있는 선수 협회는 위의 네 협회가 유일하다. 위 네 프로스포츠의 역사가 길고 선수들의 연봉도 최고 수준인 만큼, 에이전트와 선수의 관계를 규율해야 하는 필요성이 일찍이 대두된 까닭이다.

아래는 미국 메이저 리그(MLB) 선수 협회의 에이전트 규칙이다(출처: MLB Players Association). 본 규칙은 선수, 에이전트의 정의 및 규칙 시행의 목적, 에이전트가 수행 가능한 일과 금지된 일의 목록이 매우 구체적으로 규정되어 있어 이를 바탕으로 선수와 에이전트 간 에이전시 계약을 맺게 된다.

MLBPA REGULATIONS GOVERNING PLAYER AGENTS (As Amended Effective January 1, 2015)

MAJOR LEAGUE BASEBALL PLAYERS ASSOCIATION
12 East 49th Street, 24th Fl.
New York, NY 10017

Section 1 – Introduction

These Regulations were first promulgated by the Executive Board of the Major League Baseball Players Association ("MLBPA" or "Association") in 1988. They have remained in effect since then, with several limited amendments through the years, until being substantially expanded and amended in 2010 and again in January 1, 2015.

§ 1(A) – The MLBPA's Objectives in Regulating Player Agents

The MLBPA's primary objectives in issuing, maintaining, amending and enforcing these Regulations include the following:

- To establish and enforce minimum requirements for eligibility to become a Player Agent or Expert Agent Advisor and uniform standards of conduct and fiduciary responsibility for all Player Agents, Expert Agent Advisors and Applicants seeking to become Player Agents or Expert Agent Advisors;
- To afford each Player the opportunity to select a certified Player Agent who has agreed to abide by these Regulations and to represent or advise Players honestly, competently, loyally and zealously as a fiduciary and in harmony with the Players' membership in a collective bargaining unit;
- To afford each Player the opportunity to make better-informed decisions about his choice of certified Player Agent by making available a

comprehensive disclosure of facts relevant to the ability of a person to serve as a fiduciary representative or advisor of Players, and by regulating the conduct of those persons who are engaged, on behalf of Player Agents, in the functions of an Expert Agent Advisor or in Recruiting and providing Client Maintenance Services for players;

- To ensure uniformity and consistency in the rules and standards applicable to Player Agents, whose business activities are often national or international in scope, notwithstanding the different, and sometimes inconsistent, laws, rules and regulations of the many national, state, and local jurisdictions that might otherwise govern these activities; and
- To provide Players, Player Agents and Expert Agent Advisors with fair, cost-effective and expeditious procedures for privately resolving any disputes concerning their relationships, transactions or contractual obligations.

ARTICLE IV -- Negotiation and Approval of Contracts.

A Player, if he so desires, may designate an agent to conduct on his behalf, or to assist him in, the negotiation of an individual salary and/or Special Covenants to be included in his Uniform Player's Contract with any Club, provided such agent has been certified to the Clubs by the Association as authorized to act as a Player Agent for such purposes. (Emphasis supplied.)

* * *

If the Association has notified the Office of the Commissioner that a Player has designated a certified Player Agent or Agents to act on his behalf for the purposes described in this Article IV, no Club may negotiate or attempt to negotiate an individual salary and/or Special Covenants to be included in a Uniform Player's Contract with any Player Agent(s) other than such Player Agent(s).

Section 4 – Certification and Maintenance of Certification for Player Agents and Expert Agent Advisors

§4(A) – Education, Experience and Knowledge Standards for Certification

§4(A)(1) – Player Agents – An Applicant who has not previously been certified as a Player Agent must demonstrate that he or she possesses the education or relevant professional or employment experience and knowledge to perform competently the functions of a General or Limited Player Agent. As a result, such an Applicant will be required to pass a written test. There will be separate tests for General and Limited Certified Agents. The tests will be open book and will be administered twice each year in English and Spanish.

§4(A)(2) – After a previously uncertified Applicant has submitted a complete application and successfully completed the background check process, the Applicant will be notified that he or she is eligible to take the written test for the certification sought on the next date it is administered. The MLBPA will make a preparatory course for the test available. An Applicant who passes the test for certification as a Limited Certified Agent must also pass the test for General Certified Agent certification before becoming a General Certified Agent. A Limited Certified Agent does not lose that certification if he or she fails the test to become a General Certified Agent.

§4(A)(3) – An Applicant to be a General Certified Agent who completes the background check and passes the written test is not a certified agent until he or she is designated on a Player Agent Designation form by at least one Player. An Applicant to be a Limited Certified Agent who completes the background check and passes the written test is not a certified agent until he or she is designated on a Designation of Recruiter or Client Maintenance Service Provider form by a General Certified Agent. Such Applicants become certified agents if they receive the required designation within three years of passing the written test. The application of an Applicant who does not receive the required designation within three years expires, and that person must reapply and complete the entire application process again. An Applicant who fails the test for either certification may retake the test the next time it is offered. An Applicant who fails the test twice must reapply and complete the entire application process again, and will be eligible to submit a new application no earlier than one year from the date of the second failed test.

Section 5 – Standards of Conduct for Player Agents, Expert Agent Advisors and Applicants

§5(A) – Requirements for Applicants, Player Agents and Expert Agent Advisors

All Applicants seeking, and all Player Agents and Expert Agent Advisors granted, Certification are required:

§5(A)(1) – Provide and Update Required Information

§5(A)(2) – Agree to Dissemination of Agent and Advisor Information

§5(A)(3) – Provide Copies of Application or Registration to Players Upon Request

§5(A)(4) – Provide Annual Fee Statements to Players

§5(A)(5) – Attend Mandatory Meetings

§5(A)(6) – Comply with Fee Limitations

§5(A)(7) – Provide Copy of Representation Agreement to Player and the MLBPA

§5(A)(8) – Allow Independent Audit

§5(A)(9) – Transfer Records of Players

§5(A)(10) – Report Violations of Player Rights

§5(A)(11) – Disclose to the MLBPA all Communications with Players Who Are Not Clients

§5(A)(12) – Provide Information to and Cooperate with the MLBPA

§5(A)(13) – Provide Adequate Supervision of those Working on their Behalf s

§5(A)(14) – Comply with All MLBPA Regulations

§5(B) – Prohibited Conduct; Grounds for Disciplinary Action

The conduct described in Sections 5(B)(1) through 5(B)(21) is, unless provided otherwise in those Sections, strictly prohibited, and may result in the denial of certification to any offending Applicant, or disciplinary action against any offending Player Agent or Expert Agent Advisor or Applicant.

§5(B)(1) – Acting as Player Agent or Expert Agent Advisor without Certification

§5(B)(2) – Unauthorized Representation of Players

§5(B)(3) – Employing or Retaining Unauthorized Recruiter(s) or Provider(s) of Client Maintenance Services

§5(B)(4) – Compensating Recruiters or Client Maintenance Services Providers Primarily on Commission

§5(B)(5) – Improper Inducements

§5(B)(6) – Violating Duty of Loyalty

§5(B)(7) – Violating a Temporary Determination by the MLBPA

§5(B)(8) – Failing to Disclose Communication with Non-Client Player(s)

§5(B)(9) Persisting in Unwelcome Communication with a Player

§5(B)(10) – Providing False or Misleading Information

§5(B)(11) – Cooperating or Communicating with Club to Undermine a Player or Fellow Player Agent

§5(B)(12) – Actual or Potential Conflicts of Interest

§5(B)(13) – Undermining Collectively Bargained Rights and Benefits

§5(B)(14) – Unauthorized Disclosure of Confidential Information

§5(B)(15) – Unlawful or Dishonest Conduct

§5(B)(16) – Representing Replacement Player(s) During a Strike or Lockout

§5(B)(17) – Evading Mandatory Arbitration Procedures or Failing to Comply with Arbitration Award

§5(B)(18) – Failing to Comply with the MLBPA Salary Arbitration Support Program

§5(B)(19) – Failing to Comply with Major League Tampering Rules

§5(B)(20) – Providing Banned Substances

§5(B)(21) – Other Violations of Agent Regulations

규칙의 Section 4를 보게 되면, 메이저리그 선수의 에이전트가 되기 위해 갖추어야 할 자격 요건이 명시되어 있는데 그 자격조건은 다음과 같다.

1) 매년 2회씩 영어 또는 스페인어로 시행되는 서면 에이전트 시험 합격
2) $2,000의 수수료를 지불하고 메이저리그 선수협회에 에이전트 등록 신청
3) 신원 조사 통과
4) 에이전트 시험 통과 후 3년 이내에 최소 1명 이상의 선수, 정식 에이전트, 또는 전문 에이전트 고문으로부터 지명

위 자격조건에서 알 수 있듯이 위 네 종목의 프로스포츠 선수의 에이전트가 되는 것은 쉽지 않다. 각 선수 협회는 정식 에이전트로 활동하는데 있어서 위의 자격조건에 준하거나 혹은 더 엄격한 자격조건을 요구하고 있기 때문이다.

선수 협회의 규칙을 위반할 시, 에이전트는 법률에 의한 재판 또는 처분을 받지 아니하고도 협회 규칙 자체에 따라 그 자격을 박탈당할 수 있다.

프로 운동선수를 대리하는 에이전트는 각 선수 협회가 제정한 규칙뿐 아니라 주 또는 연방에서 제정한 법률 - 위에서 기술한 선수에이전트통일법과 스포츠에이전트책임신뢰법 또한 준수하여야 한다.

7. 에이전시 법적 분쟁

에이전트가 선수를 위하여 광범위한 분야에서 포괄적인 대리권을 가지고 활동을 하는 에이전시 관계에서는 다양한 법적 분쟁이 초래될 수 있다.

가장 대표적인 분쟁은 계약상 분쟁으로, 선수와 에이전트간에 체결한 계약을 위반하거나 계약의 해지와 관련하여 발생하는 분쟁이다. 예를 들어 지난

2008년 미국계 거대 스포츠 에이전트사인 인터내셔널 머천다이징 코포레이션(IMG)은 유명 피겨 스케이팅 선수인 김연아를 사이에 두고 국내 에이전트사인 IB스포츠를 상대로 소송을 제기했다. 김연아 선수가 IMG와의 에이전트 계약을 해지하고 IB스포츠와 에이전트 계약을 체결한 것을 이유로 한 것이다.

계약상 분쟁이 발생했을 때 에이전트와 선수는 체결한 계약의 내용에 따라 분쟁을 조정 또는 중재를 통하여 해결할 수 있다. 조정 또는 중재를 통하여 해결이 어려운 경우 최종적으로 법원에 제소하여 재판을 통한 해결을 구하게 되는데 선수와 에이전트 사이의 분쟁인 경우 많은 경우 재판 도중 합의를 통하여 해결을 하게 된다. 경기에 전념하여야 하는 선수의 입장에서 장기간의 재판을 진행하는 것은 선수의 경기력에 지장을 초래할 수 있고 재판 기간 중 에이전트의 공백으로 말미암는 손실이 클 수 있기 때문이다.

계약상 분쟁의 해결 절차와 방식은 대체로 체결한 계약서의 내용에 따르기 때문에 재판적, 준거법 등의 사항을 계약 체결 시에 신중히 고려하여 추후 분쟁 발생 시 발생할 수 있는 시간적, 경제적 손실을 최소화 하여야 한다.

에이전시 관계에서 때로는 형사 처분이 이루어지는 경우도 있는데 2008년 Stephen Davis 와 Quincy Carter 등의 유명 NFL 선수들의 재무관리를 대리하던 에이전시 Summit Management의 부사장 James E. Brown과 사장 Marion Darnell Jones은 선수들의 자금을 개인적 용도로 임의로 사용한 혐의로 21개월의 실형을 선고받았고 또한 NFL 선수 협회 규칙에 따라 처벌을 받았다. 이와 같이 에이전트가 선수를 기망, 협박, 갈취하거나 학생 선수에게 허용되지 않은 금원을 제공하여 처벌을 받는 경우는 미국 프로 스포츠 업계에서 드물지 않게 볼 수 있다.

에이전트가 유망 선수를 유치하기 위하여 기망, 허위의 사실을 고지하거나 선수에 대한 명예 훼손을 하는 경우에 불법행위에 대한 책임을 지게 될 수 있다. NBA 선수인 P.J. Hairston이 그의 에이전트 Juan Morrow를 허위 사실의 고지로 고소한 것이 그 사례이다. Juan Morrow는 Hairston을 대리하기 위해 자신이 NBA선수협회로부터 인가된 에이전트라고 속여 에이전시 계약을 체결하였다.

유망 선수를 사이에 두고 다수의 에이전시 회사가 불법행위 소송을 제기하는 경우도 있다. NBA 선수인 Larry Sanders가 에이전트를 ASM Sports의 Andy Miller로부터 Happy Walters 로 변경함에 따라 전 에이전트인 Miller는 신규 에이전트인 Walters를 선수를 유치하기 위해 허위의 사실을 고지하고 파티, 전용기를 제공하는 등의 행위를 한 것에 대한 손해배상 청구 소송을 제기했다.

제 5 장

스포츠 분쟁의 해결

앞서 언급한대로 스포츠 활동은 필연적으로 분쟁 발생의 위험을 내포하고 있다. 스포츠 활동 중 선수간의 마찰은 물론, 스포츠 경기에서 선수의 약물 투여나 승부 조작과 같은 부정행위, 감독이나 코치의 뇌물수수와 같은 행위, 팀 간의 분쟁과 같은 일이 발생할 경우 분쟁을 해결하기 위해 해당 재판적 내에서 관련 법규를 적용하여 재판을 받을 수도 있지만 국제 대회에서 발생한 분쟁이나 프로 리그가 있는 종목에서의 분쟁은 재판보다는 관련기관의 조정이나 중재를 통하여 해결하는 경우가 빈번하다.

특정 기관은 소속 선수와 코치 및 감독들에 대한 강력한 구속력을 가지고 분쟁을 해결함은 물론 때로는 자체 규칙을 적용하여 처벌을 하기도 한다.

국내에는 스포츠 중재 재판소와 같은 구속력을 가지는 판결을 내릴 수 있는 기관이 없어 사실상 스포츠 관련 분쟁이 발생할 시, 신속하고 전문적인 중재 및 조정을 받거나 스포츠 관련 문제에 대해 지침을 제공받기 힘든 상황이다. 유명 스포츠 연맹에 큰 영향력을 가지는 강대국 소속의 선수와의 국제 경기 중 불공정한 판정이나 횡포에 가까운 우리나라 선수들에 대한 불합리한 처벌 등 공정성이 보장되어야 할 스포츠 영역에서 눈살을 찌푸리게 되는 일이 자주 발생하는 모습에 안타까움을 금할 수 없다.

이러한 일들을 방지하고 또한 공정한 판결을 보장하기 위해 국내의 스포츠 중재 전문가를 양성하는 한편 스포츠 중재 전문 기관의 설립을 통해 독립성을 확보해야 하는 것이 급선무라고 집필자들은 판단한다.

하루 빨리 제도 정비를 통하여 국내 스포츠 선수들과 스포츠관련 협회 그리고 기관 등이 해외 스포츠 선수 및 외국의 기관들이 누리는 혜택과 서비스를 제공 받기를 바란다.

이에 타산지석으로 삼기 위해 본 장에서는 스포츠 분쟁을 해결하는 역할을 하는 국제기구와 더불어 미국 스포츠 영역에서 큰 영향력을 행사하는 스포츠 조직에 대한 소개와 그 해결 사례에 대해 소개하려고 한다.

1. 스포츠 중재 재판소(The Court of Arbitration for Sport, CAS)

1) 설립목적과 역사

스포츠 중재 재판소는 1980년대 초반 급격히 증가하는 국제 스포츠 분쟁을 해결할 독립적 기관의 필요성이 대두됨에 따라 1984년 국제 올림픽 위원회(IOC) 에 의해 설립되었다. 스포츠 중재 재판소는 유연하고 신속하며 적은 비용으로 국제 스포츠 분쟁을 해결하기 위하여 설립 되었으며 절차적 규정을 기반으로 IOC로부터 임명된 60인의 인원으로 구성되어 무료 분쟁 해결을 원칙으로 운영되었다. 초기 스포츠 중재 재판소는 그 운영비용을 IOC가 부담하였으며 IOC에 의해서만 관련 규정을 개정할 수 있는 등, 실질적으로 IOC의 관리 통제 하에 있었다. 스포츠 중재 재판소 규칙과 법규는 중재를 통한 분쟁 해결 절차만을 두고 있었으나 이후로 스포츠와 관련한 법적 의문과 우려에 대한 공식적 의견을 제공하는 절차를 추가하게 되었고 1991년 주요 중재 조항을 포함하는 중재 안내서(Guide to arbitration)를 출판하였다.

1992년 제기된 기수 Elmar Gundel의 말 도핑 사건과 관련하여 IOC의 재정 지원으로 운영되는 스포츠 중재 재판소의 구조적 문제점으로 IOC를 상대로 하는 분쟁에 관하여 그 판결의 공정성을 의심할 수밖에 없다는 목소리가 일어나 1994년 파리에서 국제 스포츠 중재 위원회 설립에 관한 합의문에(Agreement concerning the constitution of the International Council of Arbitration for Sport, 통칭 Paris Agreement) 하계 올림픽 국제 연맹(ASOIF), IOC 회장, 동계 올림픽 국제 연맹(AIWF), 국가 올림픽 위원회 연합(ANOC)의 서명과 승인으로 IOC로부터 독립하여 국제 스포츠 중재 위원회(International Council of Arbitration for Sport, ICAS)가 설립되어 스포츠 중재 재판소의 운영과 재정을 책임지게 되었다.

2) 관련 규정

스포츠 중재 재판소는 1994년 제정된 스포츠 관련 중재법(Code of Sports-related Arbitration)에 따라 운영되고 있다. 스포츠 관련 중재법은 70개 조항으로 이루어져 있으며 크게 스포츠 관련 분쟁의 합의에 관한 규정과 절차적 규정으로 이루어져 있다. 스포츠 관련 중재법은 아래와 같은 네 가지의 절차를 규정하고 있다.

- 일반 중재 절차
- 중재 항소 절차
- 스포츠 조직에 자문 제공 절차
- 조정 절차

3) 분쟁 유형

분쟁이 일어난 양 당사자 사이에 중재에 관한 합의가 있을 경우에 스포츠 중재 재판소의 중재를 통한 분쟁 해결이 가능하다. 중재에 관한 합의는 통상 아래와 같은 문구로 표현된다.

"Any dispute arising from or related to the present contract will be submitted exclusively to the Court of Arbitration for Sport in Lausanne, Switzerland, and resolved definitively in accordance with the Code of sports-related arbitration."

스포츠 중재 재판소는 스포츠와 관련한 분쟁만을 대상으로 재판적을 가지며 두 가지 종류의 분쟁 해결을 관할한다.

첫 번째 종류의 분쟁은 스폰서 계약, 선수계약, 에이전트 계약과 같은 계약에 관한 분쟁과 경기 중 사고와 같은 민사적 분쟁을 포함하며 이를 상사분쟁이라 한다. 분쟁 조정 재판소는 이러한 상사 분쟁에 관하여 제 1심 재판소와 같은 역할을 한다.

두 번째 종류의 분쟁은 경기 중 폭력, 오심, 약물 복용에 관련한 징벌적 분쟁으로, 이러한 분쟁이 발생한 경우 분쟁 조정 재판소가 곧바로 판결하지 아니하고 적절한 권원이 있는 기관의 판결을 거친 후 스포츠 중재 재판소에 항소를 하는 형식으로 분쟁을 해결하게 된다.

4) 중재 절차

스포츠 중재 재판소에 중재를 의뢰하고자 하는 경우에는 먼저 중재 신청서를 작성한다. 중재 신청서는 서면 또는 e-filing을 이용하여 제출할 수 있으며 청구인의 성명, 간략한 사실관계 요약, 사실관계에 적용되는 법적 주장의 요약, 중재를 통해 구하고자 하는 판결의 내용, 계약서상 중재를 하기로 합의한 조항, 중재인을 지정하고자 할 경우 중재인의 성명, 그 외 중재하고자 하는 사건과 관련 있는 사항이 포함된다. 중재 신청서와 더불어 1000 스위스 프랑의 중재 수수료를 납부하여야 중재 절차가 시작된다.

중재 청구인의 중재 신청서와 중재 수수료를 수령함으로 중재 절차를 개시하게 되면 중재 재판소는 피청구인에게 청구인의 중재 신청서에 대한 답변서를 제출하도록 기한을 두어 고지한다. 답변서는 간략한 항변 사유, 재판적에 대한 항변, 반소 사항 등을 포함한다.

이와 함께 중재 재판소는 청구인과 피청구인의 중재 조항에 따라, 또는 재판소장의 결정에 의해 1인 또는 3인의 중재인을 선정한다.

중재인이 선정된 후에는 본격적인 중재절차가 시작되는데 이는 서면 제출과 심리로 이루어진다. 중재의 양 당사자는 증거물, 항변 사유 등을 정리하여 서면으로 중재위원단에 제출하고 필요한 경우 증인 또는 양 당사자가 재판정에 출석하여 심리를 하게 된다. 국제적인 분쟁을 다루는 스포츠 중재 재판소의 특성 상 양 당사자와 증인이 각기 다른 나라에 거주지를 두고 있는 경우, 이메일 또는 컨퍼런스 콜을 이용하여 의사소통을 하게 할 수 있다.

여러 차례의 서면 교환과 심리가 종료되어 사실관계가 확정되면 중재 위원단은 중재 판결을 내린다. 중재 판결은 반드시 다수결에 의하며 서면으로 작성된다.

5) 중재 사례

2009년 11월 스포츠 중재 재판소는 프로 선수 biological passport를 이용한 최초의 판결을 내렸다. 스케이팅 선수 Claudia Pechstein을 도핑 혐의로 2년간 출전 정지 처분을 내린데 대해 이를 인용하는 판결을 내린 것이다.

중재 판결문은 중재인의 성명, 양 당사자의 성명, 재판적의 명시, 사실관계, 중재판결 등으로 이루어져 있다. 아래의 예시를 참고해 보자.

CAS 2014/A/3498 IAAF v TAF & Ms Asli Cakir-Alptekin

CONSENT ARBITRAL AWARD

delivered by the

COURT OF ARBITRATION FOR SPORT

sitting in the following composition:

President: Mr. Ken E. Lalo, Attorney-at-Law, Gan-Yoshiyya, Israel
Arbitrators: Mr. Romano F. Subiotto, Q.C., Attorney-at-Law, Brussels, Belgium, and London, United Kingdom
Mr. Philippe Sands, Q.C., Barrister, Professor of law, London, United Kingdom

in the arbitration between

INTERNATIONAL ASSOCIATION OF ATHLETICS FEDERATIONS, Monaco

Represented by Mr. Jonathan Taylor & Mrs. Elizabeth Riley, Bird and Bird LLP, Attorney at law, London, United Kingdom

as Appellant

and

TURKISH ATHLETIC FEDERATION, Ankara, Turkey
Represented by Mr. Fatih Cintimar, President
as First Respondent

MS. ASLI CAKIR-ALPTEKIN, Turkey
Represented by Mr. Koray Akalp, Akalp Law Firm, Attorney-at-law, Istanbul, Turkey as Second Respondent

I. PARTIES

1. The International Association of Athletics Federations ("IAAF") is the international governing body for track and field athletes recognized as such by the International Olympic Committee. The membership of the IAAF primarily comprises national and regional athletics federations. It has its seat and headquarters in Monaco.
2. The Turkish Athletic Federation ("TAF") is the national governing body for track and field athletes in Turkey. It has its headquarters in Ankara and is the relevant member federation of the IAAF for Turkey.
3. Ms. Asli Cakir-Alptekin (the "Athlete") is an athlete of Turkish nationality and is affiliated to the TAF. She is a middle distance runner, specialising in 1,500 meter events and is an international-level athlete under the IAAF rules.

II. JURISDICTION

4. The IAAF relies on Rule 42 and in particular paragraphs 1, 2, 3, 13, 16, 17, 20 and 22 of the IAAF Rules (2012 - 2013 Edition) ("IAAF Rules") as conferring jurisdiction on the Court of Arbitration for Sport ("CAS"). The jurisdiction of the CAS over this matter is not disputed by the TAF or the Athlete (the "Respondents"). Such jurisdiction has been further confirmed in

the Order of Procedure executed by the parties and in the context of the settlement agreement reached by the parties, as later described.

III. FACTUAL BACKGROUND OF THE DISPUTE AND PROCEDURAL HISTORY

5. On 10 January 2013, the Athlete was formally charged by IAAF with an anti-doping rule violation on the basis of her Athlete Biological Passport Profile consisting of several variable measurements between 29 July 2010 and 17 October 2012, reviewed and analysed by an Expert Panel.
6. The Athlete's case was heard in accordance with IAAF Rule 38 by the TAF Disciplinary Board.
7. On 19 December 2013, the TAF Disciplinary Board issued a decision referenced 2013/79K, the English version of which has been delivered to and received by IAAF on 29 December 2013, which stated in its pertinent part as follows (the "Appealed Decision"):

DECISION: Under the above mentioned grounds;

It is decided with unanimity on 19.12.2013 that the athlete has not violated anti-doping rules, so THERE IS NO NEED TO IMPOSE A PENALTY ON THE ATHLETE, The provisional suspension of the athlete shall be cancelled.

In 5 days from the date of the decision, the decision might be appealed (under TAF Disciplinary Regulation article 52 and 53) to SGMTK (General Directorate of Sports Arbitration Board)."

..... 중략

CONSENT AWARD

1. The Panel, with the consent of the IAAF and the Respondents, hereby

ratifies the Settlement Agreement provided by the parties on 17 June 2015 and incorporates its terms into this consent arbitral award, with the exception of the clarification contained in item 4 of this Consent Award below relating to clause 6 of the Settlement Agreement.

2. The arbitral procedure CAS 2014/A/3498 IAAF v TAF & Asli Cakir-Alptekin is terminated and deleted from the CAS roll.
3. Each party is hereby ordered to perform the obligations and duties as per the Settlement Agreement referred to above.
4. The costs of the arbitration, which shall be determined and separately communicated to the parties by the CAS Court Office, shall be borne by the Respondents in equal parts; namely, 50% of the costs to be paid by the TAF and 50% to be paid by Ms. Asli CakirAlptekin. As a consequence, the money the IAAF has paid to the CAS as an advance against those costs shall be reimbursed to it by the Respondents in equal parts (50% by each of the Respondents). The CAS Court Office fee that the IAAF paid when it filed its Statement of Appeal shall not be reimbursed.
5. As per clause 7 of the Settlement Agreement, each party shall bear its own legal costs and expenses incurred in connection with this arbitration, save that Ms. Asli Cakir-Alptekin and the TAF are jointly and severally liable to pay the IAAF an agreed sum as a contribution towards its costs.
6. All other requests of prayers for relief are rejected.

Done in Lausanne, 17 August 2015

THE COURT OF ARBITRATION FOR SPORT

Ken E. Lalo

President

Romano F. Subiotto Philippe Sands

Arbitrator Arbitrator

본 중재 판결은 국제 선수 연맹과 터키 선수연맹, 터키 육상선수 ASLI CAKIR-ALPTEKIN 사이에 내려진 것으로, 육상선수의 도핑과 관련하여 국제 선수 연맹이 내린 출정 금지 처분의 적법성을 다투고 있다. 주문에서는 선수의 biological passport 등 증거들을 판단하여 선수가 도핑룰을 위반하지 않았음을 확인하고 이에 따른 출전 정지 처분이 부당하여 취소할 것을 판결하고 있다.

6) 우리나라 중재사례

아쉽게도 우리나라의 스포츠 선수나 기관이 스포츠 중재 재판소에 중재를 신청하거나 중재를 받은 적은 없다. 2015년 현재 스포츠 중재 재판소의 중재인으로 활동하는 한국인은 안동수 중재인, 박진원 중재인 두 분이 존재하나 지난 2014년 박태환 선수 도핑사건, 2014년 소치 동계 올림픽 김연아 선수 불공정 판정 사건 등, 국제 경기 중 발생하는 불공정한 판정 사건에 있어서 충분히 국제 스포츠 중재 재판소에 항소할 수 있을 것으로 보임에도 불구하고 이러한 절차를 거치지 않는 것에 아쉬움이 남는 것이 사실이다.

미국 등 일부선진국들은 올림픽과 같은 국제 스포츠 경기 출전 시, 팀 닥터와 안전요원등과 함께 스포츠 법률 전문가를 대동하여 국제 스포츠 경기 중 발생하는 불합리한 판정이나 처벌 등에 즉각적으로 대처하도록 한다고 한다. 법률 전문가는 중재나 판결이 필요한 사항이 생길 시 즉시 이의를 절차에 맞게 제기하여 자국 스포츠 선수단의 권익을 보호할 수 있다.

국내에서도 스포츠 법률 전문가를 양성하고자 하는 움직임이 일어나고 있지만 아직 미흡한 부분이 사실이며, 가까운 미래에는 국제 스포츠 경기에서 우리나라 선수단의 권익을 보호하고자 활약하는 스포츠 법률 전문가의 활동 모습을 기대해 본다.

2. 일본 스포츠 중재 에이전시

1) 설립 목적과 역사

일본 스포츠 중재 에이전시(Japan Sports Arbitration Agency, JSAA)는 일본 내

스포츠 경기 또는 운영을 둘러싼 분쟁을 해결하기 위해 공익 재단법인의 형태로 설립된 기관이다. 일본 스포츠 중재 에이전시는 2003년 법인격 없는 단체로 설립된 이후 2013년 공익 재단법인으로 인정을 받아 현재 일본 도쿄에서 각종 스포츠 관련 중재와 조정을 수행하고 있다.

2) 관련규정

일본 스포츠 중재 에이전시는 스포츠 경기 및 그 운영에 관하여 경기 단체 또는 그 기관이 행한 결정에 대한 중재에 적용되는 스포츠 중재 규칙, 도핑 분쟁에 관한 스포츠 중재 규칙, 특정 중재 합의 된 스포츠 중재 규칙, 가맹 단체 스포츠 중재 규칙, 일본 여자 프로 골프 협회 도핑 분쟁 중재 규칙을 두고 있다. 또한 스포츠 분쟁 발생 시 중재자가 공정한 제 3자로 참여하여 당사자의 원만한 합의를 유도하는 조정절차를 위해 스포츠 조정 규칙, 스포츠 조정 요금 규정 등을 두고 있다.

3) 중재 및 조정 절차

일본 스포츠 중재 에이전시의 중재 및 조정을 받기 위해서는 홈페이지에(http://www.jsaa.jp/sportsrule/arbitration/index.html) 게시된 중재 신청서 또는 조정 신청서를 작성하여 서면으로 중재 에이전시에 제출하여야 한다. 중재 절차는 중재 신청서의 제출 후에 중재의 상대방에게 서면 고지를 하고 답변서를 제출토록 한 후, 서면 증거 제출과 심리를 통하여 중재 판결이 내려지게 된다. 중재 신청 시 54,000엔(한화 약 52만원), 조정 신청 시 25,714엔(한화 약 25만원)의 수수료를 지급해야 한다.

4) 중재 사례

일본 스포츠 중재 에이전시는 설립 이후로 약 40여건의 중재판결과 10여건의 조정절차를 완료하였다. 중재 및 조정 절차가 상대적으로 선호되지 않는 아시아권 국가라는 점을 감안하면 상당히 활발한 활동을 보이는 것으로 각 중재 사례를 보면 중재 당사자가 일본 배구협회, 전 일본 태권도 협회, 일본

보트 협회 등 다양한 종목의 스포츠에 대한 중재 활동을 망라하고 있음을 알 수 있다.

3. 유럽 핸드볼 협회 중재 재판소(European Handball Federation Court of Arbitration, ECA)

1) 설립 목적과 역사

유럽 핸드볼 협회 중재 재판소는 2007년 핸드볼 및 타 스포츠 종목 참가자들에게 일원화된 분쟁 해결의 기회를 제공하기 위하여 유럽 핸드볼 협회에 의해 설립된 스포츠 전문 중재 재판소이다. 유럽 핸드볼 협회 중재 재판소는 유럽 핸드볼 협회 법률에 의해 설립 되었으며 유럽 핸드볼 협회의 주관 하에 이루어지는 유러피안컵 경기, 유러피안 챔피온십 경기, 유러피안 경기 선발전 등의 과정에서 발생하는 유럽 핸드볼 협회와 유럽 국가별 핸드볼 협회 간의 또는 협회 소속 클럽과 그 소속 선수들, 에이전트간에 발생하는 모든 종류의 분쟁에 대한 최종심의 역할을 하고 있다.

2) 중재절차

유럽 핸드볼 협회 중재 재판소의 중재인단은 유럽 각국에서 선정된 약 60인의 중재인 리스트에서 중재 당사자들이 선정한 2인의 중재인과 선정된 2인의 중재인이 선정한 1인의 중재의장을 합한 3인의 중재인단으로 이루어지며 중재 절차는 영어로 이루어진다. 중재 신청 당사자의 중재 신청서가 중재 재판소에 제출되면 서면과 구두의 관련 증거 제출이 이어지고 그에 다른 판결이 최대 3개월 안에 선고된다. 중재 수수료는 5,000유로(한화 약 650만원)이며 대개 패소한 당사자가 중재 비용을 부담하게 된다.

3) 중재 사례

유럽 핸드볼 협회 중재 재판소는 2011년 이후부터 실시된 중재 결과를 당사자를 익명으로 처리하여 게시한 ECA Journal을 발행하고 있다. 이는 ECA 중재 규정에 의해 당사자에 대한 비밀 엄수 규정을 준수하기 위함이므로 중재 사례의 당사자를 구체적으로 알 수는 없다. 중재 사례는 핸드볼 클럽과 클럽 소속의 선수사이의 계약 분쟁에 관한 것, 유럽 핸드볼 협회와 유럽 국가 핸드볼 협회의 탈퇴 분쟁에 관한 것, 선수에게 내려진 징계 처분에 관한 분쟁, 경기 결과에 대한 판정 불복 심사에 관한 것 등 그 형태가 다양하다. 다음은 중재 판결문중 하나를 예시로 소개 한다.

EHF Court of Arbitration
Arbitral Award
(Summarized and anonymous)
Case n° 13 20232 1 C ECA
14 March 2013

In the arbitration between

The handball club X…,
as the Claimant

and

The handball club Y…,
as the Respondent

Panel
Juan de Dios Crespo Perez (Spain)
Marjan Nachevski (Macedonia)
Julien Zylberstein (France)

Match result protest; Violation of the Rules of the Game; Nature of the referees' decision; Necessary adjustments; Third parties involvement.

I. Facts

1. On 9 February 2013, the group phase match of the VELUX EHF Champions League: handball club X vs. handball club Y was hosted by handball club X··· (hereinafter the "Match"). The final result of the Match was 23:25 in favor of handball club Y···.

2. At the 24"24 min of the Match, the player n°15 of handball club Y··· (hereinafter the "Player") was sanctioned by the EHF referees with a two-minute suspension. Despite this suspension, at the 25"45 min, shortly after a team timeout, the Player entered the playing court wearing a red sport bib in order to replace the goalkeeper and took part in the attack of handball club Y··· which ended with a goal in favour of handball club Y···.

3. Following the incident and the goal scored, the Match was stopped. The timekeeper informed the referees and the delegate about the incident. After a discussion lasting for approximately two minutes between the timekeeper, the delegate and the referees, the referees decided to allow the goal and to restart the Match with a throw-off. According to Article 18:1 of the IHF Rules of the Game, the timekeeper was entitled to stop the Match as he noticed the entry of the Player while he was still serving a two minute suspension. The delegate did not listen to the timekeeper and informed the referees, who came to the timekeeper's table, to restart the Match.

II. Proceedings

A. Before the EHF Court of Handball

… 중략 …

V. Award

On these grounds the EHF Court of Arbitration rules in a unanimous decision:

1. The decision of the EHF Court of Appeal dated 21 February 2013 is partially confirmed.
2. The claim of handball club X… is partially upheld.
3. The result of the match: handball club X… vs. handball club Y… is confirmed.
4. A warning is imposed on the handball club Y… and the club shall pay €25,000 as financial damage to handball club X… on May 14, 2013 at the latest.
5. A warning is imposed on the European Handball Federation and the Federation shall pay €5,000 as financial damage to handball club X… on May 14, 2013 at the latest.
6. The Parties shall pay the costs of proceedings amounting to €2556, respectively €639 for the Claimant and €1917 for the Respondent, on May 14, 2013 at the latest.
7. Each party shall bear its own legal costs and all other expenses in connection with this arbitration.

제 6 장

한국 스포츠법

스포츠와 법은 서로 다른 부분이 많은 것이 사실이다. 스포츠에는 경기규칙이 있으며 스포츠는 결국 사람과 사람의 경쟁 속에서 스포츠 경기가 진행되고 신체활동이 이루어진다는 측면에서 본다면 경기 규칙 속에 법률적인 부분과 경쟁 활동 중 일어날 수 있는 다양한 상황에 대하여 법적 해석이 필요한 것 또한 사실일 것이다.

Paul Krugman은 세계적으로 유명한 경제학자로서 자신의 저서(불황의 경제학, 2015)에서 이러한 말을 전한다. '경제에 관한 글을 쓰는 사람들을 종종 괴롭히는 유혹 가운데 하나가 바로 지나치게 위엄을 부리고자 하는 경향이다. 특히, 중요한 주제일수록 그렇다. 지금 우리의 주제가 중요하지 않다는 뜻이 아니다. 어떤 경우에는 삶과 죽음의 문제일 정도로 중대하다. 그럼에도 너무 많은 소위 전문가가 심각한 주제는 반드시 심각하게 접근해야만 한다고 믿고 있다. 어려운 이야기일수록 거기에 걸맞은 어려운 언어로 표현해야 하며, 가벼운 말이나 쉬운 설명은 적절치 않다고 생각한다. 경제학이든 다른 분야든 별난 기질이 없는 엄숙한 사람이 신선한 통찰력을 발휘하는 경우는 드물기 때문이다.' 라는 글 속에서 학문의 길은 정말 어렵지만 어려운 학문을 보다 쉽게 대중들에게 전달할 의무가 있으며 어려운 것을 쉽게 이해시키고, 전달하는 과정에서 사회를 아름답게 만들 수 있다고 설명하고 있었다. 따라서 이번 장에서는 한국 스포츠법을 이해하기 전에 법학전공자들이 스포츠를 보다 쉽게 접근할 수 있도록 스포츠 개념을 살펴보고, 현재 한국 스포츠법의 현실과 앞으로 방향을 모색하고, 이해하는 장으로 구성하고자 한다.

1. 스포츠의 개념

스포츠라는 단어가 가지는 역사적 배경과 의미는 스포츠학자들 마다 조금씩 차이가 있으나 공통적으로 들어가는 내용을 살펴보면 신체활동, 경쟁성, 규칙성을 포함한 놀이의 형태를 가지고 포괄적으로 활용되는 모든 신체활동을 이야기 하고 있다. 일반인들의 머릿속에 스포츠는 단순하고, 설명하기 쉽다고 인식하고 있으나 실상 스포츠는 복잡한 구조와 기능들을 가지고 있다는 부분 또한 많은 사람들이 공감하여 더 깊이 있는 연구와 다양한 분야와의 융합이 이루어지고 있는 것이 현실이다.

최근에는 스포츠의 개념이 보다 확대되고, 다양해지고 있는 상황이며, 스포츠라는 개념이 단순한 신체활동에서 복잡한 심리훈련 또는 운동 기능적 요소와 같은 것들을 수행해야하는 분야로 다각화되고 있는 실정이다. 얼마 전까지만 하여도 스포츠 활동 이라고 이야기 할 때 두뇌활동이나 정신활동을 고려하지 않은 신체활동 또는 대 근육활동을 떠올렸다. 그러나 2002년 대한체육회에서는 바둑을 인정종목으로 승인하자는 안건이 나왔고, 그 과정에서 여러 논의 중 IOC에서도 체스를 한 종목으로 인정하고 있고, 바둑이 룰과 경쟁이 기본이 되는 스포츠의 요소를 가지고 있으므로 인정하는 데 무리가 없다는 결론을 내렸다(원영신, 2007). 그렇다면 스포츠의 범위를 어디까지로 해야 할지 또는, 스포츠가 가지고 있는 가치의 한계를 어디까지 두어야 하는지 약간의 의문이 든다.

스포츠 활동에 직접 참가하여 신체적으로 활동하는 것은 어느 종목이든 스포츠로 보아야 할 것인지 아니면 단순히 참가하거나 또는, 스포츠 활동에 참가하지 않지만 관람의 형태로 스포츠의 분위기와 소속팀 활동에 동일시하여 응원하며 간접적인 참여까지도 스포츠 활동의 하나로 보아야하는지 많은 의견과 주장들이 있으며, 이러한 주장들과 연구들이 스포츠의 다양한 부분들을 발전 시켜왔다고 할 수 있을 것이다. 분명한 사실은 스포츠 활동은 부정적인 측면보다 긍정적이고 유익한 활동 이라는 점은 모든 스포츠학자들도 공감하는 부분일 것이다.

스포츠가 가지고 있는 다양한 기능과 역할로 인하여 특히 사회적인 측면에서 스포츠는 매우 유익한 활동이라고 사료된다.

인간의 활동은 신체활동과 정신활동으로 구분할 수 있다(위성식, 권연택, 2010). 과거에는 노동 이라는 부분이 신체활동을 별도로 하지 않아도 충분히 신체활동의 역할로서 스포츠 활동을 특별히 하지 않아도 신체활동의 부족으로 인하여 문제가 발견되지 않았지만 고도화된 문명의 발달로 인한 현대사회의 발전으로 인간이 적정수준의 신체활동을 별도로 해야 하는 사회적 현상으로 스포츠 활동이 생겨나고 스포츠 활동의 필요성이 강조되고 있는 것이 사실이다. 단순히 신체활동만을 충족하기 위하여 스포츠 활동을 하는 것이 적절하지 못한 생각 이라고 생각하는 공감대가 최근 형성되고 있으며, 스포츠는 정신적인 측면과 건전한 사회건설을 위한 필수적 요소로 부각되고 있다. 우리가 중요하게 받아들여야 하는 부분은 스포츠의 개념으로 너무 많은 것들을 이야기하는 것 보다 있는 그대로 받아들이며 그 상황에 적합한 역할과 의미를 부여한 개념으로 유연한 사고방식이 필요하다는 생각이다.

스포츠법이라는 부분을 이야기하기에 앞서 스포츠의 개념을 정리하고 이해하는 것이 효과적으로 스포츠를 이해한 스포츠법의 연구라고 할 수 있을 것이다. 따라서 스포츠가 가지고 있는 다양한 기능과 특성을 보다 깊이 있게 연구하여 한국 스포츠법의 새로운 지평을 열수 있기를 기대해 본다.

2. 스포츠의 기능과 역할

스포츠 및 레크리에이션은 개인의 신체적, 정신적 건강을 유지하고 증진하는데 기여한다(위성식, 권연택, 2010). 스포츠를 통한 건전한 사회건설이나 스포츠를 활용한 마케팅전략 등 스포츠가 가지고 있는 기능들로 인하여 스포츠는 여러 분야에 점차 영향력을 확대하고 있다. 따라서 스포츠가 가지고 있는 기능을 역할별로 나누어 정리하고 이해함으로서 우리가 새롭게 정리하고 만들어 가야 할 스포츠법 분야에도 긍정적인 영향력을 줄 수 있을 것으로 사료된다.

1) 스포츠와 사회

스포츠사회학은 1921년에 프랑스의 사회학자 Risseh가 처음으로 사용한 이후, 스포츠를 하나의 사회현상으로 보고 사회학적으로 연구할만한 가치가 있다고 여기는 학자들을 중심으로 발전하게 되었으며, 현대사회에서는 스포츠가 운동선수나 체육인들에게만 관계가 있는 것이 아니고, 온 국민이 공유하고 일상생활 속에 깊숙이 파고들어 있으며, 정치, 경제, 사회적으로 중요한 역할을 하고 있다(진성태, 2013).

스포츠가 사회적으로 어떠한 영향력을 미치고 있는지에 대한 연구와 조사가 현대사회에서 활발하게 이루어지고 있다. 특히 미국이나 일본과 같은 선진국에서는 스포츠를 전국적으로 권장하고 모든 연령대에서 다양한 형태로 스포츠 프로그램을 제공하고 있다. 이는 스포츠 규칙과 정정당당한 경쟁을 통해서 사회규범과 예절을 스스로 배워가며 건전한 사회를 만들어가기 위한 역할을 스포츠가 하고 있다는 것을 의미한다. 그러나 스포츠가 긍정적인 요소만 가지고 있다고 볼 수는 없다. 스포츠는 범죄, 일탈, 가난, 차별, 강요된 노동, 삶의 조건과 같은 어두운 면을 가지고 있으며, 어떤 구단주와 코치는 선수들을 착취하며, 어떤 선수와 코치들은 일탈이나 불법행위와 연관되어 있다. 모든 젊은 선수들이 경쟁적인 스포츠 세계에 동등한 기회를 가지고 잠재력을 발휘하고 있는 것은 아니다. 또한, 모든 사람이 나이, 성별, 사회경제적 배경에 따라 동일하게 취급되는 것도 아니며(원영신, 2007), 사회적으로 볼 때 스포츠가 인격형성, 집단 간의 화합, 집단 내의 단합과 같은 순기능도 있지만, 승리지상주의, 상업주의, 일탈 등 역기능도 있다(진성태, 2013). 우리가 주목해야하는 것이 있다면 스포츠가 가지고 있는 기능이 사회적으로 긍정적인 효과를 발휘하는 요소가 더 많이 있으며 어느 분야든 부정적인 측면도 있다는 것을 인식해야 한다.

현대사회에서 사회체육의 의의는 크게 개인적인 측면과 사회적인 측면에서 접근할 수 있으며(위성식, 권연택, 2010), 특히 사회적인 측면에서 스포츠는 그 역할이 앞으로 더 확대되고 다양해 질 것으로 판단한다.

2) 스포츠와 건강

원영신(2007)은 스포츠는 신체적으로 운동기능과 체력을, 정서적으로는 정서함양과 함께 사상과 감정의 표현 능력과 감상능력을, 그리고 사회적으로는 올바른 가치관을 습득하여 민주적인 생활태도를 가지는데 중요한 역할을 한다고 전하고 있다. 이처럼 스포츠는 현대사회에서 신체적, 정신적, 사회적으로 건강한 삶을 살아가도록 중요한 역할을 가지게 되었다.

현대인들은 건강한 삶을 생각할 때 스포츠 활동 즉, 운동은 필수라고 생각하게 되었으며, 운동이 가지고 있는 장점들 때문에 건강을 예방하는 차원에서 스포츠 활동이 국가와 사회적으로 활성화되고, 권장하는 분위가 되었다.

스포츠 활동은 스트레스를 풀어주고, 기분을 상쾌하게 만들고, 집중력을 높여주는 것으로 인식되며 단순한 생리학적 차원에서 접근하는 건강을 뛰어넘어 우울증, 대인기피증과 같은 정신적인 질환에 대해서도 치료의 목적으로 스포츠 분야가 활용되고 있는 실정이다. 하지만 그 반대로 과도한 운동을 통한 스트레스 증가와 스포츠상해라는 새로운 병을 만들어 건강을 위한 운동을 얼마나 허용하고, 인지하며 스포츠 활동을 실행해야 하는지에 대한 연구도 병행되고 있는 상황이다.

운동생리학 또는 스포츠생리학에서는 해부학과 마찬가지로 의학에서 연구한 많은 자료들을 차용하기도 하지만 모든 것을 "운동 시에는 어떠하다."에 초점을 맞춘다. 즉, 같은 에너지대사를 연구하더라도 운동생리학에서는 운동 시에는 에너지대사가 어떻고, 회복 시에는 에너지대사가 어떻다는 것을 연구하는 데 반하여 의학에서는 에너지대사의 메커니즘이 어떻게 되고, 병에 걸리거나 부상을 당하면 어떻게 되는 가에 관심을 둔다(진성태, 2013). 이처럼 스포츠 상황과 일반 상황을 분리하여 연구하는 형태도 다양하게 이루어지는 현실이며, 스포츠 과학 분야의 눈부신 발전을 통해서 보다 건강한 삶을 살겠다는 인간의 욕망이 점점 커지고 있는 것도 느낄 수 있다.

우리는 건강하려면 당연히 운동을 하고, 스포츠 종목 한 가지 이상은 정기적으로 실행하여 신체적 건강뿐만 아니라 정신적인 내면의 건강 역시 스포츠 활동을 통하여 보강하려는 상황이며, 스포츠 활동을 통한 사회적 역할과 사회 구성원으로 인정받고 싶어 하는 풍토가 형성되어 건전한 사회를 위한 스포츠의 역할이 점차 확대되는 것을 알 수 있을 것이다.

3) 스포츠와 교육

스포츠는 교육학적으로 큰 의미를 가지고 있다. 건전한 육체에서 건전한 정신이 생긴다는 이야기를 여러분들은 많이 들어보았을 것이다.

원영신(2007)은 스포츠교육은 체육활동을 일컫는 용어로서의 스포츠와 내면적 변화를 의도하는 의미로서의 교육을 일컫는 말이며, 스포츠교육의 목표는 인간교육과 같은 맥락에서 볼 수 있으며, 추구하는 목표가 일맥상통한다고 주장하고 있다. 이처럼 스포츠와 교육은 깊은 관계가 있으며 서로의 목표를 도와주고 기능을 상승 시켜주는 역할을 한다고 볼 수 있다. 결국 스포츠와 교육은 서로 상호 보완적인 관계를 통하여 평생 지속 가능한 인간의 기본적인 교육영역으로 평생교육의 한 부분을 담당하게 될 것이다.

위성식, 권연택(2010)은 평생교육을 전 생애에 걸친 교육철학이고, 여가선용활동이 포함된 다양한 상황을 포괄하는 개념이라고 전하고 있었다. 우리나라 평생교육에 관한 사회교육법이 1982년 12월 31일 제정되었고, 동법시행령은 1983년 9월 10일 대통령령으로 공포되었으며, 동법시행규칙이 1985년에 제정됨으로서 그 법적 조치가 이루어졌다고 한다. 이처럼 스포츠교육은 평생교육의 의미에 부합하는 분야로 사료되며 스포츠교육을 통한 건전한 사회조성의 역할과 함께 평생교육의 중요한 분야로 점차 확대될 것이다.

교육으로서 스포츠의 가치는 신체를 발육, 발달, 교정, 증진시키는 신체적 변화뿐만 아니라 심리적, 정서적인 인간의 내면적이며 비가시적인 변화에까지 영향을 미치는 교육적 가치와 사회화의 기능을 가지고 있다고 주장하고 있었으며(원영신, 2007), 스포츠는 교육적 기능 수행은 물론 정서적인 부분까지도 교육시켜주는 인간의 내면과 외면에 상호보완 해주는 역할을 하는 것으로 이해해도 좋을 것이다.

진성태(2013)는 스포츠교육은 신체적으로는 운동기능과 체력을, 정서적으로는 감정의 표현능력과 감상능력을, 사회적으로는 올바른 가치관과 민주적인 생활태도를 기르는 데 초점을 맞추어야 하는데도 불구하고, 현실적으로는 스포츠교육이 방향감각을 잃고 있어 많은 문제점들이 지적되고 있다고 주장하면서 그 중에서 승리지상 주의적 스포츠교육이 승리에 지나치게 집착하면서 발생하는 문제, 엘리트스포츠의 조장으로 인한 소수의 선수들에게만 스포츠교육이 집중되는 문제 그리고 제한적인 여성의 스포츠교육으로 인한 남녀평등 문제들을 지적하고 있었다. 이처럼 스포츠교육은 모두에게 공평하게 주어지는 교육의 기회로 제공될 수 있도록 스포츠교육계 뿐만 아니라 사회 여러 분야의 지도자들과 연구자들이 함께 지속적으로 풀어가야 할 숙제를 가지고 있는 실정이다.

4) 스포츠와 경제

현대사회에서 스포츠는 만국 공용어가 되었고, 대중문화의 중심을 차지하게 되었으며, 막대한 이윤을 창출하는 고부가가치 산업으로 인식되게 되었다. 자연히 이윤추구를 목적으로 하는 기업들이 스포츠에 개입하게 되면서 스포츠의 상업화가 가속화 되었으며(진성태, 2013), 현대사회에서 스포츠산업을 빼고는 미래성장 동력을 이야기하기 어려울 정도로 스포츠가 경제에 미치는 영향은 점차 확대되고 있는 상황이다.

1인당 국민소득의 증가로 대부분의 국민들이 기본적으로 풍족한 생활은 물론 가계지출에서 문화비, 여행비 등 비 생계비 지출이 크게 늘었으며, 저축증대로 인하여 주택구입, 자녀교육, 노후준비, 장기생활설계가 가능해졌다. 또한 평균수명의 연장과 주 5일 근무제의 정착으로 여가시간이 증가함에 따라 21세기형 새로운 라이프 스타일이 창출되고 있으며, 잉여 여가시간의 적절한 활용이 이슈(Issue)로 등장하고 있다(위성식, 권역택, 2010). 이처럼 국내도 여가시간의 증가로 인하여 스포츠산업은 2000년 이후 가파르게 성장하고 있는 산업 중 하나이며, 스포츠는 단순히 건강한 신체활동을 넘어서 문화와 융합하거나 IT산업과 같은 과학기술과 결합으로 그 가치가 높아지고 있는 실정이다.

최근 발표한 보도 자료에 따르면 국내 최고의 엔터테인먼트 회사 SM엔터테인먼트(대표 김영민)와 스포츠마케팅 분야의 최고 회사인 (주)IB월드와이드(대표 심우택)가 상호 투자를 통한 전략적 제휴를 체결했다는 소식을 들었다. 이처럼 서로 업무 분야는 다르지만 서로 상호 보완적인 관계를 통하여 국내 스포츠산업 시장이 커지고 있는 것을 볼 수 있었다.

진성태(2013)는 스포츠경영과 스포츠마케팅 이론은 최근 스포츠가 경제적인 면에서 크게 성장하면서 연구가 시작된 분야이며, 스포츠가 경제에 미치는 영향이나 효과, 스포츠 시장, 스포츠마케팅, 스포츠 홍보, 스포츠 스폰서십, 재무관리와 인사관리 등 스포츠경영에 관련된 모든 분야에서 연구가 활발히 진행되고 있고, 앞으로 발전 할 가능성이 큰 분야 중 하나라고 이야기하고 있다. 스포츠가 경제에 미치는 영향력이 커지면서 스포츠경영과 스포츠마케팅과 같은 응용학문이 인기를 얻고 있는 것처럼 스포츠법 분야 역시 스포츠 시장이 확대되고 사람들의 관심이 많아지고, 시장의 활성화에 따른 문제점들을 해결하고 효과적인 정책을 펼칠 수 있도록 스포츠법의 제정 역시 중요한 과제로 부각되고 있다. 따라서 스포츠 선진국의 효과적인 스포츠 프로그램과 시스템 그리고 스포츠정책과 같이 국내에도 체계적인 스포츠산업 시장 환경을 만들어 스포츠 경제 강국으로 가기위한 발판을 마련해야 할 것이다.

3. 한국 스포츠법의 개념

스포츠법은 스포츠와 법이라는 서로 다른 분야의 학문이 수요와 필요에 의하여 새롭게 나타나는 응용학문 이라고 할 수 있다.

최근에는 스포츠경영, 스포츠마케팅, 스포츠윤리, 스포츠의학 등 다양한 분야들이 융합 발전하고 있는 시대적인 상황이다. 스포츠법은 미국이나 유럽 같은 선진국에서 이미 보편화된 분야로 인식하고 있으며 스포츠법이 실질적으로 나타난 역사는 깊지 않지만 과거 스포츠활동 상황에서 일어나는 분쟁과 문제점들을 가지고 조사, 연구하는 과정에서 역할과 필요성에 대한 요구는 꾸준히 제기되어온 것이 사실이다.

연기영(2013)은 스포츠법을 계약법, 불법행위법, 형법 등과 같이 독립된 법 영역으로 인정할 것인가? 에 대한 논의를 외국 학자들의 글을 인용하여 소개하였다.

첫째, 전통적인 견해로 스포츠법은 존재하지 않는다는 부정설이다. 이 학설은 스포츠법은 기존의 여러 가지 법영역에 흩어져서 존재할 뿐 특별한 독자적인 법원리를 가지고 있다고 볼 수 없다는 것이다.

둘째, 스포츠법이 새로운 법영역을 형성하면서 발전하고 있는 단계라고 주장하는 학설이다. 스포츠에 관한 국가정책의 변화와 법정책적인 대응으로 국가의 스포츠관련법령이 증가하고 있다는 점을 주목하면서 점차 스포츠법전의 탄생을 기대하게 된다고 한다.

셋째, 스포츠법은 현실적으로 독립된 법영역으로 확고히 자리잡고 있다는 학설이다. 특히 스포츠산업의 발전과 프로스포츠의 확산, 국제경기대회의 확대 등을 통하여 많은 스포츠관련 법규의 제정과 판례의 축적으로 독립된 법영역이 되었다는 것이다.

스포츠법을 연구하고 있는 우리가 주목해야 할 부분이 세 번째 내용의 주장으로 미국은 이미 스포츠법에 대한 체계적인 학문적 독립성과 다양한 판례를 바탕으로 독립적 법영역으로 사실상 인정받고 있다는 부분이다. 물론 다양한 시각에서 본다면 이미 있는 법영역에서 다루고 있고, 지금 가지고 있는 법적 해석으로 문제들을 해결할 수 있다고 이해 할 수 있을 것이다. 하지만 한국 스포츠법의 독립적 체계와 제정에 목소리를 높이는 이유는 스포츠 상황에서 일어나고 있는 다양한 문제들을 현재 법영역으로는 충분히 해석하고 이해하는데 한계점에 와있으며, 스포츠라는 특수성을 수용하기에는 법체계 유연성의 한계가 있다는 부분이다. 따라서 스포츠법은 앞으로 더 다양한 스포츠 상황에서 일어날 법적 문제 상황에 효과적으로 대응할 수 있는 방법으로 필수적인 분야가 될 것이며, 스포츠분야에 소속된 운동선수들이나 스포츠 개발자들과 단체들의 권리를 보호하는 역할도 할 수 있을 것이다.

경기규칙은 사회 안에서의 법제도로 보고, 페어플레이나 스포츠맨십은 도덕적 규범이라고 생각할 수 있다. 바람직한 사회가 법으로만 유지되기 보다는 도덕적 규범에 의하여 질서가 지켜지는 것처럼 스포츠에서도 경기규칙 보다는 페어플레이나 스포츠맨십, 매너, 에티켓 등 보이지 않는 스스로의 질서가 더 중요한 의미를 지닌다(원영신, 2007). 하지만 스스로 돌아가는 시스템은 없고, 법 없이 살 수 있는 사회가 없듯이 스포츠의 범위가 커지고 역할이 다양해지면서 스포츠법의 체계화와 스포츠의 특성을 잘 이해한 국내 스포츠법의 체계적인 정비와 도입 시기는 이제 현실로 다가왔다.

우리나라의 스포츠 경기력은 이미 세계적인 수준에 있다고 많은 스포츠학자들과 기관들이 분석하고 자료로 활용되고 있지만 스포츠 시민 문화, 스포츠 정책 그리고 스포츠법 분야에서는 해결하고 보완해야하는 것들이 충분히 남아 있음을 학자들과 국가정책자, 행정가 그리고 우리나라 국민 모두가 인식하고 선진화 할 때라고 생각한다.

4. 한국 스포츠법

한국은 스포츠발전을 통하여 아주 단시간 경제적 발전과 문화적 우월성을 세계에 과시하고 있다. 특히 1988년 서울올림픽과 2002년 일본과 공동개최한 한일월드컵은 스포츠의 발전뿐만 아니라 세계 속에 한국을 알리는 결정적인 계기를 마련하였다. 또한, 국내 스포츠과학의 눈부신 발전을 통한 세계 10위권의 각종 스포츠대회 성적은 이렇게 작은 나라에서 어떻게 스포츠과학을 발전시키고 성장하고 있는지를 세계의 여러 나라들이 주목하고 있는 것이 현실이다. 한국은 스포츠 경기력에서 만큼은 상당부분 선진국 대열에 올라와 있다고 자부하는 스포츠 종목들이나 스포츠 단체들이 있지만 자신 있게 스포츠 강국 이라고 말하지 못하는 이유는 분명 있을 것이다.

장재옥(2005)은 한국의 스포츠정책과 법제는 불행하게도 특정정권을 유지하거나 장기집권을 유지하기 위한 홍보수단으로 마련되었다는 한계를 지니고 있다고 전하고 있었다. 스포츠를 전공하면서 느낀 점은 스포츠가 가지고 있는 좋은 장점과 특성을 정치적으로 이용하거나 기능적으로는 이미 세계적인 경기 수준을 가진 국내 실정에 적합하지 않은 후진적인 스포츠정책과 시스템의 한계를 여러 곳에서 발견 할 수 있다는 점이다.

올림픽이나 월드컵 등 세계적인 스포츠 이벤트 유치를 통하여 국가의 위상을 올릴 수 있다는 명분과 정치인들의 업적 쌓기에 좋은 스포츠 이벤트 유치에 여러 국가들이 열을 올리는 현실에서 우리나라 역시 아시안게임, 동계올림픽, 하계올림픽, 월드컵, 세계육상선수권대회, 유니버시아드대회 등 이미 세계적인 스포츠 이벤트를 개최하고 또 개최를 앞두고 있으나 실상 경기개최 후 엄청난 적자와 이벤트 후 경기장 활용 문제와 비용적자 부분을 지자체와 중앙정부가 서로에게 책임을 양도하는 상황에서 단순히 보여주는 부분만을 평가하여 낭패를 보는 경우가 늘어나고 있는 실정이며, 스포츠법령이 정치성을 탈피하지 못하고 국제경기를 유치하고 임기응변적인 필요에 따라 법령을 제정 또는 개정되어 왔다(김상겸, 2005). 따라서 스포츠기본법을 제정하고 체계를 확립하여 그 것을 바탕으로 스포츠정책을 일관성 있게 추진하고, 적합성이 떨어지는 스포츠 이벤트와 정책들은 과감히 개혁하는 것이 필요한 시점이다.

연기영(2013)은 현행스포츠법령을 정비하기 위하여 용어의 통일, 스포츠 정책의 효율화, 종합화 등이 필요한 시점 이라고 전하고 있으며, 국내 스포츠법의 재정비는 지금까지 발전해온 생활체육 분야와 엘리트체육 분야를 균형 발전 시켜서 미래를 준비하는 반환점에 진입 했다고 사료된다. 따라서 미국 스포츠법의 체계와 사례들을 보다 깊이 있게 이해하고 국내 실정에 적합한 부분은 인용 및 적극 활용하여 국내 스포츠법을 정비 한다면 진정한 스포츠 강대국에 지위를 가지게 될 것으로 예상한다.

국내 법체계와 미국의 법체계는 전반적으로 다른 부분이 있으나 세계가 점점 하나가 되어가는 글로벌(Global) 시대에 과감한 개혁과 정비는 불가피한 시대적인 과제로 국내 스포츠학자와 법학자들이 충분히 만들어 갈 역량이 있다고 판단하며, 이제는 다양한 분야에서 융합을 통한 발전을 모색할 시기라고 집필진들은 생각한다.

스포츠법을 생각하면 다소 어렵고 무겁게 느껴지는 부분은 발전을 위한 최소한의 경계선으로 활용하여 스포츠가 가지고 있는 장점들을 사회적으로 효과 있게 발전시키기 위한 밑거름이 되기를 기대하며, 앞으로 스포츠법 뿐만 아니라 다양한 인문사회과학분야의 융합학문을 더 깊이 있게 연구하여 발전 시킬 수 있도록 노력 할 것을 약속하며 글을 마감한다.

제2강

미국 스포츠경영

제1장 미국 스포츠경영 이론과 사례
제2장 미국 스포츠마케팅 이론과 사례
제3장 위험관리 (Risk Management)
제4장 미국 스포츠경영학과 학부 프로그램 소개
제5장 미국 스포츠경영학과 대학원 프로그램 소개

제 1 장

미국 스포츠경영 이론과 사례

1장에서는 스포츠경영이론과 미국의 스포츠경영 사례를 살펴보기에 앞서 스포츠경영의 역사를 파악하고 스포츠경영의 기초이론을 살펴보기로 하자. 모든 학문의 근간은 시작과 과거를 살펴보는 것에서 시작하고, 현재를 포함한 미래를 위한 연구에 중요한 자료가 될 것으로 판단한다.

스포츠경영의 역사를 배우기에 앞서 우선 스포츠경영이 무엇인지에 대해 파악해 보자.

"스포츠"라는 단어는 본질적으로 일과 놀이의 연장선 위에 걸치는 경쟁적 성격을 가지는 정신적, 신체적 활동으로써 제도화된 규칙에 의해 지배되는 현상이라 할 수 있다. 따라서 현대 스포츠에서 일어나는 각종 현상들을 이해하기 위해서는 문화적, 경영적, 행정적, 관리적, 정책적 측면 등에 면밀한 지식이 있어야 할 것이다. 스포츠는 유의성과 규칙의 존엄성 등을 함께 지닌 "운동에 바탕을 둔 신체적 성격을 내포한 즐거운 신체활동"으로 경쟁적이고, 인간의 신체활동이며 제도화된 규칙에 의하여 지배되는 것이다.

[표 1] 스포츠의 특성

허구성	스포츠의 특성 중 '이것'은 스포츠 경기에서 승리가 일상에서의 자신감을 증대 시켜주는 현상과 관련이 있다.
비생산성	스포츠의 특성 중 '이것'은 사람들은 즐거움을 얻기 위해 스포츠에 참가하며 물질적 보상을 바라지 않는다는 점과 관련성이 있다.
불확실성	스포츠의 특성 중 '이것'은 스포츠 고유의 박진감과 흥분을 만들어내고 매 경기마다 기대를 하게 만드는 요인이다.
제도화된 규칙성	스포츠의 측성 중 '이것'은 스포츠에서 승패는 단순한 행운이 아닌 신체기능, 전술, 확률, 기술, 경험 등의 다양한 요소에서 결정되게 만드는 요인이다.
경쟁성	스포츠의 특성 중 '이것'은 상대화의 우열을 다투는 행동으로 놀이에서 찾아보기 힘든 특성이다.
신체의 움직임 및 탁월성	스포츠의 특성 중 '이것'은 스포츠의 고유한 특성을 설명할 수 있는 대표적인 예로 게임과 스포츠를 구분하는 중요한 기준으로 인정받는다.
제도화	스포츠의 특성 중 '이것'은 어떤 행동이나 조직이 시간과 장소에 따라 체계화되거나 표준화되는 과정이다.
평등성	고트만의 근대 스포츠의 특징 중 '이것'은 스포츠 참여의 기회가 공평한 것을 말한다.
전문화	거트만의 근대 스포츠의 특징 중 '이것'의 예는 포지션의 세분화이다.
관료화	거트만의 근대 스포츠 특징 중 '이것'은 지역예선부터 올림픽 결승까지 피라미드 형식으로 등급이 나뉘고 경기를 조정하고 진행하는 것과 관련이 깊다.
수량화	거트만의 근대 스포츠의 특징 중 '이것'은 측정과 기록에 의해 측정된 기록에 의해 선수의 우수성이 평가되는 현상과 관련이 있다.
기록추구	거트만의 근대 스포츠의 특징 중 '이것'은 이미 존재하고 있는 기록을 뛰어넘기 위해 노력하는 현상과 관련이 깊다.

출처: https://quizlet.com/90558966/flash-cards/

그럼, 경영이란 무엇인가? 경영에 대해 정의는 학자들 마다 다르게 정의하고 있는 실정이라 명확하게 정의를 내리기는 어렵다.

경영은 경영학의 연구대상을 이루는 것으로, 경영학의 방법론의 상이에 따라 여러 가지 의미로 사용된다.

미국의 경영관리학의 입장에서는 관리하는 것이라는 말에서 보는 바와 같이, 경영을 수익성 원리가 아닌 경제성 원리에 따라 이끌어지는 개별경제의 활동이라고 본다. 따라서 미국의 경영관리학에서는 영리기업을 주된 연구대상으로 하되, 비영리기업이나 가계뿐만 아니라 모든 관리대상 조직체로서의 개별경제도 그 연구대상으로 한다. 그리하여 오늘날에 와서는 경영을 하나의 사회구성체로 보면 경영은 조직이며, '경영한다' 라고 하는 과정 개념으로 보면 경영은 의사결정이라고 인식되고 있다.

독일경제학의 한 파를 대표하는 H.하이넨의 의사결정 지행적 경영학에서는, 경영이란 조직이며 조직은 경영목적 시스템, 정보 시스템, 인적 시스템 등의 하위 시스템을 가진 하나의 포괄적인 시스템으로 본다. 또 미국의 경영학에 있어서의 근대 관리론을 대표하는 바너드-사이몬 이론(BarnardeSimon Theory)에서는, 경영이란 '조직을 구성하고 운영하는 것'이며, 또한 '의사결정'이라고 본다.

즉, 스포츠경영은 스포츠와 경영으로 구성되어있으며, 따라서 스포츠에 대한 계획, 조직, 지휘, 평가 등이 전문적으로 그 일을 담당하는 사람들에 의해서 이루어질 때, 이것을 스포츠경영이라고 말할 수 있다. 좀 더 자세한 내용은 뒷부분에서 설명하겠다.

1. 스포츠경영의 역사

고대 그리스에서는 B.C 776년경부터 테오도시우스(Theodosius) 1세가 게임을 금지시키기 전인 A.D 393년까지 약 120년 간 그리스 주민을 위한 운동 축제를 하였다. 물론, 운동경기와 스포츠 축제가 열릴 때마다 사람들은 스포츠를 계획, 조직, 경영, 실행 하여야 했다. 이러한 운동축제와 게임 및 시합은 그리스 전역의 운동선수들을 한곳에 모이게 하였으며 그리스인의 삶에서 가장 중요한 부분이 되었다.

1960년대에 최초로 미국에서 스포츠경영이 정식으로 학과에 도입된 이래 이 분야에 개척자들은 미국에서 활동을 계속해오고 있다. 특히, 미국의 교육 시스템은 독특하게 스포츠경영에 대한 연구를 발전시켜 왔는데 이는 폭 넓게 기초가 다져진 스포츠 프로그램과 발전된 경영학이 결합하였기 때문이다. 스포츠경영학은 스포츠 산업에 필요한 다양한 분야 등을 복합적으로 다루는 포괄적인 응용학문 분야라고 할 수 있다. 스포츠행정, 경영학은 Walter O'Malley에 의하여 대학에서 전문적인 스포츠경영자를 육성할 필요가 있는 분야임을 최초로 인정 스포츠 행정, 경영학은 전통적인 스포츠 운영에만 한정된 영역으로 취급 이후, 스포츠행정, 경영학의 개념은 모든 스포츠는 물론 건강과 관련된 활동의 운영까지도 포함한다.

[표 2] 미국의 스포츠경영의 역사

SPORT MANAGEMENT TIMELINE	
BC 776	First ancient Olympic Games
AD 393	Last ancient Olympic Games
1750	Establishment of Jockey Club in Newmarket
1851	First America's Cup(sailing)
1869	Cincinnati Red Stockings become first professional baseball club
1871	National Association of Professional Baseball Players founded
1875	First running of Kentucky Derby(horse racing)
1876	National League of Professional Baseball Players established
1892	Basketball invented
1894	International Olympic Committee founded
1896	First modern Olympic Games in Athens, Greece
1900	Women first compete in Olympic Games
1903	First Tour de France

1904	Federation Internationale de Football Association(FIFA) founded
1906	Intercollegiate Athletic Association of the United States issues first constitution/bylaws
1910	Intercollegiate Athletic Association of the United Sates changes name to National Collegiate Athletic Association (NCAA)
1911	First Indianapolis 500
1912	International Association of Athletics Federation(IAAF) began
1916	First PGA Championship
1917	National Hockey League(NHL) established
1920	National Football League(NFL) began/ National Federation of State High School Association(NFSHSA) founded
1924	First Winter Olympic Games in Chamonix/ International Association of Assembly Managers(IAAM) established
1930	First FIFA World Cup(soccer) in Uruguay/ First Commonwealth Games
1933	First NFL Championship
1939	First NCAA basketball tournament/Baseball Hall of Fame inducts first class
1943	First women's professional baseball league(All-American Girls Professional Baseball League)
1946	National Basketball Association(NBA)(originally known as Basketball Association of America) established
1947	Jackie Robinson integrates Major League Baseball
1950	First Formula One Championship(F1)/ Ladies Professional Golf Association(LPGA) founded/ National Intramural-Recreational Sports Association(NIRSA) began
1951	First Asian Games/ Bill Veck sent Eddie Gaedel up to bat
1959	First Daytona 500
1960	Forst Paralympic Games in Rome, Italy/ Arnold Palmer signed as IMG's first client

1961	International Olympic Academy officially inaugurated in Olympia, Greece
1966	Marvin Miller appointed Executive Director of Major League Baseball Players Association(MLBPA)
1967	First Super Bowl
1971	Nike Swoosh designed by Carolyn Davidson
1972	Title IX passed
1974	Women's Sports Foundation founded by Billie Jean King
1975	Arbitrator declares MLB players Andy Messersmith and Dave McNally free agents
1976	First Winter Paralympic Games
1978	First Ironman Triathlon
1982	First NCAA women's basketball tournament
1985	North American Society for Sport Management(NASSM) established/ First Air Jordan shoes debut at retail/ The Plympic Partner(TOP) program created
1990	American with Disabilities Act signed into law
1991	First FIFA Women's World Cup(soccer)
1992	NBA players first played in the Summer Olympic Games
1994	NFL, salary cap came into effect
1996	Women's National Basketball Association(WNBA) founded
1998	NHL players first competed in the Winter Olympic Games/ first BCS games played
1999	World Anti-Doping Agency established
2001	Beijing, China awarded Olympic and Paralympic Games for 2008/ U.S. Supreme Court ruled golfer Casey Martin allowed to use a cart in PGA events
2003	Nike acquired Converse
2004	William Perez succeeds Phil Knight as President and CEO of Nike/ ATHOC(Athens Organizing Committee) becomes first Organizing Committee for the Olympic Games to jointly manage both Summer Olympic and Paralympic Games/ Nextel takes over sponsorship of NASCAR's Winston Cup

2005	Adidas acquires Reebok/ NHL labor problems cause first postponement of an entire major professional league season/ NHL suspends operations for 2004-2005 season/ MLB players Association and owners announce new drug testing agreement including suspensions and release of player names/ United Nations designates 2005 as the International Year of Sport and Physical Education
2006	Germany hosts successful World Cup, featuring a "Say No to Racism" campaign
2007	Barry Bonds becomes new MLB home run king amid steroid allegations
2008	Beijing, China hosts the Summer Olympic Games/ Arena Football League announces cancellation of 2009 season/ Final year for Yankee Stadium
2009	Rio de Janeiro, Brazil awarded 2016 Summer Olympic Games, marking the first time the Games will be held in South Africa/ Members of Sri Lanka national cricket
2010	NCAA conference realignment: Big 10, Big 12, and Pac-10/ South Africa hosts first World Cup on African continent

출처: Principles and Practice of SPORT MANAGEMENT

2. 스포츠경영의 이론

스포츠경영에 대한 이론은 앞서 간략하게 다루었다. 좀 더 구체적인 스포츠경영의 이론을 설명하기에 앞서 영화 "Moneyball"을 소개하고 싶다. 그 이유는 이 영화가 스포츠경영의 대표적인 사례이기 때문이다. 이 영화의 핵심은 돈도 없고 실력도 없는 메이저리그 만년 최하위의 팀을 단장의 탁월한 경영을 바탕으로 저비용과 고효율 구조로 미국 메이저리그 팀을 4년 연속 포스트 시즌 진출이라는 엄청난 기적을 일으키고, 한 팀이 리그 최다 연승인 20연승의 대기록도 남기게 되는 내용이다. 영화의 스토리에서 볼 수 있듯이 경영은 기업과 스포츠 팀의 생사를 결정하는 중추적인 역할을 하고 있다.

오늘날의 스포츠는 기업에 의해 지배되고, 기업 또한 스포츠에 지배되고 있다. 스포츠산업의 가치는 천문학적인 금액으로 증가하고 있다. 미국 포브스(Forbes) 잡지에 의하면 2010년 기준으로 National Football League(NFL) 팀의 평균 가치는 $1.02billon(대략 1조 1,750억)이고, National Basketball Association (NBA) 팀의 평균 가치는 $367million(대략 4,227억), Major League Baseball(MLB)는 $491million(대략 5,656억), National Hockey League(NHL)은 $223million(대략 2,568억)이다(Badenhausen et al., 2009a).

아울러, 매년 메이저 스포츠 팀들의 라이선스 제품 판매를 통한 수입은 다음과 같다.

* NHL - $1billion(대략115억)
* NFL - $3.25billion(대략 3,686억)
* MLB - $3.3billion(대략 3,801억)
* NBA - $2.15billion(대략 2,476억)
* National Association of Stock Car Auto Racing(NASCAR) – $1.2billion(대략 1,381억)
* Colleges and universities - $3.1billion(대략 3,571억)

또한 2010년 National Collegiate Athletic Association(NCAA)는 CBS와 방송중계를 목적으로 대략 $11billion(1,267억)의 계약을 맺었으며 Turner Sports는 68개의 NCAA 남자 농구팀의 토너먼트 경기 중계 계약을 체결하였다(Wieberg & Hiestand, 2010). 스포츠 에너지 드링크 기업으로 유명한 레드불은 다른 기업들 보다 체계적이고 효과적인 스포츠경영 및 마케팅 전략으로 스포츠음료가 주도하던 음료시장에서 에너지 드링크 붐을 일으키며 20~30대 마니아층과 F1 등 모터스포츠에서 프로축구까지 스포츠마케팅을 가장 잘하는 최고의 기업으로 뽑히기도 하였다. 레드불은 예산의 30% 이상을 마케팅 비용으로 사용하고 있을 정도로 제품과 기업 이미지를 알리기 위한 노력에 집중해 오고 있다. 다양한 마케팅, 홍보 활동의 중심에는 스포츠가 자리 잡고 있고 이런 전략은 레드불의 판매량을 늘리는 기폭제가 되고 있다.

이 외에도 수많은 기업들이 스포츠를 이용하고 있으며, 스포츠 또한 기업에 의하여 운영되고 있다. 스포츠산업이 성장하면서 이러한 구조는 지속적으로 점차적으로 상업적인 접근을 하고 있다.

1) 경영원리의 정의

경영이라는 용어는 다양한 뜻과 방법으로 정의되고 있다. 미국의 경영학이란 용어가 발전하기 시작한 시기는 1850년대의 산업혁명을 기준으로 시작되었다. 남북전쟁 이후 급속한 공업화와 대규모 공장군의 출현으로 체계적 경영관리의 필요성이 대두되었다. 그 후 개척자 정신과 개척에 의한 시장 확대에 의해 공장규모가 확대되고, 노동력 부족, 임금문제, 지역 격차발생 등의 문제가 나타났다. 또한 대량생산 체제하에서는 기존 노동력의 재취업 문제, 미숙련공의 부족, 조직적 태업 등이 발생하였다. 이러한 문제를 해결하기 위하여 과학적이고 체계적인 관리가 등장하였고, 이후 경영이라는 분야는 급속도로 발전하게 되었다.

일반적으로 경영은 경제활동을 하는데 있어 필요로 하는 서비스 및 재화를 만들고 공급하는 활동으로 이야기한다. 미국의 경영학에 있어서 근대를 대표하는 BarnardeSimon theory 에서는, 경영이란 '조직을 구성하고 운영하는 것' 이며, 또한 '의사결정' 이라고 본다.

경영의 범위는 포괄적이지만 구분을 하자면 인사관리, 조직행동, 경영전략, 생산관리, 경영정보시스템, 마케팅, 회계, 재무 등이 있다.

* **인사관리:** 기업조직의 능동적 구성요소인 인적 자원으로서의 구성원의 잠재적인 능력을 최대한 발휘하게 해서 구성원들로 하여금 스스로가 최대한의 성과를 달성하도록 하며, 그들이 인간으로서의 만족을 얻게 하려는 체계적인 관리활동.

* **생산관리:** 경영의 생산 활동을 능률화하고 생산력을 최고로 발휘시키기 위한 것인데, 다시 말해 공정계획 일정계획에서부터 공장 내 자재가 입고되어 모든 작업이 완료되어 제품으로서 반출되기까지의 통제 관리를 말함.

* **경영정보시스템:** 기업 경영조직에서의 의사결정의 유효성을 높이기 위해 경영 내 외의 관련한 정보 등을 필요에 따라 즉시, 그리고 대량으로 수집 전달 처리 저장 활용할 수 있게 만든 인간과 컴퓨터와의 결합 형태를 말함.

* **마케팅:** 경영 전체로서의 마케팅 활동을 계획하며, 이를 실시하기 위한 조직을 성정하고, 이로 인해 실시되는 활동을 관리 통제하는 것을 말함. 이러한 마케팅관리 주요 대상으로는 가격설정, 제품계획, 판매촉진, 광고 판매경로 설

정 및 물적 유통 등이 해당.

*** 회계:** 특정의 경제적 실체에 대해 이해관계를 가진 사람들에게 합리적인 경제적 의사결정을 하는 데 유용한 재무적 정보를 제공하기 위한 일련의 과정 또는 체계를 밀함.

*** 재무:** 기업조직이 목적을 이루기 위해 기업이 자본의 조달 및 운용을 위해 실시하는 것을 말함.

이러한 정의에 공통요인으로는 '1.목표와 목적 성취, 2.제한된 자원, 3.사람을 기반으로' 이라는 요소가 포함되어 있다(Chelladurai, 2009).

2) 경영의 역할

1. **계획(Planning):** 수입, 운영 및 검토 단계로 나눌 수 있는데 대개 특정한 분야에 대해 장기간에 걸쳐 시행됨.
2. **조직(Organizing):** 목표달성을 위해 개인의 업무할당과 구성원들 간에 관계를 수정하는 일.
3. **실행(Leading):** 조직의 활동을 이끌어 가는 과정으로 계획수립, 조직, 인사 배치 후에 이루어지는 과정.
4. **평가(Evaluating):** 앞 단계의 모든 과정을 평가하고 향후 나아갈 방향을 수정 보완하는 단계.

3. 스포츠경영의 정의

앞서 경영에 대해서 알아보았다. 자, 그럼 스포츠경영이란 무엇인가?

스포츠경영이란 스포츠를 매개로 하는 모든 사업과 활동을 합리적으로 관리·운영하는 과정을 의미한다.

실제적인 관점에서 스포츠경영은 오랜 기간 존재하였다. 기본적으로 두 가지 요소로 나누어져 있는데 Sports와 Business Administration 또는 Management이다. 비즈니스는 경영 기능으로서 계획, 조직, 지휘, 통제의 요소들뿐만 아니라 회계, 마케팅, 경제, 재무, 법률분야에서도 포함된다. 스포츠경영의 관점에서 Sports라는 용어는 소비자의 오락에 초점을 맞춘 관람 스포츠산업과 피트니스와 관련된 활동의 소비자 참여에 초점을 맞춘 피트니스산업을 포함한다. 비록 Sport Management, Sport Administration, Athletic Administration이란 용어들이 자주 사용되지만 Sport Management가 가장 보편적이다.

스포츠경영은 조직의 일차적 기능으로서 스포츠, 스포츠시설, 스포츠장비 등에 초점을 두거나 대단한 의존성을 가지고 스포츠조직의 서비스, 다시 말해 스포츠 활동을 하려는 모든 사람에게 지도자, 프로그램 등을 효과적으로 제공하여 만족스럽게 스포츠 활동을 즐길 수 있도록 하고 이를 통해서 조직의 사업 목적을 달성하려는 모든 노력을 말한다. Millin(1980)은 스포츠 또는 건강과 관련된 활동이나 관련 제품 및 서비스 제공을 목적으로 하는 조직의 계획, 조직, 지휘, 평가 등의 기능이라고 정의 하였으며, Chelladurai(1994)는 스포츠경영을 스포츠 서비스의 생산과 마케팅을 위한 여러 요소들의 협조적 결합이라고 정의 또는 제한된 자원으로 조직의 목적을 이루기 위하여 개인이나 조직간 활동에 조정이 요구되며, 이러한 조정활동이 바로 경영이라고 정의 하였다.

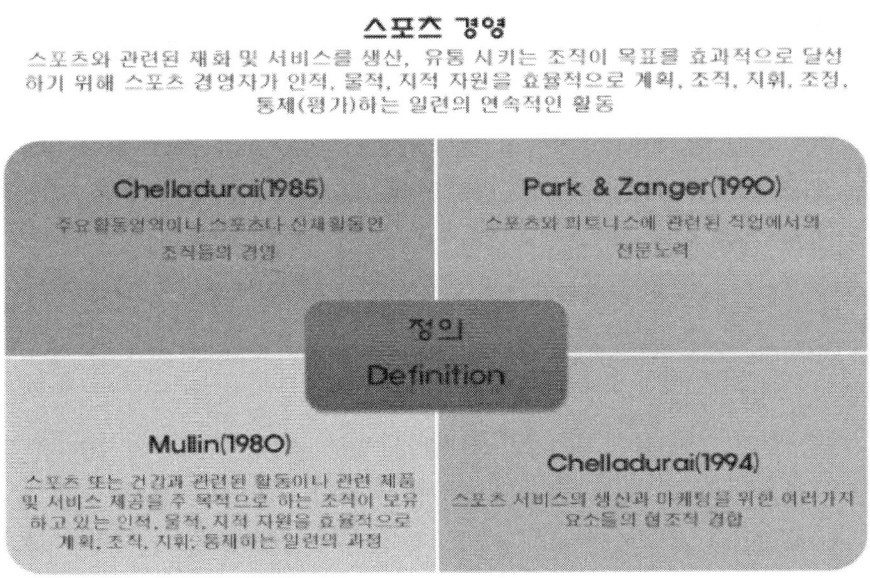

[그림 1] 스포츠경영의 정의

출처: http://www.slideshare.net/youngsubchun/ss-50093273

스포츠경영은 최근 포괄적 관용구로 혹은 다양한 스포츠, 헬스 및 건강 그리고 레저 및 레크리에이션 프로그램과 활동을 포괄하는 용어는 일반적으로 스포츠경영 영역에 포함된다고 생각되며 특정한 프로그램이나 활동의 예는 다음과 같다.

* 아마추어 경쟁 운동경기
* 전문적인 스포츠
* 스포츠 에이전시와 리그 혹은 경기연맹의 운영
* 자치 도시의 레크리에이션 스포츠
* 스포츠 장비와 물품의 제조
* 스포츠 상품화 계획과 서비스 조직화
* 스포츠 뉴스 매스컴
* 건강, 체력 그리고 몸매유지 활동
* 일반적인 레크리에이션 리조트와 호텔 운영
* 특성화된 스포츠 휴양지들과 교육용 프로그램

스포츠경영 사례 1.

COUNTER ATTACK STRATEGY | 레스터시티 우승에서 배우는 역습의 경영전략

"레스터시티 우승 확률은 5000분의 1에 불과했다. 스코틀랜드 네스 호에 괴물이 생존했을 확률과 비슷한데, 레스터시티가 0.02%의 확률을 뚫어냈다." (국제축구연맹(FIFA))

잉글랜드프리미어리그(EPL)가 신데렐라 스토리를 만들어냈다. 1884년 창단한 레스터시티의 최고 성적은 1929년 기록한 2위였다. 1, 2부를 오르내리며 하위권을 전전했던, 그 누구도 주목하지 않았던 레스터시티가 우승컵을 들어올렸다.

시즌 전 도박업체들이 정한 레스터시티 우승 확률은 5000분의 1. 레스터시티 우승에 1만원을 걸면 5000만원을 주겠다는 뜻이다. FIFA는 "살아 있는 엘비스 프레슬리를 발견한 것과 같다"고 논평했다. 영국 BBC는 "1990년 마이크 타이슨이 무명복서 버스터 더글라스에 KO패 당했던 사건과 견줄 만하다"고 전했다. 그야말로 '여우군단(레스터시티의 애칭)'의 우승은 스포츠계의 기적이었다.

레스터시티 우승이 더 빛나는 이유는 그간 EPL은 '부자 구단 4인방'의 전유물이라고 해도 과언이 아니었기 때문이다. EPL은 맨체스터의 두 팀(유나이티드 · 시티)과 첼시, 아스널 4팀이 우승을 독점해왔다. 1992년 현 체제로 개편된 후 '빅4'가 우승하지 못한 시즌은 1994-1995 시즌(블랙번)과 올해 단 두 번뿐이다.

패스 성공률 19위, 공 점유율 18위라는 초라한 성적의 하위팀이 어떻게 우승컵을 들어 올릴 수 있었을까. 레스터시티는 점유율은 낮지만 경기당 태클과 가로채기는 1~2위를 다툰다. 공을 낚아챈 뒤 역습으로 넣은 골 역시 EPL에서 가장 많다. 스타플레이어는 없어도 다양한 구성원이 똘똘 뭉쳐 상대편의 허점을 파고드는 전략이 먹혀들었다. 저성장과 불황에 고전하는 국내 경영인에게도 시사 하는 바가 크다. 매경이코노미는 '역습(Counter Attack)의 경영전략'이라는 타이틀 아래 그 성공 비결을 꼽아봤다.

■ **Communication**

▶ 백전노장 감독, 소통으로 사기진작

스포츠팀은 누가 이끄느냐에 따라 천양지차의 성적을 낸다. 레스터시티도 마찬가지였다. 이탈리아 출신의 클라우디오 라니에리 레스터시티 감독이 이번 우승에 절대적인 역할을 했다. 라니에리 감독의 리더십 키워드를 요약하면 소통과 서번트(Servant · 하인)다.

지난해 7월 처음 부임할 때만 해도 분위기는 냉소적이었다. 지난 30년 동안 유럽 4개국 14개 클럽 지휘봉을 잡은 '백전노장'이었지만 1부 리그 우승 경험은 없었기 때문이다. 언론들은 '실험가(tinkerman)'를 데려왔다고 비아냥거렸다.

라니에리 감독은 개의치 않았다. 무수한 실패에 단련된 그는 선수들에게 눈높이를 맞췄다. 스페인어와 프랑스어에 능통한 강점을 살려 선수의 모국어로 의사소통하며 사기를 높였다.

지난해 10월 EPL이 초반을 넘어 중반으로 향할 때였다. 라니에리 감독이 선수들에게 피자를 선물했다는 뉴스가 화제가 됐다. 당시 레스터시티는 2015-2016 EPL 9라운드까지 4승 4무 1패를 기록하며 '작은 돌풍'을 일으키고 있었다. 라니에리 감독은 선수들에게 "무실점으로 승리하면 내가 피자를 사겠다"고 공약했다. 이후 치른 10라운드 크리스털 팰리스전에서 1-0 무실점(클린시트) 승리를 거두고 피자파티를 열었다. 크리스털 팰리스전 무실점은 올 시즌 레스터시티가 경기를 치르는 동안 처음 있었던 클린시트 승리였다. 라니에리 감독의 동기 부여와 독려가 곧장 결실로 이어진 셈이다. 소박한 피자 공약을 내건 건, 무실점에 대한 열정을 끌어내려는 목적이었다.

그는 이탈리아 일간지 '코리에레델라세라'와의 인터뷰에서 "좋은 감독의 가장 중요한 임무는 선수들의 특징을 살려 팀워크를 구축하는 것이다. 항상 선수들에게 '신뢰한다'고 말하지만 전술에 대해선 거의 언급하지 않는다"고 했다. 실제 선수 포지션을 자주 바꾸지 않고 전술 변화도 자제했다. 작은 부진으로 선수를 빼는 일이 없으며, 큰 실수를 해도 절대 질타하지 않는 믿음을 보여줬다. 제이미 바디 같은 최고의 골잡이도 이런 배경에서 탄생했다.

잠깐. 라니에리 감독을 비판했던 언론 태도는 어떻게 바뀌었을까. 우유부단한 실험가를 데려왔다고 비판한 영국 더타임스는 '실험가에서 슈퍼맨으로(tinkerman to superman)'라는 제목을 통해 섣부른 판단을 사과했다.

■ Official rule

▶ 꼴찌도 튈 수 있는 '공정' 제도 활용

'승부의 불확실성(Matchday Uncer tainty).'

EPL이 1992년 새롭게 창설될 때 리그 근본원리로 삼았던 모토다. 쉽게 말해 '꼴찌 팀도 1위팀을 이길 수 있어야 한다'는 취지다. 리그의 균형 발전과 재미를 위한 제도다.

잉글랜드축구협회는 '승부의 불확실성'을 높이기 위해 여러 방안을 내놨다. 대표적인 조치가 바로 TV 중계권료 분배 방식 변화다. EPL은 처음부터 중계권료 수익을 공동 분배하는 방식을 택했다. 예를 들어 100억원의 중계권료가 들어오면 50억원은 20개팀에 공동 분배한다. 나머지 금액 중 25억원은 순위에 따라, 25억원은 방송 횟수에 따라 차등 분배한다. 이런 원리로 EPL은 최하위 팀이 얻는 중계권료와 우승팀 중계권료의 차이가 작다. 다른 유럽 축구 리그와 다른 점이다.

레스터시티의 우승 비결 중 하나는 공정 경쟁을 유도한 제도 덕분이다. EPL이 현재 가장 많은 축구팬이 보는 리그가 된 이유기도 하다.

경영학에서 공정한 규칙의 중요성은 아무리 강조해도 지나치지 않다. 불공정한 경쟁이 이뤄진다거나, 독과점 우려가 높은 시장은 정책적인 조치가 필요하다.

■ Unity

▶ 다국적 선수 모여 시너지 높여

레스터시티는 '다국적 외인구단'이다. 베스트11은 잉글랜드, 덴마크, 오스트리아, 자메이카, 독일, 프랑스, 알제리, 일본 등 8개국의 선수로 구성됐다. 게다가 감독은 이탈리아인이고 구단주는 태국인이다. 언어와 문화가 다르다는 점은 전혀 문제가 되지 않았다. 인구 33만명 소도시 레스터시티는 단숨에 전 세계인으로부터 사랑받는 도시가 됐다. 데이비드 캐머런 영국 총리와 영국 팝스타 아델 등 영국인이 찬사를 보냈고, 일본 신문은 오카자키를 앞세워 우승을 대서특필했다. 자국 레스터시티 선수인 구단주 비차이 스리바다나프라바의 조국 태국에서도 난리가 났다. 레스터시티 우승을 기원하는 법회를 열었던 승려들도 환호성을 질렀다.

어떤 조직이든 다양성은 중요한 화두다. 다양성을 경영의 가장 큰 가치로 삼는 기업 중 하나가 골드만삭스다. 세계 1위 투자은행인 골드만삭스는 뉴욕·런던·홍콩·도쿄 등 전 세계 20개국 40여개 사무소에 3만명 이상의 다국적 직원을 뒀다. 금융업은 제조업과 달리 고객에게 자문을 해주고 금융상품을 파는 등 직원 개개인의 역량이 중요하다. 이 때문에 직원들이 종교·문화·남녀 차이 등 나와 다른 문화를 이해하고 존중하는 것이 조직 내에서나 밖에서 필수적이라는 게 골드만삭스의 판단이다. 미국·유럽·아시아 등 각 지역별로 '다양성'만을 책임지는 관리자를 두고 있을 정도다.

한국 기업도 외국인을 채용하는 데 전혀 거리낌이 없다. IT업계에서 인도인 등 외국인 채용은 보편화됐다. 한국투자증권은 아예 파생상품 담당 직원으로 교포 출신 한국인이 아닌 외국인을 채용한다. 능력만 있으면 중용하겠다는 의지의 표현이자, 다양성이 조직에 활력을 불어넣어 줄 것이라는 기대감이 배인 전략이다.

■ **No cash**

▶ '헝그리 정신'으로 자본력 극복

"프로축구 세계에선 자본이 곧 실력이다. 가난한 팀은 절대 우승할 수 없다."

스포츠 재정 분야의 세계적 권위자 스테판 지만스키가 올해 초 출간한 책 '축구 자본주의'에서 주장한 내용이다. 자본이 없으면 특출한 실력을 가진 스타플레이어를 영입할 수 없다. 선수 실력 향상을 위한 투자에도 상대적으로 인색할 수밖에 없어 좋은 성적을 내지 못한다는 논리다. 하지만 수많은 부자 구단을 제치고 우승에 성공한 '흙수저' 레스터시티는 예외였다.

레스터시티 자산 가치는 약 2500억원 수준으로 리그 17위다. 자산가치 1

위인 맨유(약 3조4826억원)의 10%도 되지 않는다. 선수 몸값도 최저 수준이다. 올 시즌 레스터시티 베스트11의 몸값 총액은 약 366억원. 국내를 대표하는 축구 선수 손흥민이 기록한 이적료와 비슷하다. 세계 최고 선수인 아르헨티나 리오넬 메시의 몸값(약 2871억원)의 7분의 1에도 못 미친다.

전문가들은 레스터시티의 '헝그리 정신'이 자본 열세를 딛고 우승을 할 수 있었던 열쇠였다고 강조한다. 밑바닥부터 시작해 어렵게 상위 리그에 올라온 이들의 염원이 절실했다는 분석이다. 대표적인 선수가 바로 제이미 바디. 그는 2009년만 해도 치료용 부목을 만드는 공장의 노동자였다. 낮엔 일하고 저녁엔 주급 5만원을 주는 8부 리그팀에서 뛰었다. 이후 꾸준히 기량을 발전시켜 2012년 2부 리그팀이었던 레스터시티에 입단했고 올해엔 팀에서 가장 많은 24골을 득점하며 우승의 일등공신이 됐다. 레스터시티의 또 다른 핵심 멤버 리야드 마레즈도 마찬가지. 알제리 이민자 출신으로 프랑스 대표적인 빈민 도시 '사르셀레스'에서 유년 시절을 보낸 그는 동네 길거리에서 새벽 4시까지 공을 차며 실력을 키웠다.

■ **Target**

▶ 한 걸음씩 목표치 높이며 동기유발

2년 전, 레스터시티는 2부 리그에서 우승을 차지하며 1부 리그로 승격했다. 지난해엔 강등권을 맴돌다 14위란 성적으로 겨우 1부 리그에 살아남았다.

2015-2016 시즌이 시작할 때 레스터시티의 목표는 1부 리그 생존이었다. 라니에리 감독은 "올 시즌 목표는 (지난해와 같은) 승점 41점으로 잔류하는 것"이라고 말했다.

감독의 바람과 다르게(?) 레스터시티는 초반부터 승승장구했다. 시즌 개막인 지난해 8월부터 12월까지 줄곧 1위를 유지했다. 주변에서 '우승은 몰라도 챔피언스 리그 진출이 가능한 4위는 할 수 있다'고 부추겼지만 라니에리 감독은 흔들리지 않았다. 목표는 '잔류'라고 거듭 강조하면서 한 경기, 한 경기에 집중했다. 전체 38라운드 중 절반이 훌쩍 지나서도 1위를 유지하게 되자, 라니에리 감독은 목표를 '4위'로 수정했다. 이후에도 레스터시티는 질 줄을 몰랐다. 팀당 5~6경기밖에 남지 않았을 때 레스터시티는 여전히 순위표 맨 꼭대기에 있었다. 이때부터 라니에리 감독은 '우승을 목표로 한다'고 공언했다. 그리고 2주 뒤에 우승했다. 레스터시티는 처음부터 목표를 무리하게 잡지 않았다. 단계적으로 현실 가능한 목표를 설정해 큰 성공을 거둘 수 있었다.

모든 기업은 마찬가지로 목표를 설정한다. 대기업과 중소기업 간 목표설정 방법은 차이가 있다. 삼성전자나 애플 같은 글로벌 기업은 장기 목표를 우선 세운다. 그만큼 미래를 내다볼 수 있는 능력이 있기 때문이다. 장기 목표를 바탕으로 상황에 따라 단기 목표를 조금씩 수정한다. 자원이나 역량이 부족한 중소기업은 다르다. 미래를 예측하는 능력이 부족하기 때문에 장기 목표를 미리 정하는 것은 적절하지 않다. 대신 단기 목표를 세우고 얼마만큼 충족하느냐에 따라 계획을 수시로 바꾼다.

■ **Efficiency**

▶ 점유율 떨어져도 효율 높은 실리 추구

축구는 골을 넣는 스포츠다. 경기 내용과 결과가 반드시 비례하는 것은 아니다. 레스터시티의 경기를 보면 상대팀에 비해 '압도적'이란 느낌은 들지 않는다. 볼 점유율도 낮고 슈팅 시도도 적다. 효율성을 극대화 해 리그 강호를 차례대로 무너뜨렸다.

통계에서도 레스터시티의 효율성은 잘 드러난다. 현대 축구에서 가장 중요한 지표 중 하나는 바로 볼 점유율. 스페인 프리메라리가의 FC바르셀로나, 독일 분데스리가 바이에른뮌헨 등 전통의 강호들은 볼 점유율을 60% 이상 가져감으로써 게임을 지배한다. 레스터시티의 평균 볼 점유율은 불과 45%. 프리미어리그 전체 20개팀 중 18위다. 패스 성공률은 70.2%로 거의 꼴찌다. 긴 패스로 빠른 역습을 시도하는 것을 즐기는 만큼 패스 성공률이 떨어지는 것은 당연한 일. 반면 태클 시도(22.9개)는 2위, 가로채기(21.5회)는 1위에 올랐다. 탄탄히 걸어 잠그고 있다 한 방의 긴 패스로 골을 넣는 것이 레스터시티의 축구철학이다. 다소 투박해 보이지만 효율적이다.

심리학에 '선택의 역설'이란 이론이 있다. 선택의 폭이 넓어지면 남과 비교하면서 만족감이 떨어진다는 내용이다. 경영학에서도 효율성을 강조할 때 종종 활용된다.

■ Risk management

▶ 부상선수 관리·스캔들 처리 수준급

'리스크(위기)관리'는 경영학에서 영원한 화두 중 하나다. 실적과 상관없이 예상치 못한 위기에 적절히 대응하지 못하면 기업이 몰락하는 것도 한순간이다. 최근 '가습기 살균제 사태'로 존폐 기로에 놓인 옥시레킷벤키저가 대표적이다.

레스터시티의 기적 같은 우승 뒤엔 뛰어난 위기관리 능력이 있었다. 사후 대응뿐 아니라 위기를 미리 예방하는 사전 관리 능력도 남달랐다. 올시즌 레스터시티는 '선수 리스크'를 관리하는 데 그야말로 '선수'였다. 첫 위기는 시즌 직전에 찾아왔다. 선수들의 불법 원정 성매매가 도마 위에 오른 것이다. 레스터시티는 즉시 자체 조사를 실시하고 연관된 선수 3명을 팀에서 방출해 부정적 여론을 잠재웠다. 시즌 중엔 에이스 제이미 바디가 구설수에 올랐다. 그가 한 일본인에게 인종차별 발언과 함께 욕설을 퍼붓는 영상이 유출됐기 때문이다. 팀은 바디에게 즉각 벌금형을 내리고 돈은 지역 자선단체에 기부했다. 또 동료 선수인 오카자키 신지에게 '바디 옹호 인터뷰'를 시켜 비난 여론을 진화했다.

레스터시티는 사전 위기관리에 있어서도 뛰어난 면모를 보였다. 스포츠팀을 운영할 때 가장 큰 리스크 중 하나는 바로 선수의 부상. 레스터시티는 철저한 관리를 통해 부상에 대한 위험을 사전에 차단했다. 개막 이후 9개월간 발생한 부상자는 단 2명. 리그에서 가장 낮다. 근력 강화 담당자, 영양사, 심리학자 등 총 7명에 달하는 선수 관리 전담팀을 별도로 구성하고 운동기구를 특별 주문 제작하는 등 타 팀보다 선수 관리에 공을 들인 결과다.

> "사후 위기관리보다 사전에 위험 요소를 차단하는 것이 더 중요하다. 모든 위기 상황에 대응하는 것은 쉽지 않기 때문이다.
>
> 출처: 매경이코노미

4. 스포츠경영의 분야

스포츠경영의 분야는 다양하며, 포괄적으로 적용이 되어 사용되고 있다. 스포츠경영 분야를 크게 구분을 하자면 4개의 분야로 설명할 수 있다[그림 2].

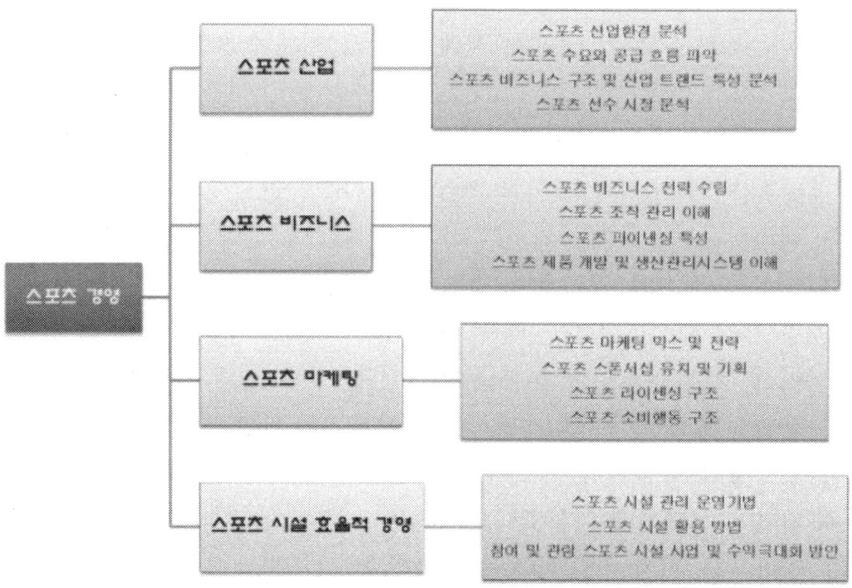

[그림 2] 스포츠경영의 분야

출처: http://www.slideshare.net/youngsubchun/ss-50093273

[그림 2]와 같이 스포츠경영의 분야는 스포츠산업, 스포츠비즈니스, 스포츠마케팅 그리고 스포츠시설 분야로 크게 나누어진다. 또한, 스포츠산업은 스포츠시설업, 스포츠용품업, 스포츠서비스업으로 구분이 되어, 스포츠경영의 분야인 스포츠시설 분야를 포함하고 있다[그림 3].

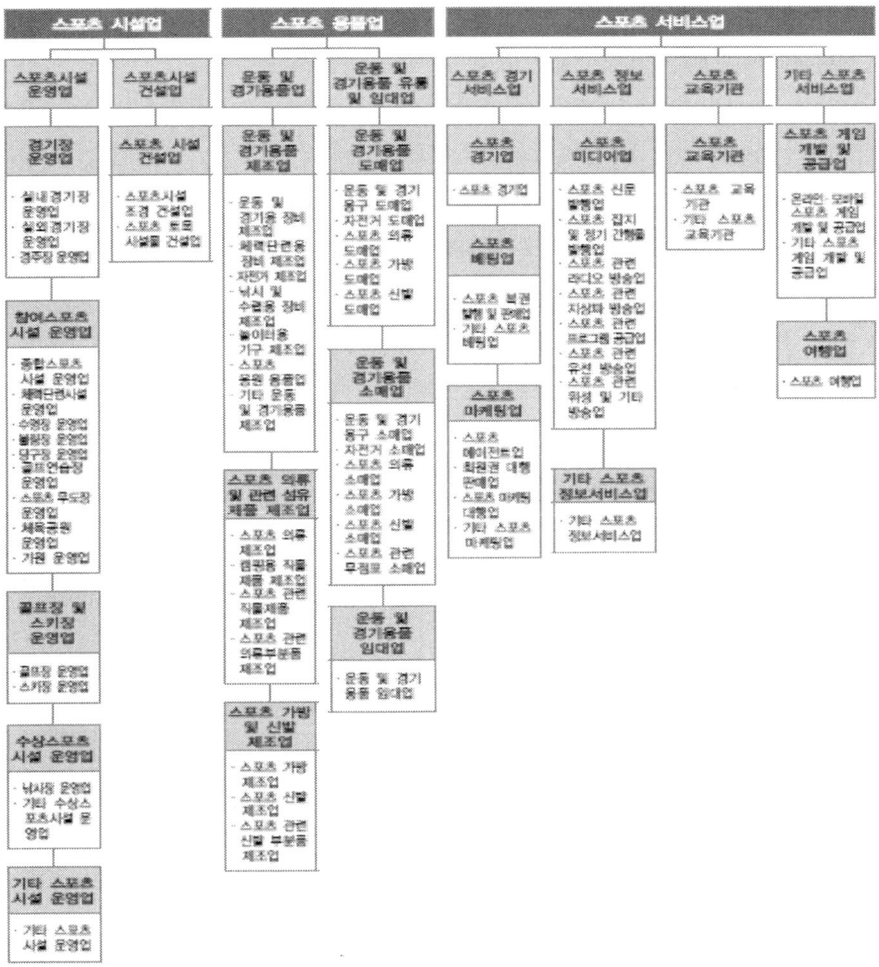

[그림 3] 스포츠 산업 분류

출처: 2013 체육백서

반면에 미국의 Sport Industry Segments는 아래와 같다.

* Participation Sports(참여스포츠)
* Spectatorial Sports(관람스포츠)
* Sporting Goods(스포츠용품)
* Sports Media, Broadcast(스포츠미디어)

* Sponsorship(스폰서십)
* Athlete Management(선수관리)
* Sports Tourism and Travel(스포츠관광 및 여행)
* Facility and Venue Design and Construction(시설 및 공간 디자인 및 건설)
* Licensing and Merchandising(라이선싱 및 상품화)
* Sport Marketing Research(스포츠마케팅 조사)
* Sport Law Firms(스포츠와 법)
* Sport Event Management(스포츠이벤트 경영)
* Sport Governing Organizations(스포츠관리 기관)
* Advertising(광고)
* Endorsement Management(보증관리)

이처럼 한국과 미국의 스포츠산업은 구성하고 있는 분야가 서로 다르며 산업분류에 속하는 업종도 조금씩 차이가 있다. 스포츠경영의 모든 분야에 있어 어느 한 분야도 소홀히 해서는 안 될 뿐만 아니라 각기 하나의 영역으로 생각하고 접근해야 한다.

5. 스포츠경영분야 사례

1) 시설경영(Facility Management)

스포츠시설이 단순히 운동을 위한 물리적인 장으로서의 기능뿐만 아니라, 시설별로 독자적인 스포츠사업을 경영하다는 체육, 스포츠경영(체)의 역할을 하는 시설이 많다. 이처럼 다양한 시설의 분류나 종류를 넘어, 시설을 스포츠경영의 주체로 인식하고, 그 경영을 문제로 삼는 것이 스포츠시설의 경영개념이다.

스포츠시설은 각종 경기나 레크리에이션 등의 기초조건으로 사용되는 경우를 생각할 수 있고, 스포츠시설 목표가 스포츠경영으로서 주체가 되는 경우를 생각할 수 있다. 전자는 스포츠사업 그 자체를 의미하는 시설이지만, 후자는 스포츠시설이 각종의 스포츠사업을 독자적으로 수행할 때의 경우를 의미하고 있다.

여기서 들고자 하는 것은 후자의 의미이며 스포츠시설의 경영이란 운동을 스포츠에 결부시키기 위한 직접적인 조건을 취급하는 역할을 가지고 운동자에 대하여 직접기능을 수행하여 결국 조직을 형성하여 운영하는 것이므로 경제성의 원리가 강하게 나타나는 활동이라고 할 수 있다. 따라서 스포츠시설의 경영이란 최소한의 시설로 최대한의 효과를 얻기 위하여 각종 시설의 효율적인 관리를 의미하는 것이다.

오늘날 스포츠경영체로서의 시설도 점점 그 수가 늘고 있으며 공공체육관이나, 운동공원, 혹은 각종 경기시설 중에도 이와 같은 성격을 가진 것을 볼 수 있다. 또한 학교시설의 개방도 어린이들이나 주민을 위한 놀이터의 제공뿐만 아니라, 각종 스포츠 교실 등으로 행하여지고 있을 경우에는 경영체로서의 시설이란 개념으로 받아들이는 것이 적당할 것이며, 또한 상업적인 운동시설이나 경영체로서의 클럽이 행하는 스포츠경영도 이 영역에 위치하게 된다.

시설경영 사례 1.

[그림 4] New York Yankees Stadium

2009년에 오픈한 미국 프로야구 '뉴욕양키스'구단의 홈구장 '양키스스타디움'은 '팬 경험'이라는 프로스포츠 비즈니스 최고의 가치가 잘 반영된 경기장이라고 할 수 있다. 기본적인 시설의 수준도 높지만 경기장 안에서 팬들이 돈을 쓸 수 있고 그만큼 재미를 느낄 수 있는 시설을 설치·운영하고 있다. 그러한 팬 비즈니스로 뉴욕양키스는 중계권료 이외에 막대한 부가사업 수익을 올리고 있다. 'Bloomberg' 자료에 따르면 2013년 뉴욕양키스 구단의 총 입장객이 약 3백3십만 명이고 총 수입이 약 5억7천만 달러인데, 총 수입 중 입장료 수입이 약 2억6천5백만 달러이며, 경기장 내 식음료 판매 수입이 약 5천3백만 달러에 이른다.

[그림 5] New York Yankees Stadium

[그림 6] New York Yankees Stadium

당시 뉴욕시와 뉴욕양키스의 협약에 따라 뉴욕시는 주변의 주차장을 개발하여 주차장 수입을 올리기로 하여 부지를 사실상 무상 임대하고, 뉴욕양키스 구단은 다른 투자자들과 건립비용 펀드를 조성하여 부지 위에 양키스스타디움을 지어 양키스스타디움이 자신들의 소유인 관계로 '바(bar)', '스위트 룸', '클럽 라운지'와 같은 '수익 시설'을 설치 운영할 수 있는 것이고 시설을 활용한 경기 외의 이벤트를 개최하여 적지 않은 수입을 올리고 있는 것이다.

출처: 구글

시설경영 사례 2.

지난달 2018평창동계올림픽의 준비상황을 점검하는 두 번째 테스트이벤트인 '국제스키연맹(FIS) 프리스타일 스키-스노보드 월드컵'이 성공적으로 막을 내렸다. 테스트이벤트는 경기장의 시설과 운영을 점검하기 위해 진행되는 대회이다. 각국 선수단은 물론 국제올림픽위원회 (IOC)와 국제스키연맹 (FIS) 등은 이번 테스트이벤트의 준비와 운영이 완벽하다고 호평했고, 2018평창동계올림픽에 대한 기대감이 고조되고 있다. 2년여를 앞둔 평창동계올림픽을 위해 조직위원회와 정부, 기업, 시민단체 등의 협력도 가시화되고 있다.

'GE-평창 올림픽 협력센터' 오픈

지난 25일, GE는 강원도 평창군에 올림픽 글로벌 파트너로서 'GE-평창 올림픽 협력센터 (이하 협력센터)'를 개관했다. 앞으로 GE는 협력센터를 통해, 평창동계올림픽 조직위원회와 강원도 및 주요 관계자와 2018평창동계올림픽의 성공적인 개최를 위한 협업을 시작할 계획이다.

GE는 지난 2005년부터 올림픽 글로벌 파트너로서, 세계 최고 스포츠 행사인 올림픽 운영에 필요한 인프라 구축 및 운영을 위해 조직위 및 주최도시를 지원해왔다. 이번 협력센터도 GE 의 글로벌 역량과 네트워크를 지원하여, 평창 주요 관계자들과 신속하고 긴밀한 소통 및 협력을 촉진하기 위해 준비되었다. 또한, GE의 '산업 인터넷 (Industrial Internet)' 첨단 기술을 바탕으로, 에너지, 조명, 헬스케어 등 GE의 핵심 사업을 적용하여, 평창 지역 인프라를 혁신한다는 계획이다.

크리스 카츌라레스 GE 글로벌 올림픽 총괄은 "GE는 글로벌 디지털 인프라 기업으로 지난 십 년간 여러 올림픽 대회의 성공을 함께 만들어간 기업이다. 협력센터는 지난 올림픽을 통해 입증된 GE의 기술과 경험을 공유하고, 평창올림픽의 성공을 지원할 수 있는 새로운 솔루션 개발을 위해 GE와 주요 파트너 간의 긴밀한 협업이 이루어지는 거점이 될 것"이라고 말했다.

GE, 토리노에서 평창까지

실제, 2006토리노동계올림픽에서 2014소치동계올림픽, 그리고 이번 2016 리우데자네이루하계올림픽에 이르기 까지, GE는 올림픽 글로벌 파트너로서 활약하며, 첨단 기술 솔루션 제공을 통해 경기장과 관련 시설 인프라 구축에 핵심적인 역할을 해 온 숨은 조력자이다. 또한 주최 도시의 지속가능한 개발의 필요성을 이해하고, 세계적인 스포츠 행사에 필요한 인프라 구축을 위해 정부 및 민간단체들과 협력한다.

GE는 협력센터를 통해 파워, 에너지, 조명, 그리고 헬스케어 관련 기술의 전문성과 노하우를 공유할 계획이다. 이번 평창동계올림픽에 GE는 전력 공급 상태를 실시간 모니터링 해, 정전과 같은 비상 상황에 대처하는 무정전전원공급장치 (UPS)와 저전압스위치기어 (SWGR)를 알펜시아 슬라이딩센터와 정선 알파인 스키 경기장에 공급하기로 했다.

알펜시아 슬라이딩센터와 관동하키센터에는 첨단 조명 솔루션을 제공한다. 또, 프레딕스(Predix) 플랫폼 기반의 디지털 솔루션을 통해 경기장의 운영 효율성을 최적화할 수 있도록 지역 파트너들과 협력할 예정이다.

지속가능한 도시를 만드는 올림픽 속 기술들

GE는 2006토리노동계올림픽에서 무정전전원공급장치 (UPS)와 조명 시스템 등을 지원하였다. 특히, 시내 중심에 공급한 GE의 첨단 조명 시스템은 연간 235,000KWH의 에너지 소비 절감 효과를 가져다주었다.

2012런던하계올림픽은 최고의 지속 가능한 친환경 올림픽으로 찬사를 받기도 했다. 런던 올림픽은 폐기물이 뒹굴던 빈민가를 경기장 및 편의시설로 개발해 성공적인 올림픽 개최와 동시에 도시의 인프라 및 시설을 개선하고 도시의 균형 발전을 이끄는 계기가 되었다. GE는 폐기물을 연료로 사용할 수 있는 GE옌바허 엔진을 올림픽 주요 시설 전력 공급 시설에 설치하였으며, 무정전전원공급장치 (UPS)를 통해 안정적인 전력 공급을 지원했다.

전기 자동차 충전시설인 GE듀라스테이션 (Durastation) 120개를 런던 전역에 설치했고, 이는 올림픽 기간은 물론 올림픽이 끝난 후에도 런던의 온실 가스 배출을 줄이는 데 기여하고 있다. 또한, 세계적인 대회 개최를 계기로 런던의 상징이자 관광문화 유산인 타워브리지 조명을 GE의 고효율 LED 조명 시스템으로 새 단장해 도시 외관을 개선하고 물론 에너지도 40% 절감할 수 있었다.

또한, GE는 탄소 배출량을 계기판 및 터치 스크린으로 볼 수 있는 GE 스마트 미터 55대를 올림픽 선수촌에 설치했다. 이를 통해 스마트 홈을 구현하고 선수촌 거주자가 스마트 미터 스크린을 통해 보다 친환경적 선택을 하고, 탄소 배출량을 줄일 수 있도록 지원했다. 뿐만 아니라, 스마트 미터를 통해 얻은 상세한 전기 사용 내역은 더 나은 친환경 올림픽 개최를 위한 분석 자료로 활용되고 있다.

2014소치동계올림픽에서는 전력 공급용 첨단 가스터빈 (GE LMS100 2기)을 제공해 올림픽 기간에 필요한 기본 전력은 물론, 피크 타임 전력 수요까지 담당하며 안정적으로 전원을 공급했다. 또 올림픽 관련 주요 시설에 1,300대 이상의 무정전전원공급장치 (UPS)를 설치해 전력 공급 상태 모니터링과 정전 등의 비상 상황에 대처할 수 있게 했다.

올림픽을 넘어 지역사회 인프라를 만들다

GE는 올림픽 기간은 물론 대회가 끝난 이후에도 지역사회의 발전을 지원한다. 2012런던하계올림픽에는 영국에서 유아사망률이 가장 높은 지역인 올림픽 파크 부근의 해크니 (Hackney) 에 있는 호머튼 대학 병원에 미숙아와 유아들을 치료하기 위한 480만 파운드 (약 90억원) 상당의 의료장비 (인큐베이터와 MR스캐너 등)를 지원하였다. GE가 올림픽에서 제공한 첨단 의료 장비는 올림픽 이후에도 지역 주민들의 의료서비스를 위해 기증되어 런던 시민의 삶의 질을 향상 시키는데 활용되고 있다.

> 지난 2014소치동계올림픽에서는 이동식 유방암검진센터인 'GE 맘모밴(mammovan)'을 운영해 유방암검진 기술 혜택을 받기 어려운 러시아 외곽 지역인 크라스노다르(Krasnodarsky)를 방문하고 진단 서비스를 제공했다. 올림픽 이후에는 GE 맘모밴을 소치에 기증하며, 보다 건강한 지역사회 만들기에 기여하였다.
>
> 2018평창동계올림픽은 강원도 지역의 인프라 구축, 그리고 지역 홍보를 통한 지역사회 발전을 이룰 수 있는 계기가 될 것으로 기대된다. 올림픽을 통한 도시의 지속 가능한 발전은 기술력과 노하우에 달려있는 만큼, GE는 지난 10년간 올림픽 글로벌 파트너로서 축적해온 경험과 노하우를 바탕으로 성공적인 평창동계올림픽 개최를 위해 조직위, 강원도 및 지역 파트너와 협력할 예정이다.
>
> 출처: GE코리아 콘텐츠팀

2) 이벤트경영(Event Management)

이벤트(event)는 사전적으로 "무언가 발생되는 것" 또는 "주목할 만한 일 또는 사건" 이라는 의미를 가진다. 다양하고 포괄적으로 사용되고 있으며, 의미를 갖고 발생하는 일, 행사, 및 사건 등의 의미를 갖는다.

[표 3] 이벤트의 의미

정의자	내용
한국어 사전 편찬회	라틴어(evevire)에서 유래, 사전적 의미는 사건, 소동, 행사, 주요사건, 시합, 결과, 경과, 사람을 모으는 행사, 우발적인 행사, 경기의 종목 같은 것
한국관광공사	사건(affair)이나 사고(accident)가 갑자기 일어나는 나쁜 일을 의미하는 반면에 이벤트는 예정된 중요한 일을 나타낸다.

출처: 김은식(2006)

이벤트라는 정의는 다양하며, 복잡하여 분야별 또는 학자별로 다르게 해석하고 있다. 하지만, 사고, 전쟁, 자연적으로 발생한 부정적인 사건, 일상적인 일들은 이벤트로 볼 수 없다.

이벤트경영 사례 1.

미국 IB타임스에 따르면 이날 미국 텍사스주 휴스턴 NRG 스타디움에서 열린 노스캐롤라이나대-빌라노바대의 결승전 티켓 평균 가격은 918달러(약 105만 원). 지난해엔 761달러였다. 5년 전의 316달러와 비교하면 3배 가까이 올랐다. '파이널 4' 티켓(4강전+결승전)은 암표 시장에서 4000달러 안팎에서 거래됐다.

IB타임스는 올해 NCAA 플레이오프(16강 이후) 광고수익이 12억 달러(1조 3800억 원)에 이를 것으로 예상했다. 미국프로풋볼(NFL) 플레이오프의 12억 5000만 달러와 비슷하고, 미국프로농구(NBA) 플레이오프의 9억4400만 달러보다 많다. NCAA 결승전의 30초 TV 광고료는 최고 150만 달러(17억2800만 원). '형님'격인 NBA 챔피언결정전의 52만 달러보다 3배 가까이 많다. NCAA의 광고는 NFL 슈퍼볼(30초 광고료 500만 달러)보다 경제적이라는 평가다. 1억 명 이상이 NCAA를 시청하는 데다 주시청자가 20~40대 남성이기에 '타깃'을 좁힐 수 있기 때문이다. NCAA는 2010년 CBS, 터너와 14년간 108억 달러(12조4000억 원)의 중계권 계약을 맺었다. 미국게임협회에 따르면 올 시즌 NCAA 경기에 걸린 판돈은 92억 달러(10조5900억 원)에 이른다.

NCAA가 폭발적인 인기를 얻는 것은 개최 시기가 절묘하고, 지면 탈락하는 토너먼트제를 채택했기 때문. NCAA 토너먼트가 시작되는 3월은 NFL이 끝나고 메이저리그가 시작하기 직전이다. NBA는 후반기에 접어들어 몰입도가 시즌 중 가장 떨어지는 시점이다. 미국 내 '스포츠 비수기'에 열리기에 스포츠팬들의 관심을 독차지할 수 있다. 토너먼트이기에 약팀이 강팀을 꺾는 '이변'이 발생한다. 또 NBA에서 활약할 차기 스타들의 경연장이며, 학연과 지연에 따라 응원할 수 있다는 것도 NCAA의 자랑거리다.

출처: 연합뉴스

이벤트경영 사례 2.

'3월의 광란' 2016 미국대학스포츠협회(NCAA) 남자농구 결승전 입장권 가격이 2011년 이후 두 번째로 높았던 것으로 나타났다.

티켓 예매사이트인 'TiqIQ'는 4일(현지시간) 미국 텍사스주 휴스턴의 NRG 스타디움에서 열린 빌라노바대와 노스캐롤라이나대의 결승전 티켓이 평균 615.44달러(약 71만2천원)에 거래됐다고 밝혔다.

2011년 'TiqIQ'가 티켓 가격을 조사하기 시작한 이후 결승전 티켓 평균 가격이 가장 높았던 것은 지난해 듀크대와 위스콘신대의 결승전으로 761.34달러(약 88만1천원)였다.

올해 결승전 티켓가격은 한때 지난해보다 20.6% 높은 917.76달러(약 106만6천원)까지 올라가기도 했지만, 결승전 당일에는 떨어졌다.

결승전은 7만4천여 관중이 지켜보는 가운데 진행됐고, 빌리노바대가 77-44로 노스캐롤라이나대를 꺾고 우승했다.

이 사이트는 '파이널 포'로 불리는 4강전 2경기와 결승전을 모두 볼 수 있는 티켓 가격이 평균 1천756.93달러(약 203만3천원)까지 올랐다고 소개했다.

또 준결승 2경기를 볼 수 있는 티켓 가격은 평균 1천96.09달러(약 126만8천원)로 치솟았다고 덧붙였다.

앞서 미국 매체 IB타임스는 리서치회사인 칸타미디어를 인용, 2006년이후 지난해까지 이 대회 텔레비전 광고 수익합계가 82억 달러(약 9조4천890억원)에 이르렀다고 밝혔다. 특히 지난해 토너먼트(포스트시즌) 광고수익은 11억9천만 달러(약 1조3천770억원)였다.

포스트시즌 광고수익만 놓고 보면 미국프로풋볼(NFL)의 12억5천만 달러(약 1조4천465억원)에만 뒤질 뿐 미국프로농구(NBA)의 9억4천만 달러(약 1조877억원), 미국프로야구(MLB)의 4억2천만 달러(약 4천860억원)를 넘어설 정도로 인기가 높다고 IB타임스는 덧붙였다.

출처: 연합뉴스

3) 스포츠영업(Sport Sales)

스포츠영업 사례 1.

언더아머는 지난해 미국 시장에서 아디다스를 제치고 점유율 2위를 기록했다. 이제는 나이키의 자리를 엿보고 있다.
언더아머는 지난 23분기 동안 연속으로 20%가 넘는 매출 성장률을 기록한 것으로 전해졌다. 이 같은 성장률은 미국 나스닥 상장기업 가운데 의류기업으로서는 유일하다.

지난해 4분기 매출은 전년도 같은 기간보다 30.8% 급증하며 11억7000만달러의 매출을 올렸다. 연간 매출은 28.5% 오른 39억6000만달러였다. 매출비중은 의류가 70.7%, 운동화가 17.1%, 스포츠잡화가 8.8%다.

이 가운데 미국프로농구(NBA) 골든스테이트워리어스의 스테판 커리와 후원계약을 맺고 출시한 시그니처 농구화 '커리'시리즈는 지난해 1억달러 이상 판매됐다.

향후 실적 전망도 밝다. 신한금융투자는 언더아머의 올해 매출액을 전년보다 25.8% 급증한 49억9000만달러, 영업이익은 22.1% 오른 5억1000만달러로 예상했다. 20%대 분기 매출 성장은 2018년까지도 이어질 것이란 전망이다.

OEM/ODM 업체 가운데 영원무역은 올해 신규 고객사로 언더아머를 추가했다. 김규리 연구원은 "올해 발주량은 전체 바이어 내 상위 10~15위권"으로 추산했다. 영원무역은 전략적으로 스포츠웨어 비중 확대에 나설 것으로 알려졌다.

한세실업과 국동, 태평양물산 등도 언더아머를 고객사로 두고 있다. 국동은 지난해 언더아머를 신규고객사로 추가하고 멕시코 공장에서 생산을 진행할 예정인 것으로 알려졌다. 실적은 올 하반기부터 반영된다는 설명이다. 태평양물산도 언더아머, 콜롬비아 등 미주 바이어 비중이 80%에 달하는 것으로 전해졌다.

출처: 해럴드경제

4) 스포츠스폰서십(Sport Sponsorship)

(1) 스폰서란

스폰서란 개념은 예전의 개념으로 시대적 상황에는 맞지 않는다. 근래에는 "스폰서"라는 개념보다는 "파트너"라는 개념으로 많이 쓰인다. 스폰서는 명백히 상업적인 회사가 상업적인 목적으로 현금이나 물품 및 그 외의 것으로 지원 할 때 후원자로서 그 권리를 행사하는 것을 말하는데, 단순한 후원의 문제가 아니라 윈윈 전략으로서 "1+1=2"가 아닌 1+1=2이상의 가치를 창출하도록 상호 협조하고 노력하는 것이기 때문에 어느 한쪽의 이익을 위한 것이 아니므로 최근에는 파트너쉽 이라는 단어가 생기게 된 것이다.

(2) 스포츠스폰서쉽의 배경

기업들은 스포츠스폰서쉽과 관련되어 미디어의 높은 광고효과에 관심을 기울이고 있다. 소비자들이 여가를 보내면서 고유의 상품을 현시적으로 만들어 내는 중요한 커뮤니케이션 수단이 되기 때문이다. 그리고 상대적으로 저렴한 비용으로 중요한 목적 집단과 접촉할 수 있는 기회를 제공한다. 많은 기업들이 스폰서쉽에 높은 관심을 보이는 배경은 다음과 같다.

- 전통적 광고매체의 단가상승
- 전통적인 광고의 누수손실과 영향의 한계점
- 미디어간의 경쟁심화
- 목적 집단에 효율적으로 접촉할 수 있는 새로운 커뮤니케이션 형태 필요
- 여가 증대와 소비자 라이프 스타일 변화에 대한 기업측면의 대응
- 기업이 공익적인 사회적 책임요구 증대

(3) 스폰서의 종류

*** 공식후원사(Official Sponsor)**

일정액의 금액을 지불하고 휘장과 마스코트 등을 사용할 권리를 부여받으며, 기업이나 제품의 PR, 영업 광고 등에 이용할 수 있다.

*** 공식공급업체(Official Supplier)**

금전적인 것보다 행사에 필요한 물자나 용역 등을 지원함으로써 지원되는 공급 물자 등에 휘장과 마스코트를 활용하여 PR, 영업 광고를 할 수 있는 권리를 부여.

*** 공식제품, 서비스(Official Product/service)**

행사를 기념하는 각종 기념품을 제작, 제조, 판매할 권리를 부여.

*** 장비공급업체(Equipment Supplier)**

협력회사 또는 기술제휴사라는 방식을 도입하여 세계적인 유수한 기업들이 인력과 기술을 투입하여 대회운영과 준비에 만전을 기하도록 하는 반면 기업에는 기술 개발과 자사 제품 및 기술을 홍보하고 휘장과 마스코트 등을 활용하여 자사제품을 홍보할 수 있는 기회를 부여.

*** 공식상품화권자(Official License)**

라이선싱은 한 기관이 다른 회사에 대하여 판매에 근거한 로열티 지급의 대가로 소매상품 에 상표 등록된 로고와 용어를 사용할 상업적 권리를 부여하는 계획이다. 라이선싱 산업은 지난10년간 크게 성장했다. 라이선싱의 성장 대부분이 상품명과 상표를 보호하려는 기 업과 스포츠팀의 치밀하고 방어적인 법률전략의 개발로부터 퍼져나갔다는 점을 주목할 필 요가 있다. 오늘날 라이선싱은 몇몇 기업과 스포츠 그리고 흥행기관의 주요 수입원으로서 기능하고 있으며 발전가능성이 가장 큰 분야로 기대되고 있다.

(4) 스폰서의 규모

*** 개인스폰서(선수스폰서)**

1960년대까지만 해도 개별스폰서쉽을 얻을 수 있는 선수는 거 의 없었으나 아놀드파마, 잭 니클라우스, 빌리진 킹, 스탄스미스 등만이 스폰서를 보장 받다가 1972년 젊고 매력적인 수영선수가 올림픽에서 7관왕을 차지하면서 기업으로부터 스폰서를 따내기 시작했다. 스포츠 선수들의 인기는 향후 20년간 지속되었고 우리나라 에도 박세리, 박찬호가 나오면서 개인 스폰서쉽이 활성화 되었다.

* 집단스폰서(팀 또는 구단)

기업이 프로구단이나 팀을 후원하는 것으로 구단이 운영에 필요한 자금이나 물품을 공급하고 유니폼 광고와 펜스광고 등의 권리를 부여.

* 이벤트 스폰서

① 국가적 이벤트
단일종목(컵대항)
복합종목(전국체전, 소년체전 등)

② 세계적 이벤트
단일종목(월드컵 대회가 대표적인 예)
복합종목(동, 하계 올림픽,아시안게임 등)

스폰서십 사례 1.

中 'FIFA 1급 후원사' 되다…15년 초대형계약

중국 자본이 마침내 '국제축구연맹(FIFA) 1등급 후원사' 자격을 획득했다. 그동안에는 태양에너지 회사 '잉리'가 2010 · 2014 월드컵 2등급 후원사였던 것이 FIFA와의 최상위 계약이었다.

FIFA는 19일 "중국 복합기업 '완다집단(영어명 완다그룹)'과 2030년까지의 1급 후원계약을 체결했다"고 공식발표했다. 영국 국영방송 BBC는 "세부내용은 공개되지 않았으나 기존 '5대 후원사'에 필적하는 FIFA 역대 최고액 계약 중 하나로 여겨진다"고 보도했다. '완다집단'은 중국 1위 부동산개발사이자 세계최대영화관체인이다.

'FIFA 5대 후원사'는 미국 식음료업 대기업 '코카콜라'와 러시아 최대 국영 천연가스 기업 '가스프롬', 독일 스포츠의류 다국적기업 '아디다스'와 미국 금융회사 '비자카드', 한국의 '현대자동차그룹'을 말한다.

코카콜라는 FIFA와 4년 2억5000만 달러(2906억2500만 원), 아디다스는 2억1500만 달러(2499억3750만 원) 규모의 후원계약을 맺었다. 가스프롬은 연간 4400만 달러(511억5000만 원) 정도로 알려졌다. FIFA는 2015년 '5대 후원사'로부터 1억8000만 달러(2092억5000만 원)를 지원받았다.

[그림 7] 후원계약

잔니 인판티노(46 · 스위스/이탈리아) 제9대 FIFA 회장은 부임 후 첫 '빅딜' 대상으로 완다집단을 택했다. 완다집단은 자회사인 '인프론트 미디어'를 통하여 아시아 22개국에 대한 2018 · 2022 월드컵 미디어 권리(중계권 포함)를 보유하는 등 FIFA와 밀접한 관계를 맺게 됐다.

축구에 대한 완다집단의 관심은 일회성이 아니다. 중국 슈퍼리그의 2011~2013년 타이틀 스폰서였으며 1994~2000년에는 지금은 없어진 리그 우승 8회의 명문팀 '다롄 스더'의 네이밍 후원사이기도 했다.

시진핑(62) 제9대 중국공산당 중앙위원회 총서기 겸 제7대 중화인민공화국 주석은 월드컵 개최의사를 공공연히 밝히고 있다. 완다집단의 1급 후원사 진입으로 FIFA에 대한 중국의 영향력이 강화될 것으로 보인다.

출처: 매경닷컴 MK스포츠

스폰서십 사례 2.

첼시, 나이키와 1020억원에 새 유니폼 계약 유력

잉글랜드 프리미어리그의 첼시가 새로운 유니폼 스폰서로 나이키와 계약을 앞두고 있다. 나이키는 이번 계약 위해 1년에 1000억원을 넘는 거액을 투자할 계획이다.

영국 일간지 텔레그라프는 18일 "첼시가 나이키와 연간 6000만파운드(약 1020억원)의 유니폼 계약을 맺는다"고 보도했다.

현재 첼시는 아디다스가 제작한 유니폼을 입는데 계약 금액은 3000만파운드(약 510억원)로 나이키와의 계약 금액의 절반에 그친다. 첼시와 아디다스의 계약은 내년에 끝난다.

텔레그라프에 따르면 아디다스는 새로운 계약으로 연 4000만파운드(약 680억)에 6년 계약을 제시했지만 나이키가 더 높은 금액을 제시해 첼시의 마음을 돌렸다. 최근 빅 클럽들은 유니폼 계약 기간을 10년으로 책정하고 있어 첼시와 나이키도 10년 계약이 유력하다.

첼시와 나이키가 이와 같은 계약을 맺게 된다면 이는 프리미어리그에서 두 번째로 높은 금액이다. 프리미어리그에서 가장 비싼 유니폼 스폰서 계약은 아디다스와 맨유가 맺은 7500만파운드(약 1280억원)다. 첼시 밑으로는 퓨마와 계약 한 아스널의 3000만파운드(약 510억원)다.

출처: news

5) 스포츠방송과 뉴 미디어(Sport Broadcasting and New Media)

스포츠는 누구든지 함께 즐길 수 있는 대중문화이자 상품가치가 높은 콘텐츠로서 스포츠와 미디어는 공생관계, 동반자, 동업자 등으로 표현되어 상호 밀접한 관계를 나타내고 있다.

TV의 등장과 발달은 스포츠와 미디어의 관계 변화를 가속화 시켰다. 스포츠에 TV중계는 미디어로서의 매개체 역할을 넘어 방송중계권료라는 막대한 재화를 제공하는 최대의 소비자가 되었다. 스포츠는 미디어를 통해 산업적 발전과 변화를 겪고 있으며, 지금에 이르러 TV로 표현하기에는 방송환경 역시 많은 변화와 발전을 보이고 있다. 현대 사회에서 스포츠와 방송매체는 다양한 상호관계를 보이며 이러한 관계를 파악하는데 있어서 가장 핵심요소는 스포츠와 방송매체가 가지는 연결고리인 '방송중계권'이라 할 수 있다(이상인, 2011).

지금부터 미국의 MLB의 방송중계권을 예로 들어 설명하겠다. 미국의 방송산업 시장구조는 크게 지상파방송과 유료방송으로 구성되어 있다. 지상파 방송시장은 CBS, FOX, ABC, NBC 등 4대 네트워크가 전체 시장을 사실상 지배하고 있으며, 유료방송 시장은 위성, 케이블사업자와 더불어 IPTV의 등장으로 시장 경쟁이 보다 치열해지는 상황이다(여혁종, 2009). 미국 방송사의 독과점은 두 가지 단계로 진행되고 있다. 첫 번째 단계인 '오래된 독과점(Old Oligopoly)'은 대다수의 미국 가정들이 다양한 시청 선택이 가능한 주요 시간대에 시청자의 60%를 방송으로 끌어들이는 영향력을 지속적으로 유지하려는 것이고, 두 번째 단계로 '새로운 독과점(New Oligopoly)'은 여러 상이한 지역 방송사와 연계되어 있는 기존네트워크 방송사 간에 계속되는 소유권의 수직, 수평적인 통합을 말한다(Bellamy, 1989). 이와 같은 배경으로 인해 미국 프로스포츠 조직은 각 분야에서 독점적 지위를 누리면서 방송사들과 중계료 계약을 체결할 수 있었고, 이는 곧 중계료의 상승으로 이어질 수 있었다.

전국방송권은 개별 팀과 리그사무국이 분배를 하지만, 지역방송권은 지역팀이 가져간다. 전국 중계는 MLB 사무국에서 직접 관리해 중앙기금(Central Fund)으로 적립되며, 이 기금을 통해 선수 퇴직 연금과 준비자금, MLB 사무국 운영비, 변호사비 등을 지출하고 나머지는 시즌이 끝나면 각 팀에 균등하게 분배된다(민훈기, 2011). 1961년 스포츠방송법에 의해 스포츠 리그들은 방송권 패키지 판매를 반독점법의 예외로 인정받았기 때문에 이로 인해 스포츠 리그들은 사업 네트워크에 단일 패키지로 판매하여 가격을 높일 수 있었다. 모든 스포츠 리그의 독점 소유자에게 전국적인 TV 방송사의 수익을 똑같이 공유하도록 하였다(정용준, 2011).

MLB 중계권은 높은 중계권료 때문에 중계권을 구입하여 재분할판매 형식을 취하고, 몇 개의 방송사가 연합을 구성하여 중계권을 매입하고 중계권료를 분할하고 있다. 이는 담합구조와는 다르며, 과도한 부담을 나누기 위한 결합이다. 또한 정규 시즌 경기와 올스타전, 플레이오프, 월드시리즈 등으로 각각 나누어 계약한다. 이러한 계약을 통해 프로야구 한 경기를 지상파와 케이블 TV 등 여러 매체에서 같은 시간에 방송을 하고, 정규 시즌의 경기도 요일 별로 중계를 하는 방송사가 서로 다르며, 올스타전과 플레이오프도 요일별 또는 홀수 혹은 짝수 연도 별로 나누어 게임을 중계하는 방식을 통해 높은 중계권료에 대한 부담을 줄이는 방식을 체결하고 있다.

이러한 중계권 시장은 전국적인 방송시장 외에도 지역 방송시장이 따로 중계를 제공한다. MLB 각 구단은 각 지역 방송국과 따로 중계권 계약을 체결하며 계약을 통한 중계권료는 전적으로 각 구단의 수입이 된다. MLB의 지역 방송 중계권료가 크게 증가하면서 총 30개 팀이 케이블TV 방송사로부터 받은 총 중계권료는 10년 전 3억 2,800만 달러에서 현재 9억 2,300만 달러로 올라 있는 상태이다(Ozanian, 2012). 또한 구단이 직접 방송사를 운영하기도 하는데, 뉴욕 양키즈의 경우 YES Network(Yankees Entertainment and Sports Network), 시카고 컵스는 CSNC(Comcast SportsNet Chicago), 볼티모어 오리올스 그리고 워싱턴 내셔널스는 MASN(Mid-Atlantic Sports Network), 뉴욕 메츠도 SNY(SportsNet New York)라는 자체 방송국을 운영함으로써 자체방송국에 콘텐츠를 독점 공급하여 큰 수익을 얻고 있다.

1984년 시작된 NBC 및 ABC와의 6년 계약기간 동안 MLB 각 팀은 대략 연 800만 달러를 받았고, 1990년부터 1993년 까지 CBS와의 4년 계약 기간 동안에는 연 1,100만 달러 정도의 금액을 받았다. 최근에는 스포츠전문 케이블채널 ESPN과 경기 생중계와 더불어 각종 장면을 콘텐츠 제작에 사용하는데 2007년 계약한 연간 금액 3억 5,000만 달러에서 100% 인상된 금액(Long, 2012)으로 오는 2014년부터 2021년까지 8년간 매년 7억 달러, 총액 56억 달러(한화 약 6조 2,00억)에 달하는 중계권 계약을 체결하였으며, FOX TV와 TBS와 총액 약 70억 달러(한화 7조 7,500억)에 2014년부터 8년간 중계권 계약을 맺었다(고동욱, 2012).

[표 4] 방송사별 중계권료 비교

Broadcast Partner	Prior (Annually)	New (Annually)	Increase (Annually)	Total Contract
ESPN	$306 million	$700 million	$394 million	$5.6 billion
FOX	$257.1 million	$500 million	$242.9 million	$4 billion
TBS	$148.6 million	$300 million	$151.4 million	$2.4 billion
TOTAL	$711.7 million	$1.5 billion	$788.3 million	$12 billion

출처: www.MLB Network.com

1995년 만들어진 MLB.com은 MLB의 공식적인 인터넷 포털 사이트로 Major League Baseball Advanced Media(MLBAM)에 의해 관리된다. MLB.com은 야구 관련 정보, 뉴스, 기록 등 MLB와 관련된 자료를 제공해 줄 뿐만 아니라 비디오와 라디오 방송까지 제공해 주며 상품과 티켓도 구입할 수 있도록 해준다.

MLB.TV는 인터넷을 비롯해 모바일, 태블릿, 게임기 등 다양한 플랫폼을 통하여 경기 중계 서비스를 제공하고 있으며 MLB.TV Basic과 MLB.TV Premium으로 나누어 판매하고 있다. MLB.TV Premium의 경우 2012년 시즌을 기준으로 매 달 24.99 달러로 연 124.99 달러이고, MLB.TV Basic은 매 달 19.99 달러로 연 109.99 달러이다. 프리미엄 패키지는 일반 패키지와 다르게 MLB.TV Mosaic과 MLB.com At Bat을 제공하는데, MLB.TV Mosaic의 경우 라이브 게임을 시청하면서 동시에 이틀 전의 경기 2개에서 3개의 게임을 함께 시청할 수 있으며 팀의 선수 라인업과 점수, 팀 통계 등 관련된 정보를 같이 관람을 할 수 있다. 하지만 MLB는 2008년 이후로 MLB.TV Mosaic을 사용하지 않고 있다. MLB.com At Bat은 어플리케이션으로써 최신 뉴스와 경기 재방송 등의 서비스를 제공 하며 경기결과와 선수들의 경기기록, 구단 정보 및 구장에 관련된 정보 등을 수록하고 있다. 이 외에도 정규시즌과 플레이오프를 포함한 시즌 전 경기 및 하이라이트 동영상과 과거 시즌의 경기도 찾아 볼 수 있도록 제공하고 있다.

[그림 8] MLB. TV 매인 화면

출처: www.mlb.com

이처럼 뉴미디어를 통한 콘텐츠 판매가 활발한 MLB는 유료로 경기를 생중계 해주는 서비스를 제공하고 MLB. TV를 통해 인터넷과 모바일, 태블릿 등 다양한 플랫폼의 장치에 경기를 중계해주는 전략을 사용하고 있다. 또한 경기를 정규시즌과 포스트시즌, 오프시즌으로 나누어 개개인에게 다양한 형태로 구분해 판매하고 어플리케이션 형태로도 제공해 주고 있다. 즉, 리그 자체적으로 콘텐츠 유통망을 가지고 있어 자체적으로 뉴미디어 이용자들에게 경기 중계 콘텐츠를 판매하고 있다.

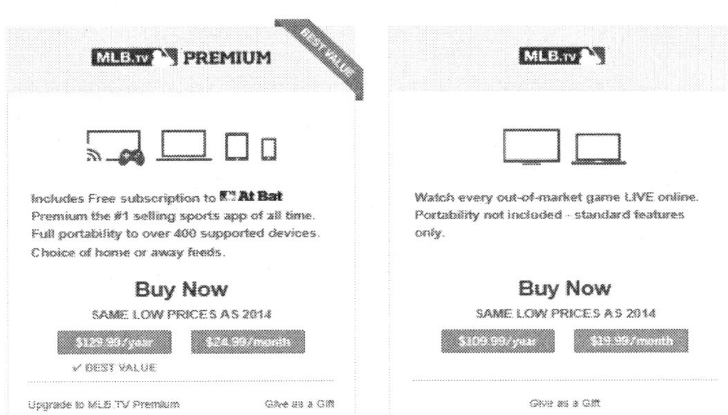

[그림 9] MLB.TV 프리미엄과 일반 패키지

출처: www.mlb.com

6) 스포츠용품 그리고 라이선스 제품 산업(The Sport Goods and Licensed Products Industry)

스포츠용품 그리고 라이선스 제품 산업 사례 1.

'언더아머' 年 20~30%씩 고속성장 비결은?

이재용 삼성전자 부회장, 미국 NBA 슈퍼스타 스테판 커리, 미국 간판 발레단 아메리칸발레시어터의 최초 흑인 수석 무용수인 미스티 코플랜드에겐 공통점이 있다. 미국 스포츠용품 브랜드인 언더아머(Under Armour)의 매출을 올리는 역할을 한 것이다. 이재용 부회장은 2014년 7월 미국 아이다호주(州) 선밸리에서 열린 한 콘퍼런스에서 언더아머의 칼라가 달린 티셔츠를 입고 등장해 국내에 브랜드를 알렸고, 스테판 커리와 미스티 코플랜드는 언더아머와 후원 계약을 맺고 있다.

언더아머가 나이키·아디다스가 양분하던 세계 스포츠용품 시장에 지각변동을 일으키고 있다. 언더아머는 작년 글로벌 매출액이 39억6331만달러(약 4조6350억원)를 기록하며 전년 대비 28% 성장했고, 세계 최대 스포츠용품 시장인 미국에서는 2014년 이후 아디다스를 제치고 점유율 2위를 차지하고 있다. 국내에는 2011년 진출한 후 최근 5년간 매출 성장률이 89.6%에 달한다.

[그림 10] 언더아머 매출액

◇ 설립된 지 20년 만에 세계 최대 스포츠용품 시장 2위로 급부상

언더아머는 1996년 미국 메릴랜드대학교 미식축구 선수 출신인 케빈 플랭크 회장이 설립한 회사다. 선수 생활을 하면서 운동복 안에 입는 언더셔츠에 땀이 차서 불편했던 기억이 있던 플랭크 회장은 대학 졸업 후 몸에 밀착되고 땀을 빠르게 건조시키는 기능성 제품을 개발했다. '운동선수가 전투 시 착용하는 갑옷'이라는 의미로 '언더아머(Under Armour)'라고 이름을 붙였다.

설립 첫해엔 미식축구 선수 등에게 단 500장의 티셔츠만 팔렸을 뿐이었지만 이후 소문이 나면서 '아는 사람은 아는' 브랜드가 됐다. 성장이 급격하게 늘어난 것은 출범한 지 10여년이 지난 2010년대부터다. 세계 스포츠용품 시장의 60%를 차지하는 미국의 2011~2015년 매출을 보면 나이키는 16% 느는 데 그쳤고 아디다스는 2.9% 줄었지만 언더아머는 28% 성장했다. 2014년엔 27억달러(약 3조2200억원)의 매출을 기록해 아디다스(24억달러, 2조8700억원)를 제치고 업계 2위에 올라섰다.

국내에서도 2011년 서울 청담동에 직영점을 내며 진출한 후 매년 점포를 확장하면서 작년 기준 250억원의 매출을 올렸다. 윤영후 롯데백화점 스포츠 구매 담당은 "휠라, 헤드 등의 브랜드와 동급으로 취급됐던 언더아머는 작년 여름 이후 찾는 사람이 증가하며 매년 매출이 60~ 70% 증가하고 있다"고 했다.

◇ 기능성 강조·마케팅으로 매출 급상승

언더아머의 성공의 첫 번째 요인은 의류의 기능성을 극단적으로 강조하며 '틈새시장'을 찾았다는 점이다. 언더아머의 옷은 스판덱스 원단을 사용해 땀 흡수력이 뛰어나고 몸에 밀착돼 가볍다. 스포츠마케팅 전문가인 김도균 경희대 체육대학원 교수는 "그동안의 스포츠 의류는 겉에 입는 운동복에만 초점을 맞췄지만, 언더아머는 속에 입는 기능성 속옷을 개발해 틈새시장을 석권했다"고 했다.

'언더독 마케팅'이라고 불리는 전략도 큰 역할을 했다. 언더독 마케팅은 1인자가 아니라 성공 가능성이 있는 2, 3인자를 활용해 이들의 불리함과 도전 정신을 마케팅에 활용하는 전략이다. 언더아머는 현재 1등 선수보다는 승리에 대한 열망이 있는 선수를 모델로 쓴다. 언더아머의 모델인 NBA 스타 '스테판 커리'는 2012년까지 나이키의 후원을 받다가 '스타성이 없다'며 계약 연장이 중단됐다. 그러나 커리의 성장성을 본 언더아머는 연간 400만달러(약 47억원)라는 비교적 싼 가격에 후원 계약을 체결했다.
커리는 초정밀 3점포를 주 무기로 지난 시즌 팀을 40년 만에 우승으로 이끌며 전성기를 누리고 있고, 언더아머가 2015년 출시한 '커리 농구화 시리즈'는 작년 1억달러(약 1170억원) 매출을 올리며 대박이 났다. 유통업계에서는 나이키가 마이클 조던의 에어조던 농구화 시리즈를 내놓으며 세계적 스포츠용품 업체로 성장한 것처럼 언더아머도 커리를 잡고 급성장할 것으로 보는 시각이 많다.

*출처: 조선일보

6. 스포츠경영의 전망 및 과제

현대 사회에서의 스포츠는 직접, 간접적으로 사람들과 다양한 형태의 관계를 맺으며 그들의 생활 속에 점점 더 깊게 자리 잡아 가고 있다. 이러한 현상을 현대 사회에서 스포츠는 인종을 초월하여 전 세계적으로 사람들의 삶에 영향을 미치고 있고 그 비중은 과고 어느 시대적, 문화적 배경에서도 찾아볼 수 없을 정도로 높다고 할 수 있다. 또한 스포츠는 이미 지구촌 현대인의 생활에서 빼 놓을 수 없는 중요한 일부분이 되었을 뿐만 아니라 스포츠의 중요성은 점점 제고 되고 있으며 하나의 사회적 제도로써 중요한 역할을 담당하고 있다. 즉 과거에 특권층의 소유물이었던 스포츠의 대중화 현상은 현대 스포츠가 가졌던 가장 큰 변화라 할 수 있다. 이러한 스포츠를 친밀하게 실천하는 것에 의해 인간성의 회복, 자기개발, 사람들과의 교류 등을 꾀하고 문화적으로 질 높은 생활을 영위할 수 있는 것이 기대된다.

미래의 스포츠산업은 매우 전망이 밝은 산업으로서 유망한 직종 중에 하나이다. 여가 시간의 증대 및 다양화, 개인소비 지출의 증가, 건강과 레저에 대한 관심의 증대 그리고 생활행동양식의 변화 등 현대의 다양한 사회 현상의 변화는 더 많은 사람들을 경기장으로 향하게 하고 있으며 새로운 여가 스포츠의 출현을 가져왔다. 따라서 스포츠에 대한 관심의 증가는 스포츠의 인기 상승과 함께 스포츠산업이라는 새로운 단어를 만들어 내고 있다. 스포츠산업을 발전시키기 위해서 그 일에 종사할 적합한 자질과 교육을 갖춘 전문인을 필요하다. 국내 스포츠산업의 급속한 발전에 따라 필요로 하는 전문 스포츠경영 관련학과의 교육 과정이 스포츠산업현장에 접목될 수 있으며 응용 가능한 현장 중심적인 교육과정으로 이루어지는 것이 바람직하다.

오늘날에는 스포츠에 대한 사람들의 견해나 욕구가 다양해짐에 따라 사업을 모든 견해나 욕구를 만족시킬만한 스포츠 사업을 창조하는 것은 매우 어려운 일이다. 그러므로 스포츠경영에 거는 기대는 앞으로 점차 증대됨과 동시에 다양해질 전망이다. 최근 삶의 질을 향상시키기 위해 경영학 영역에서 한국적 경영기법이라고 하는 것이 중대한 과제로 떠오르고 있다. 노동시간의 단축과 여가시간의 증가, 생산성의 향상으로 소득이 높아지고 있다. 이러한 시대적 흐름에 맞춰 인적, 물적 재원 등 스포츠조직에 효율적으로 투자하여 스포츠를 통한 각종 서비스를 받고자 하는 스포츠 소비자를 만족시키는 목적을 달성하기 위하여 스포츠산업분야에 종사하는 사람들이 높은 도덕성과 책임의식을 갖고 서비스에 종사하여야 할 것이다.

제 2 장

미국 스포츠마케팅 이론과 사례

스포츠마케팅 이론을 설명하기 전에 우선 몇 가지 질문을 하고 싶다.

1. 농구스타 마이클조던은 어떻게 은퇴 후에도 가장 돈을 많이 버는 스타가 되었는가?
2. 지역 헬스클럽은 어떻게 많은 수의 회원을 등록하게 되었는가?
3. 이벤트, 선수, 스포츠팀들이 나이키와 아디다스 등 여러 브랜드로부터 어떻게 후원을 받게 되었는가?
4. 미국 메이저리스베이스볼 뉴욕 양키즈 팀은 어떻게 전 세계가 주목하는 야구팀이 되었는가?

이러한 질문들이 바로 스포츠마케팅과 관련이 있다.

Kotler(2003)는 마케팅은 상품과 서비스를 소비자 및 기업에게 홍보하고 전달하는 것이라고 말하였다. 상품개발, 광고, 공중관계, 홍보, 서비스 제공 등이 마케팅의 모든 부분에 포함된다. 아울러 마케팅은 소비자가 원하는 Needs 및 Wants를 파악하고 이에 맞는 서비스를 제공하여 소비자를 만족시키는 것이라고 말하였다. American Marketing Association(1985)에서는 제품 및 서비스의 개면 정립, 가격결정, 촉진 그리고 유통을 계획하고 수행하는 과정이라고 정의 하였다. Ries and Trout(1993)는 "훌륭한 마케터는 미래를 전망할 수 있는 능력을 가진 자" 라고 말하였다.

변화무쌍한 세상에서 새로운 상품 및 서비스는 지속적으로 개발되고 제공되고 있으며, 이에 맞추어 소비자의 마음 또한 새로운 것에 자극하고 반응을 하는 갈대 같은 동물이다.

1985년 미국 마케팅 학회는 마케팅에 대한 새로운 정의를 채택하였는데 "마케팅이랑 개인적 및 조직적 목표를 달성하여 주는 교환이 이루어지도록 아이디어, 재화, 서비스, 이외에 아이디어를 포함시키고 또한 계획하고 실행되어야 하는 활동"이라고 하였다. 즉, 마케팅이란 조직목표를 성취할 목적으로 목표시장과 자발적인 가치교환을 유발할 수 있도록 고안하여 주의 깊게 공식화한 프로그램의 분석, 계획, 이행 및 통제이다(김영준, 2001). 마케팅은 목표 시장의 욕구와 원망의 면에서 조직이 제공할 것을 설계하는 일과 시장에 알리고 동기를 부여하여 서비스하기 위해 효과적 가격결정, 의사결정, 의사소통 및 분배방법을 사용하는 일에 크게 의존한다고 정의한다.

자, 그럼 스포츠마케팅은 무엇인가? 스포츠마케팅은 포괄적인 마케팅의 개념하에서 정의할 수 있다. 스포츠마케팅이란 "스포츠라는 매개를 통하여 필요와 욕구를 찾아 교환해주는 과정"이며 소비자가 일반대중인 스포츠마케팅 혹은 스포츠 자체에 대한 마케팅과 소비자가 주로 기업인 스포츠를 이용한 마케팅을 원론적, 관리론적 입장에서 스포츠산업에 적용하는 것이고 이것의 원리와 적용방법을 연구하는 것을 스포츠마케팅이라고 정의 내리고 있다(김치조, 1996).

스포츠마케팅은 두 가지로 전개되는데, 우선 스포츠 소비자에게 직접적으로 행하는 스포츠제품이나 서비스의 마케팅이며, 다음으로는 소비자에게 기업의 제품 및 서비스를 전달하기 위하여 촉진 매체로서 스포츠를 활용하는 마케팅이다.

[표 5] 스포츠마케팅의 구조

스포츠마케팅의 구조(Structure of Sports Marketing)	
스포츠 자체의 마케팅 (Marketing of Sports)	스포츠를 통한 마케팅 (Marketing)
스포츠를 직접 제품화하여 판매 및 서비스하는 마케팅 활동	기업이 스포츠를 이용하여 제품 판매나 기업의 이미지를 향상 시키려는 활동

출처: 박세혁, 전호문, 김용만(2001). 학현사

스포츠마케팅은 순수 스포츠마케팅(Marketing of Sports)과 스포츠를 통한 마케팅(Marketing through Sports)으로 구분하여 볼 수 있다. 스포츠를 통한 마케팅은 스포츠용품이나 시설 및 프로그램을 판매하기 위하여 행하는 활동, 또는 스포츠단체가 재원을 확보하기 위한 활동을 의미한다. 스포츠를 통한 마케팅은 스포츠가 성공적으로 진행되도록 재정적, 조직적인 서비스 등을 지원하는 기업적인 측면의 활동을 말한다[표 5].

스포츠를 활용한 마케팅은 스포츠마케팅의 가장 대표적인 사례다. 스포츠를 매개로 하는 모든 마케팅 활동을 스포츠를 활용한 마케팅이라고 부른다. 이는 스포츠를 이용해 제품을 판매하거나 기업 이미지를 향상시키려는 노력의 일환이며, 상업적 목적을 달성하기 위해 특정 스포츠 활동을 지원하는 마케팅이다. 스폰서십을 포함한 다양한 마케팅 활동이 여기에 해당한다. 스포츠를 활용한 마케팅은 기업이 고객에게 가장 이해하기 쉽고 친근하게 다가갈 수 있기 때문에 기업에서 추구하는 마케팅 이미지와 소비자 욕구가 잘 맞아떨어지면 매우 효과적이다. 스포츠를 활용한 마케팅을 살펴보면 다음과 같다.

1. **이벤트 개최** 직접 사업은 각종 대회의 운영, 조직 및 대회 프로모션을 대행해 대회 자체에 관심이 집중될 수 있도록 프로그램을 개발하거나 수익성 있는 새로운 스포츠행사 및 대회를 개최하는 것이다.

2. **라이선싱** 스포츠조직, 선수 또는 스포츠 대회의 지명도를 활용해 기존 엠블럼(Emblem) 및 지칭, 대회명 등 로고를 통해 스포츠 제품을 개발하는 사업 활동이다.

3. **중계권 판매** 스포츠이벤트에 대한 권리를 소유한 권리자가 대행사 또는 직접적으로 스포츠제품에 대한 방송 중계권을 판매할 수 있으며, 방송국에서 적극적으로 나서 스포츠이벤트에 대한 중계권을 구매할 수도 있다.

4. **방송후원** 특정 회사가 시즌 경기, 전체, 특정 경기, 특정 팀의 경기 등을 방송 중계와 모든 광고 또는 그 상당 부분을 독점하는 계약 형태다. 이는 후원사와 방송사간의 계약으로 성립되고 방송사는 중계권을 행사 주관자에게 지불하게 된다.

5. **스폰서십** 스포츠스폰서십은 가장 전형적인 형태의 스포츠마케팅으로 후원사는 행사 비용의 전부 혹은 일부를 부담하는 대가로 행사 명칭의 사용권, 엠블럼의 사용권을 얻는다. 이벤트 후원의 대가로 얻은 권리에 따라 대회 명칭 후원, 공식 후원, 공식공급 후원, 상품화권자 등으로 나눠진다.
6. **스포츠 클리닉** 스포츠 종목에 따른 유스 프로그램, 사회인 교육 프로그램 등을 개발하는 스포츠 교육 프로그램이다. 이는 스포츠 종목의 사회적 저변화와 기업들의 사회공헌 마케팅 활동에 사용될 수 있다.
7. **경기장 광고** 스포츠마케팅에 있어 경기장 광고는 경기장에서의 광고판을 판매하는 것이라고 할 수 있다. 이는 스포츠이벤트가 기획된 후 함께 기획한다. 경기장의 광고판 숫자에 따라 스포츠이벤트의 후원사 위치나 숫자를 가늠할 수 있기 때문이다.
8. **경기장 마케팅** 경기장마케팅은 스포츠경기장을 활용한 마케팅이다. 스포츠경기장의 명칭을 판매하는 것이라 볼 수 있다.

선수를 활용한 마케팅은 기업으로부터 후원계약으로 활용되고 있는 마케팅 활동 수단이다. 이는 선수의 매니지먼트 활동뿐 아니라 선수로부터 파생되는 모든 활동을 말하며, 이를 효과적으로 할 수 있도록 중간역할을 하는 것이 에이전트다. 선수를 활용한 마케팅을 통해 광고 이서, 제품 이서, 제품 개발 등의 활동을 할 수 있다. 우선, 선수를 활용한 마케팅은 광고 이서(Advertising Endorsement)로 선수를 광고에 출연시키는 것과 선수 이미지를 제품에 사용하는 것이다. 제품 이서(Products Endorsement)는 선수의 후원계약을 활용해 기업 제품을 홍보하는 활동으로 홍보 대사와 세일즈 프로모션 활동에 활용되는 것이다. 가령, 스포츠 제품을 판매하는 대리점이 오픈했을 때나 프로야구 경기 전 갖는 팬 사인회를 하는 것들이 바로 스포츠 선수를 활용한 마케팅이다. 제품 개발은 선수를 활용해 기업의 제품을 개발하고 판매하는 것이다.

결국 스포츠마케팅은 스포츠 자체의 마케팅과 스포츠를 활용한 마케팅, 선수를 활용한 마케팅이 혼합적으로 활용될 때 가장 효과적이다. 올림픽이나 월드컵 같은 대형 이벤트가 이 경우인데, IOC와 FIFA는 올림픽 운동과 축구를 통해 스포츠 자체가 인류 사회 기여와 세계 평화, 그리고 각 국가 간의 경쟁을 통한 하나의 메시지를 전달함으로써 브랜드를 더욱 확장 및 강화한다. 참가국이나 기업은 선수를 통해 국가 브랜드 가치를 높이고, 기업은 올림픽이나 월드컵을 활용해 자사 제품을 홍보하고 제품 판매를 극대화하며 브랜드 이미지를 확장하는 기회로 삼는다.

[그림 11] 스포츠마케팅의 분류

출처: http://www.worldweb.co.kr/articles/articles_view.html?idno=11878

그럼, 일반적인 마케팅과 스포츠마케팅의 차이점은 무엇인가를 [표 6] 확인해 보자.

[표 6] 일반적인 마케팅과 스포츠마케팅의 차이점

일반적인 마케팅과 스포츠마케팅의 차이점	
일반적인 마케팅	스포츠마케팅
성공의 열쇠는 오로지 경쟁에서 이기는 것.	대부분의 스포츠조직은 경쟁과 협동을 함께 하는 것
극소수의 소비자들은 그들 스스로가 전문가라고 생각	많은 정보와 경험을 바탕으로 대부분의 소비자는 그들 스스로가 전문가라고 생각
제품이 항상 비슷하기 때문에 소비자의 요구는 예측 가능	소비자의 요구는 예측 불가하고 폭넓게 변동
스포츠 상품은 단지 객관적	스포츠 상품은 무형이며, 주관적이고, 경험적
스포츠 상품은 그저 형식적이고, 예측이 가능	스포츠 상품은 예측 불가하며, 지속적이지 않음
마케터는 연구하고 인지된 상품을 제작	마케터는 핵심 상품에 대한 관리가 불가피하며 상품 확장에 대하여 제한적
소비자는 상품을 구매에 만족하지만 그 만족이 그 상품에만 의존 되지 않음	스포츠는 대중적으로 소비되며, 상품에 소비자의 깊은 의미가 존재함
단지 정치 및 종교가 스포츠에 널리 퍼져 있음	스포츠는 세계적이며 삶의 모든 요소들을 포함하고 의미를 두고 있음

스포츠마케팅 사례 1.

스포츠 엔터테인먼트의 첫 주자 글로브트로터스

미국의 묘기농구단 할렘 글로브트로터스(Harlem Globetrotters)가 우연히 그 원리를 발견하기 전까지 스포츠에서 엔터테인먼트라는 아이디어는 생소한 개념이었다. 미국인들의 삶이 그렇듯 스포츠 또한 독립된 객체로 이해되었고 '재미있는 농구팀'이라는 이미지로 팀을 브랜드화할 수 있다고 믿었다.

글로브트로터스는 농구의 모든 룰을 무시해 버리고 진지한 농구의 유머가 어우러진 이상적인 아이디어를 강점으로 팀은 점차 여러 지역과 도시를 돌려 경기하는 헌신적인 공연 팀으로 자리 잡았다.

[그림 12] 글로브트로터스

출처: Google

제2차 세계대전까지 글로브트로터스는 전 세계에 센세이션을 일으킬 정도로 스타파워를 브랜딩했다. 팬들에게 즐거움과 기대감을 줄 수 있는 흥미롭고 재미있는 그들만의 세리머니를 개발하기도 했다. 결국 글로브트로터스는 가족 엔터테인먼트를 대표하게 되었고 당시 최초로 수많은 젊은이들을 농구장으로 몰려들게 만들었다.

[그림 13] 글로브트로터스

출처: Google

당시 글로브트로터스는 프로스포츠가 늘 바라던 바로 그 엔터테인먼트 패키지였다. 그들은 매일 밤 펼쳐지는 농구 경기의 하이라이트 영화와 같았고 일반적인 경기로 식상을 느꼈던 팬들의 얼굴에 웃음과 대리만족을 가져다주었다. 그러나 프로농구가 유색인종에 대한 차별을 없애고 흑인 스타들을 고용하기 시작하면서 글로브트로터스는 급격하게 쇠락의 길을 걷기 시작했다. 1993년 기업가 매니 잭슨이 이 팀을 인수한 사건과 이어 2005년 로이 디즈닝에게 매각되는 과정을 통해 이 팀과 관련된 상품과 허가권의 잠재력을 촉진시키는 전략적인 변화를 단행했다. 현대 팀은 수많은 마케팅 과제들을 안고 있지만 근대 농구 역사의 한 페이지를 화려하게 장식했고 영원히 함께할 스포츠팬 층을 확장시킨 위대한 역할을 했다.

* 출처: 스포츠팬을 잡아라

스포츠마케팅 사례 2.

현대차, 60억 들인 슈퍼볼 광고 2배 효과

스포츠마케팅은 기업 브랜드 이미지 제고에 큰 효과가 있지만 이를 극대화시키기 위해서는 다양한 전략이 필요하다는 지적이다.

기업이 스포츠마케팅 전략을 수립하면서 가장 먼저 고려하는 것은 후원종목이다. 어떤 종목이 자사의 브랜드 이미지 제고에 기여할 수 있느냐는 것이다. 젊고 역동적인 이미지를 추구하는 기업은 e스포츠를, 고급 이미지를 추구하는 기업은 골프나 테니스를 후원하는 식이다.

현대차가 미국 시장에서 NFL의 경우 보급형 차량을, PGA의 경우 고급형 차량을 마케팅한 것이 대표적인 사례다.

마케팅 기간도 스포츠마케팅을 시작하기에 앞서 결정해야 하는 중요한 사항이다. 일반적으로 스포츠마케팅은 일정 기간을 유지해 스포츠와 기업 이미지가 일체화되어야 효과가 나타난다. 코카콜라는 탄산음료임에도 불구하고 1928년부터 올림픽을 후원해온 덕분에 갈증이 날 때 마시는 음료라는 이미지를 갖고 있다.

다만 스포츠 선수나 특정 대회를 후원하는 등 단기 전략이 불가피한 때 기업들은 마케팅 대상을 주제로 한 광고를 촬영해 대대적으로 방송한다거나, 각 세대에서 비슷한 이미지의 선수를 연달아 후원하는 방법 등으로 효과를 극대화한다. 나이키는 장·단기 후원의 균형을 적절히 분배해 스포츠마케팅의 효과를 최대로 누리고 있는 기업으로 평가 받는다.

스포츠는 '각본 없는 드라마'로 불릴 만큼 많은 이야기를 만들어낸다. 이런 이야기도 매우 효과적인 마케팅의 수단이 된다. 어려운 시기를 KB금융의 지원으로 이겨내고 신화를 써냈다는 김연아·박인비 선수 이야기가 좋은 예다. KB금융은 이들의 이야기 덕분에 좀 더 대중 친화적인 이미지를 만드는 데 성공했다.

그 밖에도 스포츠마케팅에는 어떤 매체를 활용할 지, 비용을 어떻게 분배할 지 등의 전략이 필요하다. 하지만 스포츠마케팅에는 다양한 유형이 있는 만큼, 유형별 장·단점을 확인하고 어떤 효과를 거둘 수 있을 것인지를 확인하지 않으면 비용을 낭비하는 일이 생길 수 있다.

■ 유형별 스포츠마케팅

스포츠 경기나 이벤트를 후원하는 것은 가장 효과가 광범위한 유형의 스포츠마케팅이다. 올림픽, 월드컵 등의 '공식 후원사'가 바로 이런 마케팅을 하는 케이스다.

특히 이런 방법은 새로운 시장 진출과 관련해 효과가 극대화된다. 남미에 진출한 기아차가 2011년, 2015년 축구대회 '코파 아메리카'를 후원하면서 엄청난 인지도 향상과 판매량 증가 효과를 본 것이 대표적인 예다.

하지만 이런 이벤트마케팅에는 치명적인 단점이 있다. 일회적일 뿐 아니라, 변수도 많아서 효과를 장담할 수 없다는 점이다. 오는 8월 열리는 하계올림픽 후원사들도 개최지 브라질에 '지카바이러스'가 유행하면서 전전긍긍하고 있다는 후문이다.

직접 스포츠팀을 후원하는 마케팅 방법은 이러한 단점을 극복하고 지속적이고 안정적인 효과를 기대할 수 있어 전 세계 프로스포츠에서 활발하게 진행되고 있다.

현재 영국 프리미어리그의 맨체스터 유나이티드가 독일의 스포츠용품 기업 아디다스와 맺은 10년간 7억5,000만파운드(약 1조3,000억원)의 계약이 최대 후원금액이다.

일부 기업은 스포츠팀을 후원하는 데서 멈추지 않고, 팀을 직접 경영하기도 한다. 국내 대기업의 상당수가 자사의 이름을 건 스포츠팀을 운영하고 있다. 이들 기업들은 스포츠팀을 운영하면서 브랜드 이미지를 알리는 것에서 한 걸음 더 나아가 스포츠 자체를 활용해 스포츠 커뮤니케이션·비즈니스 등을 진행한다.

스포츠 스타를 직접 후원하는 마케팅은 기업의 이미지를 제고하고 사회적 활동을 강조하는 데 큰 도움이 된다. NBA 스타 마이클 조던을 후원해 50억 달러 이상의 효과를 본 나이키가 선수 후원에 적극적인 대표 기업이다. 국내에서는 KB금융이 김연아를 후원해 상당한 효과를 봤다.

다만 스포츠 스타를 직접 후원하는 마케팅에는 위험요소도 있다. 바로 선수 개인의 이미지 하락으로 인한 평판 리스크다. 나이키는 1996년 타이거우즈를 후원하면서, 4,000만 달러였던 골프용품 매출을 2억 달러로 5배 끌어올렸다. 하지만 2009년에는 타이거우즈의 불륜 스캔들로 막대한 손실을 입었다. 최근에는 복싱 선수 파퀴아오가 동성애 혐오발언을 함에 따라 발 빠르게 후원을 중단하기도 했다.

그래서 기업들은 스포츠 공간에 대한 권리나 스포츠팀의 라이선스를 활용하는 등의 소극적인 스포츠마케팅도 자주 활용한다. 경기장에 대한 명칭 사용권(Naming Right)이 바로 이 유형의 스포츠마케팅으로, 미국에서는 메이저리그 18개 구장이 평균 20년 이상의 계약을 맺고 있을 만큼 일반적이다.

국내에서는 법적인 문제로 명칭사용권을 이용한 마케팅은 미진한 대신, 프로구단의 라이선스를 활용한 금융권의 마케팅이 돋보인다.

롯데자이언츠가 포스트시즌에 진출하면 우대 금리를 적용해주는 부산은행의 '가을야구 정기예금'은 인기가 많은 상품 중 하나다. 2007년부터 매년 출시되는 이 상품은 작년에 1개월 1일만에 완판을 기록하기도 했다.

꼭 스포츠를 직접 후원하지 않아도 고객 커뮤니케이션 수준에서 벌이는 마케팅 역시 효과가 괜찮은 편이다. 인기가 많은 중계방송 사이의 광고를 내보내는 방법이 가장 흔한데, 최근 현대차가 효과를 봤던 슈퍼볼 중계 광고도 여기에 포함된다. 올해 슈퍼볼의 광고 단가는 30초당 500만달러(약 60억원)에 달했지만 그 효과는 거의 2배에 가까운 1,000만달러(약 120억원)으로 추정된다.

* 출처: 중앙일보

1. 스포츠마케팅의 개념

현대사회에 있어 기업뿐만 아니라 모든 분야 및 산업에서는 마케팅의 중요성은 지대하다. 매년 세계적으로 거대한 규모에 이르는 제품과 서비스가 생산되는데 이 중의 상당부분은 상품개발 및 유통, 마케팅 등의 비용으로 사용되다. 이에 기업의 입장에서는 이 같은 활동들을 효과적으로 효율적으로 수행해 내느냐 아니냐에 따라 시장에서의 성패가 좌우된다.

마케팅은 사람들의 생활방식이나 사고방식에도 큰 영행을 미친다. 마케팅은 종종 물질주의를 조장한다거나, 유행이나 상품의 진부화를 고의적으로 촉진하며, 상품의 표피적인 차별화를 통해 자원의 낭비를 초래한다는 비판을 받기도 한다. 그러나 기본적으로 마케팅은 소비자들의 욕구를 반영하여 상품을 만들고, 그들이 지불할 수 있는 가격에 그 상품을 제공하려는 노력이라고 할 수 있다. 마케팅을 비판적으로 바라보는 시각을 가진 사람들이 주장하는 마케팅의 낭비적인 요소는 비판을 통해서 사라질 수 있는 것이 아니며 저렴한 가격에 기본적인 기능을 갖춘 상품들을 판매하는 기업들이 시장에 진입하여 소비자들에게 여타의 상품보다 더 많은 가치를 제공함으로써 소비자들의 호응을 얻을 수 있을 때에만 근본적으로 해소될 가능성이 생긴다.

기업에서 마케팅이 구체적으로 실행하는 기본적인 기능에는 환경 분석, 마케팅조사, 소지자분석, 제품기획, 유통계획, 촉진계획 그리고 가격결정 등이 있다. 이들 중 환경 분석, 마케팅조사, 소비자분석은 시장세분화를 통한 표적시장의 선택과 제품의 포지셔닝 등의 마케팅전략의 수립을 위해 수행되는 기능이라고 할 수 있으며, 제품(product), 촉진(promotion), 가격(price), 유통(place)의 4P's와 관련된 계획은 이미 수립된 마케팅전략에 근거하여 이를 실행하기 위해 만들어진다(그림 14 참조).

마케팅믹스는 표적시장에서 마케팅 목표를 달성하기 위해 기업이 활용하는 마케팅도구들의 집합을 말한다.

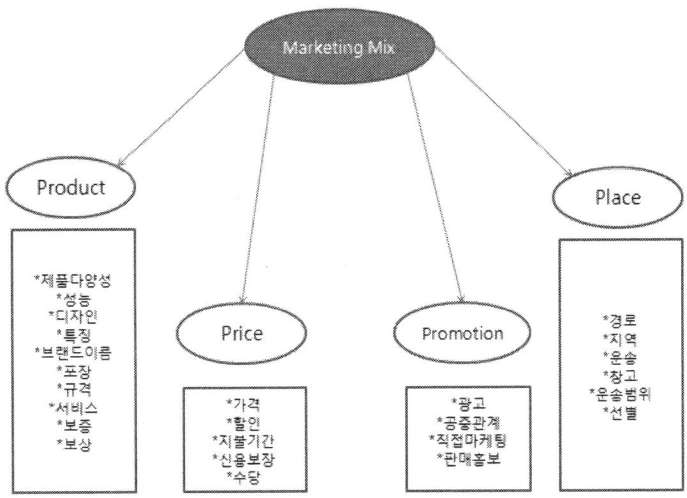

[그림 14] 필립 코틀러의 4P 프로세스

1) 제품(Product)

스포츠에서 제품은 두말할 것도 없이 스포츠경기 또는 스포츠 이벤트와 관련된 제품과 서비스를 의미한다. 스포츠 경기는 방송중계권 혹은 팀이나 선수는 초상권으로 각각의 거래대상이 되며 그것이 즉 상품이 되는 것이다. 아울러 스포츠 경기에서 파생되는 유니폼, 기념품이나 관련 스포츠 용품 판매, 경기장의 간판 등도 모두 스포츠마케팅의 대상이 되는 상품들이다.

즉, 인간의 기본적 욕구를 충족시켜주는 서비스를 의미하며, 제품은 운동화, 게임기, 의류 등과 같은 물리적 제품뿐만 아니라, 공연이나 프로그램과 같은 서비스 등도 모두 포함된다. 결국, 마케터는 서비스나 제품을 개발할 때, 가장 먼저 소비자가 무엇을 원하며 소비자들에게 제품의 어떤 핵심적 혜택을 제공할 수 있는지를 파악해야 한다.

NFL, NBA, MLB 등의 미국 프로 스포츠 시장에서는 모자, 티셔츠 등 관련 용품의 라이센스를 전 세계에 판매하여 1년에 수십억 달러에 이르는 수입을 벌어들이고 있다. 또한 스포츠 브랜드 기업에서는 스포츠 팀의 로고가 새겨진 셔츠, 모자, 스웨터 등을 생산 판매하여 막대한 수입을 올리고 있는가 하면, 나이키는 타이거 우즈와 같은 세계적인 슈퍼스타를 활용, 자사의 제품을 홍보함으로써 거대한 수입을 올리고 있다. 또한 맥도널드 같은 패스트푸드 회사에서도 소비자들을 끌어들이기 위해 스포츠 라이센스 상품을 이용하고 있다. 예를 들어 1992년 맥도날드 사는 판촉행사에서 빅맥과 감가튀김을 구입하는 소비자들에게 미국 드림팀의 모자를 사은품으로 나누어 주었다.

제품 관련 결정 중 가장 중요한 것은 어떻게 차별화(differentiation)할 것인가이다. 차별화란 소비자가 가치 있게 생각하는 어떤 것을 제공하기 위하여 독특한 특성을 갖추는 것을 말한다. 독특한 점을 통해서 경쟁사보다 더 높은 가격을 받을 수 있거나 같은 가격에 더 많은 제품이 팔릴 수 있으면 성공한 차별화이다. 제품 차별화 방법에는 몇 가지가 있다(이명헌, 2003).

1. 제품에 새로운 특징을 첨가한다.
2, 소비자의 특성에 맞게 제품을 맞춤화한다.
3. 디자인을 변형시킨다.
4. 워런티, 환불제도를 강화해 신뢰도를 높인다.
5. 포장이나 외장의 색깔, 모양, 재질을 바꾼다.
6. 크기를 바꾼다.
7. 서비스를 첨가한다.
8. 브랜드 강화한다.

차별화에서 주의해야 할 점이 두 가지 있다. 소비자가 가치 있게 생각하는 어떤 것을 제공하는 게 차별화이다. 마케터가 생각할 때 아무리 가치 있는 것이라도 소비자가 그렇게 느끼지 않으면 아무 의미가 없다. 또한 차별화를 통해서 높은 가격을 받거나 더 많이 팔릴 수 있어야지 그렇지 않은 차별화는 경쟁전략상 아무 의미가 없다.

2) 가격(Price)

가격은 제품가격의 수준과 범위, 가격결정기법, 판매조건 등을 결정하는 것을 의미한다. 즉, 제품을 소유하거나 사용하는 목적으로 지불하는 화폐 가치라고 할 수 있다. 가격은 마케팅믹스 중 가장 쉽게 조정할 수 있는 마케팅믹스 요소이다. 제품의 가치는 가격으로 수량화되는데, 가격은 소비자들이 납득할 만큼 공정해야 하고, 실질적이어야 하며, 소비자들이 적정 가격이라고 인지될 수 있도록 정해져야 효과적이다.

가격 결정의 목적은 단순히 이익만을 남길 것이 아니라 교환될 물건이나 서비스의 가치와 관련된 원가, 제품의 질, 경쟁사, 소비자의 심리 등의 사항을 총체적으로 고려하여 정해야 한다.

제품의 가격을 결정하기 위해서 택할 수 있는 가격결정 방법에는 원가중심가격결정(cost-oriented), 수요중심가격결정(demand-oriented), 그리고 경쟁중심가격결정(competition-oriented)이 있다. 원가가산가격결정은 단위당 원가에 일정률의 마진을 더해 판매가를 결정하는 방법이다. 수요중심가격결정은 가치 중심의 가격결정 방법이라고도 하는데, 고객이 지각하는 서비스 혹은 제품의 가치나 소비자의 지불능력에 맞춰 가격을 결정하는 방법이다. 마지막으로 경쟁중심가격결정은 원가나 수요보다는 경쟁사의 제품이나 서비스 가격을 근거로 하여 해당 조직의 가격을 경하는 방법으로써, 소비자들이 경쟁사들이 부과하는 가격을 참고로 해당 서비스나 제품의 가치를 판단한다고 논리에 근거한다.

스포츠마케팅에 있어서 가격은 여러 가지 변수로써 작용한다. 할인제도, 쿠폰제도, 촉진 요소들로 인하여 가격은 통제적이고 변동적이다. 일반 마케팅에서 가격은 주 전략 사항으로 고려되며 마케팅믹스의 가장 중요한 요소가 되기도 한다. 그러나 스포츠 특히 관람스포츠에 있어서 일반 비즈니스와 같은 가격 전략은 중요성이 크게 요구되지는 않는다.

1989년 미국 프로 농구(NBA) 관중을 대상으로 한 관람요인에 관한 연구에서 입장권의 가격은 그리 중요한 위치를 차지하고 있지 않은 것으로 나타났다. 경기 상대팀, 응원팀의 성적. 슈퍼스타의 출전과 리그 안에서의 등수 등이 입장권의 가격보다 더 중요한 요소로 나타났다.

한편 일반상품의 고객이나 관람스포츠의 관중들은 상품의 가격과 가치(Value)를 동일시한다. 한 상품이 세일을 크게 하거나 상품이 무료로 제공될 경우에 있어서 상품가치가 거의 없다고 생각한다. 스포츠의 경우 스포츠 마케터는 팀의 성적이 아무리 최하위일망정 무료로 입장권을 배포해서는 안 된다. 왜냐하면 입장권을 무료로 배포한다는 것은 결국 판매되는 상품(경기)의 가치가 저하되기 때문이다.

또한 새로운 프로스포츠가 현존하는 프로스포츠와 경쟁할 때 새로운 스포츠는 항상 현존하는 스포츠의 입장료와 비슷한 수준을 유지해야 한다. 새로운 스포츠의 입장료가 현존하는 스포츠 경기 입장료 보다 낮은 수준으로 책정되면 어떤 이유에서든지 고객들에게 현존하는 스포츠보다 경기수준이 못하다는 인상을 심어주기 때문이다.

성공적인 가격전략은 시장수요에 따라 결정되는 것으로 탄력적이거나 비탄력적인 고객의 수요에 맞춰져야 한다. 수요에 따라 가격이 상승하거나 하락하게 되므로 어떤 경우에서든 가격 전략은 항상 동일해서는 안 된다. 따라서 다양한 촉진전략과 상품의 시장에서의 위치 부여(Positioning) 고객의 인지적 가치와 실 가격을 변화시키게 되므로 가격에 관한 전략은 상품(경기)에 대한 고객(관중)의 증감과 관계가 있는 것이다.

3) 장소(Place)

제품을 특별한 매장에서만 배타적으로 판매할 것인지, 몇몇 대리점에서만 판매할 것인지, 아니면 시장에 대량으로 배포할 것인지를 경정한다. 제품이 팔리는 장소는 소비자가 제품을 어떻게 인식하는 지에 막대한 영향을 미친다. 인식상의 포지셔닝에 제품 판매 장소가 영향을 준다. 동일한 제품이라도 그 제품이 백화점에서 판매하는 것과 할인점에서 판매하는 것은 전혀 다르게 느껴지고 인식되어 진다. 즉, 판매 장소 결정은 제품 차별화의 또 다른 방법이다.

또한 소비자의 대상에 맞는 적절한 장소에서 판매를 시도하는 전략도 중요하다. 연령이 많은 인구 층이 모여 사는 장소에 젊은 층이 즐겨 입는 상품을 판매한다면 그 가게는 곧 문을 닫을 것이다. 경기장의 경우 적절한 위치에 매장을 위치시키고, 관객의 동선을 파악하여 알맞은 상품을 진열하면 그 상품은 차별화 될 것이다.

장소마케팅 사례 1.

미국 뉴욕(New York)의 정부연계 마케팅

[그림 15] "I ♥ New York"

출처: Google

"I ♥ New York"이라는 뉴욕의 유명한 도시슬로건 브랜드는 1977년 경제침체를 벗어나기 위한 관광객 유치 전략의 일환으로 뉴욕주 경제개발국에서 제안한 통합 홍보캠페인에서 시작되었다. 뉴욕시는 주정부가 만든 슬로건을 관광, 영화, 비즈니스, 중소기업 등 타깃별로 차별화하여 응용하였으며, 도시 관광 브랜드인 "Big Apple New York"과 성조기 이미지를 활용한 "Paint the Town Red, White & Blue"라는 할인패키지 상품을 개발하여 통합적 연계마케팅을 추진하였다. 이러한 장소마케팅의 추진 주체는 1,300여개 사업체로 이루어진 민간 비영리 파트너쉽조직인 'NYC & Company'에서 담당하였다. 민간기업 파트너쉽 조직을 시정부의 공식마케팅 조직으로 결성하여 미간의 전문성을 최대한 활용하면서, 주정부(뉴욕주)와 도시정부(뉴욕시)가 함께 통합적 브랜드 마케팅 전략을 수행하였다는 점에 주목할 필요가 있다.

출처: 이무용(2003)

스포츠마케팅에서의 장소는 목표시장의 지리적 위치. 목표지점(Point of Target)이나 유통경로지점(Point of Distribution) 뿐만 아니라 잠재고객에게 접근하기 위한 마케팅 믹스의 방법을 의미한다.

스포츠마케팅에서의 장소는 다음과 같은 3가지 요소를 가지고 있다. 즉 접근성(Accessibility), 매력성(Attractiveness), 그리고 실용성(Appropriateness)으로 구분된다.

경기장과 목표시장 혹은 고객의 위치와의 관계는 스포츠마케팅의 주된 관심인 것이다. 접근성은 편리 요소로써 접근하기 편리함에 대한 고객의 생각이 스포츠 단체의 성공 여부에 큰 영향을 미친다. 지하철, 대중 교통수단, 교통비, 접근거리 등의 접근 요소들은 고객들의 경기장 접근 여부의 결정에 열쇠가 된다.

구장이 얼마나 깨끗한가, 경기장의 모든 편안하고 편리한 매력들이 관중들의 흥미와 얼마나 조화를 이루는가, 경기장의 매력적인 요소들이 잠재 고객들에게 어느 정도 매력적인가 등이 매력성을 측정하는 기준이 된다. 미국 '샌프란시스코 49ers(미식축구)'와 '샌프란시스코 자이언츠(야구)'의 홈구장으로 샌프란시스코에 위치한 캔드레스틱 파크(Candlestick Park) 경우 해변가에 위치하여 매우 매력적이나 안개가 많이 끼고. 바람이 많이 불기 때문에 기상적인 면에서 비매력적이어서 팬들에게 구장의 위치적인 면에서 큰 호응을 얻지 못한다.

구장의 위치는 경기를 치르기 위한 실용성 또한 매우 중요하다. 야구경기 중 타자나 투수가 항상 햇빛을 마주보게 된다면 경기를 하는 선수들에게 매우 불편하고 선수들이 최상의 실력을 발휘할 수 없으며 이는 곧 팬들의 흥미를 반감하게 되므로 스포츠마케팅 측면에서 결코 바람직하지 못하다.

4) 촉진(Promotion)

촉진은 판촉이라고도 한다. 판촉 결정에 있어서 가장 중요한 것은 확실한 목표 설정이다. 판촉을 통해 소비자가 어떤 행동을 해줬으면 좋겠다는 것이 구체적으로 그려져 있어야 한다. 소비자의 구매 과정의 어떤 단계에 어떻게 영향을 미치고 싶은지를 미리 생각하고 있어야 한다. 소비자의 문제점 자각 단계에 영향을 미치고 싶다면 제품 정보를 어떻게 제공할 것인지를 생각해야 하고, 브랜드 충성도를 높여서 구매 후 강화 과정에 영향을 미치고 싶다면 브랜드 이미지 광고나 사후 서비스 안내 광고에 주력할 수 있다.

프로모션의 방법으로는 크게 다섯 가지가 있다. 가장 많이 쓰이는 방법이 광고이다. 광고는 제품의 특성에 관한 정보를 제공해서 소비자의 각성을 유도한 다음 이를 구매행위로 설득해 나갈 목적으로 행한다. 광고를 통해 제공된 정보는 소비자의 태도와 선호도에 영향을 미쳐서 구매로 이어질 수 있다.

광고는 크게 두 가지 성격을 갖는다. 제품 특성을 바탕으로 구체적 정보를 제공하는 광고가 있다. 제품이나 회사의 이미지 형성을 위한 광고가 있다. 둘 다 중요하다. 기술적 실체 없는 이미지 창조는 오래가지 못하지만, 기술적 실체를 중심에 두고 가급적 좋고 큰 이미지를 창출하는 것 역시 큰 의미가 있다. 소비자는 이미지를 소비한다. 코카콜라, 나이키, 애플 컴퓨터, IBM 등의 브랜드가 어떤 이미지를 불러일으키는지 생각해 보자. 나이키 제품은 대부분 아웃소싱으로 제작된다. 나이키 공급자 중 하나가 나이키 제품과 똑같은 제품을 내놓았다고 해서 비슷하게 팔릴 것은 기대하기 힘들다. 나이키 소비자는 나이키의 이미지를 소비하기 때문이다. 기술적 실체에 바탕을 둔 이미지 창출이 중요하다. 우리가 누구를 대상으로 존재하는지, 우리가 대표하는 가치나 느낌은 무엇인지를 만들어 내야 한다.

마케터에게 광고는 구입해야 할 서비스이기 때문에 어떤 광고가 효과가 있는지 어디에 광고를 내는 것이 좋은지 잘 알고 있어야 한다. 음반 광고라면 라디오 음악 프로그램 전후에 하는 것이 효과적이고 책광고라면 일간지 '책' 섹션에 하는 것이 효과적일 것이다. 매체의 종류도 잘 선택해야 하고 같은 매체일지라도 비용 대비 효과가 높은 것을 택하는 것이 중요하다. 이것을 미디어 계획(Media Planning)이라고 합니다. 광고의 비용 대비 효과를 측정하는 기준 중 하나가 'reach'와 'frequency'입다. 'reach'는 얼마나 많은 소비자에게 도달하느냐이다. 'frequency'는 얼마나 자주 메시지가 전달되느냐이다. 이 두 값을 곱한 것을 gross rating points(GRP) = reach x frequency라 한다. GRP가 얼마냐에 따라 광고의 가격이 결정된다. 광고에 활용할 수 있는 미디어에는 TV, 라디오, 일간지를 비롯한 신문, 잡지, 광고판(billboard), 인터넷, 전화번호부, 지하철 벽면 등 다양하다. 이들은 리치와 프리퀀시 면에서 각각 다르다. TV는 둘 다 우수한 미디어이다. 특정 잡지는 그 잡지의 독자층의 성격에 따라 타겟 광고를 할 수 있다는 장점이 있는 대신 리치가 잡지의 도달도에 한정된다. 프리퀀시도 잡지 발간 주기에 의존한다. 리치도 높고 프리퀀시도 높은 미디어는 광고 단가가 높습니다. TV 광고가 단가가 높은 이유가 그것이다.

2. 마케터가 갖추어야 핵심 능력

스포츠 마케터란 기업이 스포츠마케팅을 통해 기업의 인지도와 이미지를 향상시킬 수 있도록 스포츠와 관련된 각종 행사 지원, 선수 지원, 스포츠용품 판매 등을 대행하는 직업이다. 소비자의 의식과 행태를 분석하여 각종 매체(TV, 라디오, 신문, 잡지, 옥외광고, 전광판, 포스터 등)를 통해 스포츠와 관련된 홍보 및 마케팅 업무를 수행한다. 또 각종 스포츠의 개최, 후원, 진행 등의 방법으로 기업명이나 단체명, 상품명 등이 유료 광고 이외의 방법으로 소비자들에게 노출될 수 있게 해, 대중적 인지도를 높일 수 있도록 기획하는 일도 담당한다.

'제리 맥과이어'라는 영화에서 주인공 '탐크루즈'는 스타급 플레이어를 관리하고, 구단과의 연봉협상도 도맡아 한다. 뛰어난 협상술로 이해관계가 첨예한 구단과 선수를 설득하고, 경기일정에 따라 비행기로 출퇴근을 하기도 한다. 그가 연기했던 직업이 바로 스포츠 마케터다. 물론 그 영화에서 볼 수 있는 것은 스포츠 마케터의 수많은 업무 중 일부다. 그 밖에도 매치 이벤트의 기획 및 홍보, 스폰서 기업 섭외, 광고, 스포츠 방송 등의 업무를 하며, 운동선수와 구단, 스폰서, 매체를 조율하여 최대의 수익을 내는 것을 그 목표로 한다.

이와 함께 스포츠에이전트는 스포츠와 관련된 전반적인 업무를 담당하는 스포츠 마케터의 대표적인 활동분야 중 하나다. 스포츠에이전트가 하는 주요 업무는 △경기단체, 팀, 선수에 대한 스폰서 유치 △TV중계권 판매 △캐릭터·로고 등의 라이선싱 사업 △선수나 팀 매니지먼트 △경기 이벤트 기획과 홍보전략 수립 △관중동원 전략 수립 △대형 경기장을 갖춘 지자체 홍보업무 대행 △프로선수 연봉협상 대행 등이 있다.

스포츠마케팅이 고부가가치산업으로 각광받는 선진국들과 달리 우리나라는 스포츠경영 분야는 아직 걸음마 단계다. 더구나 스포츠 마케터라는 직업에 대한 인식은 미미한 수준이다. 현재 스포츠 마케터는 주로 일반 광고회사나 기획사, 프로구단, 경기연맹, 단체 등에 소속돼 해당 업무를 담당하고 있다.

산업·직업별 고용구조조사에 의하면 스포츠에이전트를 포함한 기타 레저 및 스포츠 관련 직은 4355명으로 집계됐다. 이 가운데 여성이 9.1%에 불과해 앞으로 여성들의 더 많은 참여가 필요한 분야라고 본다.

1) 스포츠 마케터 특성

우리나라 기업들의 스포츠마케팅의 전략적 가치에 대한 인식은 아직 낮은 수준에 있다. 스포츠를 후원하고 있는 기업의 경우에도 스포츠마케팅을 전담하는 조직을 가지고 있는 경우가 거의 없고, 스포츠 후원에 참여하는 경우에도 그 획득 권리가 별도의 프로모션이 필요한 권리보다는 노출효과에 의존하는 펜스 광고권이나 자사상표 부착권에 치우쳐 있으며, 다른 마케팅 활동과의 시너지 효과 창출을 위한 노력 역시 거의 행해지고 있지 않고 있다. 또한 그 필요성에 대한 인식에도 불구하고 스포츠 후원의 효과에 대한 분석이 거의 이루어지지 않고 있음을 알 수 있다.

현재 국내 스포츠마케팅의 전문가라고 할 수 있는 스포츠 마케터의 수가 절대적으로 부족한 실정이다. 이러한 상황으로 미루어 볼 때 우리 나라 기업들과 대학들은 스포츠마케팅의 전략적 가치를 충분히 인식하지 못하고 있으며, 스포츠 마케터의 중요성 역시 절실하게 느끼지 못하고 있다고 할 수 있다.

그러나 다행스럽게도 국내 스포츠마케팅의 활성화를 위한 잠재력은 상당히 커 보인다. 이는 곧 스포츠 마케터의 역량이 점점 더 확대되고 있다는 의미로 해석할 수 있다. 그 근거로서 기업들의 스포츠마케팅에 관련된 투자의 규모가 엄청나게 증가하고 있으며, 이러한 투자가 국내에 머물지 않고 점차적으로 국제화 양상을 띠고 있다는 사실을 들 수 있다.

세계 최고이자 최대 규모의 스포츠 시장이 구축된 미국의 스포츠에이전트 산업을 보면, 미국의 4대 메이저 프로스포츠(미식축구, 야구, 농구, 아이스하키)에서 선수 에이전트가 되기 위해서는 리그 내 선수노조의 인가를 받아야 한다. 즉, 에이전트가 되고자 하는 사람은 이 노조에 등록 후 매년 수수료를 지불해야 한다는 것이다.

미국의 스포츠에이전트는 갑자기 생긴 것이 아니다. 초창기 에이전트의 등장은 FA제도의 도입과 함께 등장했다. 클럽과 선수 사이의 '보류조항'(클럽의 동의 없이 선수가 다른 클럽으로 절대 이적할 수 없고, 반면 클럽은 선수의 동의 없이 마음대로 선수들을 사고 팔 수 있는 조항)이 부당하다고 느낀 선수들이 끊임없이 이 조항에 이의를 제기하였다. 하지만 FA제도가 도입되면서, 선수는 정해진 계약기간을 다 채운 후 그에 합당한 대우를 요구하고 자유롭게 또 다른 클럽과도 협상이 가능하게 된 것이다. 이때 스포츠에이전트의 활동 영역이 생기게 되었고, 본격적으로 스포츠에이전트의 역할이 두드러지게 되었다. 또한 같은 종목에 두 개 이상의 리그가 존재하던 1960년 ~ 70년 사이에도 스포츠에이전트는 선수 영입을 둘러싸고 상당한 영향력을 펼치게 되었다. 시간이 흐르며 스포츠가 엔터테인먼트화 되면서 선수의 상품가치를 극대화시킬 수 있는 전문가가 필요한 점, 또 선수노조가 생기면서 선수의 권익보호가 강조됐던 점 역시 미국 스포츠에이전트 산업을 활성화시킨 요인이다.

우리나라 100대 기업 가운데 50%가 넘는 기업들이 스포츠후원에 참여하고 있음에 미루어 볼 때, 기업의 매출 규모가 늘어남에 따라 국내 스포츠 마케팅의 발전이 급속하게 이루어질 것으로 보인다. 실례를 들면, 우리가 인터뷰를 하고 온 금강기획의 김 전 차장님의 말씀처럼 14명의 소수 인원으로 적게는 100억, 많게는 400억의 매출을 올리고 있는 것을 상기할 때, 기업들이 이제는 더 이상 스포츠마케팅을 간과할 수 없는 상황에 이르렀음을 알 수 있다. 이러한 상황을 볼 때, 스포츠산업의 시장 잠재력은 그야말로 무궁무진하다고 할 수 있다.

또한 국내를 비롯하여 외국 대학들이 점차적으로 스포츠 마케터를 양성하는 다양한 프로그램들을 만들고 동시에 스포츠 관련학과를 새로 설립하는 등 스포츠 미래의 스포츠 마케터를 위한 학제가 매우 빠른 속도로 발전하고 있다.

스포츠 마케터가 되기 위한 어떠한 공식적인 절차가 존재하는 것이 아니기 때문에 아직까지는 스포츠경영학을 전공하는 것이 가장 무난한 방법이라고 생각한다. 더불어 산업측면에서나 학계 쪽에서 볼 때, 그 변화하는 추세를 가장 잘 반영하는 것이 새로운 학과의 창설이라고 생각하기 때문에 스포츠산업의 선두 국가인 미국의 스포츠경영학 혹은 스포츠마케팅 관련 학과가 개설된 대학을 한국의 대학과 비교하면 그 만큼 스포츠 마케터의 전체적 현황을 유추해 볼 수 있지 않을까 한다. 이런 이유로 스포츠마케팅 관련 학과에 대한 자료를 분석하였다.

2) 적성 및 능력

스포츠 마케터에게 요구되는 자질은 앞으로 시장이 확대되었을 때 더욱 요구되겠지만 매우 까다로운 것이 사실이다. 자신이 일하는 스포츠에 대한 날카로운 눈과 더불어 그러한 스포츠를 사업적으로 확대 생산해 낼 수 있는 화술과 외국어능력, 컴퓨터로 자료를 만드는 것만이 아니라 자료를 재생산하고 분석하는 능력, 그리고 스포츠에 대한 열정이 요구되는 직업이기도 하다.

3) 미국의 스포츠마케팅 회사

Master in Sports Administration.com에서는 2012년 스포츠에에이전시 회사 100개를 소개하였다.

[표 7] Sports Agencies

Agency	Speciality
Elias Sports Management	Football, Coached, Golf
EAG Sports Management	NFL, NBA, MLB, WNBA, Pro Skateboarder
Paradigm Sports Management	Football, Baseball, MMA, Consulting, Coaches
Norton Sports	Hockey
Phenom Sports Management	Baseball, Basketball, Football, MMA, Coaches
East Preps Agency LLC	Football
Platinum Sports & Entertainment Management	Baseball
Steinberg Sports	Athletes and Coaches in Football, Baseball, Basketball, Hockey, Boxing, Golf, etc.
Blue Chip Management	MMA, PBR Bull Riders
PlayersRep Sports Management	Football

Sosnick Cobbe Sports	Baseball
Go Empire Group	Baseball
KO Sports Inc.	Hockey
Veritas Venture Group, LLC	NBA
Plan B Sports Management	NFL, NBA
Insight Sports Management	Basketball
BAC Sports Management	Football
N.E.T	Basketball
Sky Sports Agency	Football

출처: http://www.mastersinsportsadministration.com/sports-agencies.html

[표 8] Sports Marketing Agencies

Sports Marketing	Speciality
IMG Worldwide	Sports, Fashion, Media
The Seven Bridges Group	Professional athletes, Entertainers, Producers, Authors
Schulte Sports	Baseball
NM Marketing Communications	Marketing
P1 Group	Motorsports
Active8Social	Sports Teams, Musicians
ProVentures	Sports and Entertainment
The Agency Sports Management and Marketing	Team Sports, Olympians, Coaches
Soul Sports	Extreme Sports
Atlas Strategies	Sports and Entertainment
Roy Sports Marketing Group	NFL, NFL Athletes, Professional Athletes, MMA products, Football products, Film and Music
RPRT	Sports and Entertainment
Dender Sports	Triathletes
The Gazelle Group	Sports and Entertainment
Lunar Sports Group	Athletes
Bruce Levy Associates International, LTD	Professional female basketball players
Madison Avenue Sports and Entertainment	Sports and Entertainment

출처: http://www.mastersinsportsadministration.com/sports-agencies.html

이 외에도 미국의 스포츠에이전시 및 스포츠마케팅 에이전시에 대한 자세한 정보는 Master in Sports Administration.com에서 확인하길 바란다.

3. 스포츠마케팅 사례

스포츠마케팅 사례 1.

'상대 실책 시 10% 할인' 美 마이너 구단의 막장 마케팅

Omaha Storm Chasers
@OMAStormChasers

BREAKING: Each Keon Broxton misplay in the OF tonight will result in 10% OFF in the Storm Front Team Store. Limit 40%. Exclusions apply.

4/25/16, 5:27 PM

[그림 16] 오마하 구단의 트윗

[그림 16] 미국 마이너리그 오마하 스톰 체이서스 구단의 트윗. 상대 선수가 실수를 할 때마다 구단 물품을 판매하는 스토어에서 최대 40%까지

할인을 해주겠다는 트윗을 올렸다가 빈축을 샀다.
'원정팀 선수가 실책을 할 때마다 구단 물품을 10%씩 할인해드립니다'

아무리 장사가 안 되도 넘지 말아야 할 선이 있다.
미국 메이저리그 캔자스시티 로열스 산하 마이너리그 팀인 오마하 스톰체이서스의 무리한 마케팅이 빈축을 샀다.
오마하 구단은 26일(한국시간) 미국 네브라스카주 파필리온에서 열린 콜로라도 스프링스 스카이삭스와의 홈경기를 앞두고 팬들에게 이색적인 제안을 했다.
상대팀 좌익수인 키언 브록스턴이 실책을 할 때마다 구장 내 스토어의 물건을 10%씩, 최대 40%까지 할인해주겠다고 밝힌 것이다.
오마하 구단의 트윗은 SNS로 널리 퍼져나갔다. 팬들은 이를 농담으로 받아들이지 않았다. 비판의 목소리가 커지자 구단은 경기 전 트윗을 삭제하고 팬들에게 사과했다.
1990년생 브록스턴은 밀워키 브루어스 산하 마이너리그에서 끊임없이 빅리그 진출을 노리는 선수다. 지난해와 올해 한 차례씩 콜업(call-up)돼 총 13경기에 출전, 18타수 무안타를 기록했다. 꿈을 좇는 선수에게 너무 무례한 것 아니냐는 지적이 빗발쳤다.
경기는 오마하의 9-4 승리로 끝났다. 그러나 1번타자 좌익수로 출전한 브록스턴은 투런홈런을 포함, 5타수 1안타 2타점을 올리며 활약했다. 실수는 없었다.
한편, 같은 날 메이저리그 경기에서는 한 선수가 팬들에게 가운데 손가락 욕설을 해 빈축을 샀다.
디트로이트 타이거스의 중견수 타일러 콜린스는 오클랜드 어슬레틱스와의 경기에서 6회초 실수를 범했다. 평범한 플라이 타구가 날아왔으나 낙구 지점을 잘못 판단해 공을 놓친 것이다.
디트로이트 홈 팬들은 콜린스에게 야유를 건넸다. 그러자 콜린스는 관중석을 향해 가운데 손가락을 들어보이며 불쾌한 기색을 나타냈다. 이 장면이 TV 화면에 고스란히 잡혔다.

콜린스는 경기가 끝나자마자 팬들에게 사과했다. 콜린스는 ESPN 등 미국 매체를 통해 "나는 우리 팀을 사랑하고 승리를 원한다. 홈에서 야유를 받는 것은 견디기 힘든 일이라는 점을 이해해주셨으면 한다. 내 모든 행동에 대해 사과하고 싶다. 나 스스로 당황스러웠고 우리 가족들도 나 때문에 당황스러워 했다는 것을 안다. 이런 일이 벌어져 죄송하게 생각한다"고 고개를 숙였다.

출처: CBS노컷뉴스

스포츠마케팅 사례 2.

'갈수록 중요 해진다' NBA 데이터 분석의 세계

[그림 17] 필드 골 데이터 분석

우리는 최첨단 정보화 시대에 살고 있다. 사소한 것 하나까지 수치화할 수 있을 정도로 기술력이 좋아졌다. NBA도 마찬가지. 좋은 경기력을 위해 많은 팀이 데이터 분석에 힘을 쏟고 있다.

슛 차트 전문가

샌안토니오 스퍼스는 1990, 2000, 2010년대에 모두 NBA 챔피언십을 따내며 십수년간 우승 후보로 군림하고 있다. 리그 최고의 명장인 그렉 포포비치 감독과 팀 던컨, 토니 파커, 마누 지노빌리가 기반을 탄탄히 다져놓은 결과다.

샌안토니오는 최근 변화의 흐름에 부딪혔다. 기존 던컨-파커-지노빌리 체제에서 새로 가세한 카와이 레너드와 라마커스 알드리지에게 중심축이 이동했기 때문. 그 결과 팀 색깔도 바뀌었다. 3점슛과 빠른 페이스를 선호하는 현대농구와는 달리, 빅맨 중심의 수비 지향적인 농구를 펼치고 있다.

이러한 변화에는 피드백이 필요하다. 올바른 길로 가고 있는지 알 필요가 있다. 샌안토니오는 이를 위해 커크 골스버리 데이터 분석가를 영입했다. 골스버리는 여러 농구 전문지에서 깊이 있는 분석 글을 기고하던 칼럼니스트. 특히 형형색색의 슛 차트는 그의 트레이드마크다. 슈팅 차트에 대해 자신만의 철학을 가졌던 그가 지난 3월 1일 스퍼스의 부름에 응답했다. 전략 리서치팀의 부사장으로 가세한 것.

샌안토니오 구단은 '오픈 마인드'다. 새로운 시도를 두려워하지 않는다. 실제로 스퍼스는 해외선수 스카우팅으로 유명하다. 타 팀이 미국 내의 선수들을 눈여겨볼 때 스퍼스는 외국에 초점을 맞췄다. 파커와 지노빌리를 포함, 이번 시즌 로스터에 등록된 15명의 선수 중 6명이 비 미국인이다.

또한, NBA 역사상 최초로 여성 유급 코치를 데려왔다. 배키 해먼 코치는 지난 시즌 스퍼스에 가세했고, 2015 NBA 섬머리그에서는 최초의 여성 감독으로 기록되기도 했다.

여기에 슈팅 차트 전문가인 골스버리까지 데려온 것은 파격적인 행보라 볼 수 있다. 스퍼스는 스포츠 데이터 분석 관련 프로그램인 '2015 MIT 슬로언 스포츠 애널리틱스 컨퍼런스'에서 최고의 구단으로 뽑힌 바 있다. 이미 데이터 분석에 강점을 보였다는 의미. 여기에 타 구단이 소홀히 했던 슈팅 차트 분야를 강화하며 데이터 분석에 더욱 힘을 쏟게 되었다.

[그림 18] 데이터분석

첫발을 내디딘 레이커스

LA 레이커스는 데이터 분석에 뒤늦게 뛰어든 팀이다. 그동안 이 분야에 관심이 거의 없었다. 실제로 레이커스는 MIT 슬로언 스포츠 애널리틱스 컨퍼런스에 첫 6년간 참여하지 않았다. NBA 30개 구단 중 유일하게 프로그램에 참석하지 않은 팀이었다.

물론, 컨퍼런스 참석이 무조건 좋은 결과로 이어지는 것은 아니다. 그러나 다양한 정보와 타 팀의 생각을 들을 수 있다는 점에서 좋은 기회일 터.

레이커스는 2015-16시즌부터 데이터 분석에 박차를 가했다. 일단 시즌 전에 데이터 분석 팀을 꾸렸다. 그동안 컨설턴트로만 활동했던 2명의 데이터 분석가를 데려왔다.

컨퍼런스에도 참석했다. 레이커스의 어시스턴트 코치인 클레이 모저는 2016 MIT 슬로언 스포츠 애널리틱스 컨퍼런스에 처음으로 방문했다. 거기서 모저는 충격을 받았다. NBA뿐만 아니라 NFL, MLB, NHL 등의 3,900명의 참석자가 모여 데이터 분석에 대해 깊이 있는 이야기를 나눴기 때문. 모저는 "새로운 정보를 얻을 수 있다"고 참가 후기를 전했다.

이러한 변화는 이번 시즌 바로 드러났다. 2월까지 경기당 평균 278회(28위) 패스에 그쳤던 레이커스가 3월 한 달 동안에는 평균 303회로 패스 횟수가 증가했다. 순위도 13위로 껑충 뛰었다. 그 결과 NBA 역사를 새로 쓴 골든스테이트 워리어스를 이기기도 했다.

레이커스의 바이런 스캇 前 감독은 "데이터 분석 팀이 제공하는 자료는 정말 훌륭하다. 그동안 몇몇 자료를 잘못 해석했었는데, 그러한 어려움이 없어졌다"고 말했다. 레이커스는 이번 시즌 데이터 분석으로 당장 큰 효과를 보진 못했다. 그러나 시대에 발맞춰 움직였다는 점에서 미래가 더욱 기대된다.

2016년 최고의 데이터 분석팀

골든스테이트는 지난 3월 13일 보스턴에서 열린 2016 MIT 슬로언 스포츠 애널리틱스 컨퍼런스에서 '최고의 데이터 분석 구단'으로 선정되었다. 골든스테이트는 시카고 블랙 호크스(NHL), 휴스턴 애스트로스(MLB), FC 미트윌란(축구)을 제치고 최고의 영예를 안았다.

워리어스의 어시스턴트 단장이자 데이터 분석가 커크 레이콥은 "워리어스 구단은 데이터 분석에 많은 힘을 쏟았다. 우리의 분석 결과가 옳은 결정을 내리는 데 도움이 될 것이라고 믿었다"며 분석팀에게 칭찬을 아끼지 않았다.

골든스테이트는 모션 캡처 프로그램을 활용하는 팀으로 유명하다. 워리어스는 NBA 최초로 모션 트래킹 카메라(스포츠뷰)를 설치한 다섯 팀 중 하나. 구장에 있는 총 6개의 카메라가 매초 25컷의 사진을 찍어내 다양한 정보를 제공하는 프로그램이다.

또, 워리어스는 몸에 착용하는 '웨어러블 기기'를 적극적으로 활용하고 있다. 레이콥은 "유니폼, 신발 등 착용 가능한 기계들을 활용해 선수들의 심장박동과 신체적인 능력 등의 결과물을 얻고 있다"고 밝혔다.

실제로 골든스테이트는 이러한 기술을 활용, 선수들의 피로도를 체크하고 있다. 지난 2015년 3월, 탐슨과 커리는 웨어러블 기기를 달고 연습 경기를 뛴 결과 '피로도가 높다'는 정보를 얻을 수 있었다. 이에 워리어스 구단은 클레이 탐슨(4경기), 스테픈 커리(1경기)에게 각각 휴식을 준 바 있다.

골든스테이트는 지난 2014-15시즌 NBA 챔피언십을 따낸 데 이어 올 시즌 다시 한 번 최고의 시간을 보내고 있다. NBA 역사를 새로 쓸 만큼 그들의 기세가 무섭다. 여기에는 데이터 분석팀의 공헌도 컸다. 워리어스의 적극적인 투자와 노력 끝에 선수들의 경기력이 더욱 좋아졌다고 볼 수 있다.

BOX | 각 팀의 데이터 분석가 현황

현재 리그에서 가장 많은 데이터 분석가를 보유한 팀은 어디일까. 『NBAStuffer』에 따르면 보스턴 셀틱스다. 무려 5명의 데이터 분석가가 셀틱스를 돕고 있다. 물론, 5명 전원이 데이터 분석에만 몰두하는 것이 아니다. 마이크 자렌의 경우 팀의 부단장과 함께 데이터 분석을 하고 있고, 데이비드 르윈도 스카우팅과 분석을 겸하고 있다.

NBA 데이터 분석가 중 가장 유명한 인물은 대릴 모리(現 휴스턴 로케츠 단장)다. 그는 MIT 슬로언 스포츠 애널리틱스 컨퍼런스를 개최했을 정도로 해당 분야에 잔뼈가 굵다. 해박한 통계 기법으로 선수단 구성에 힘쓰고 있다.

특히 그는 자신의 이름을 딴 '모리볼'을 선호한다. 모리볼이란 3점슛, 돌파 득점, 자유투 획득 등 확률 높은 득점 루트를 말한다. 공격 옵션 중 가장 효율성이 큰 방법으로 경기를 풀어가자는 게 모리 단장의 생각. 이에 로케츠는 모리볼을 잘 이행하고 있다. 올 시즌 3점슛 시도 2위, 돌파 시도 8위, 자유투 획득 1위를 기록했다.

출처: 루키

스포츠마케팅 사례 3.

美 NFL "국방부 '애국심 마케팅' 지원금 전액 반환"

[그림 19] 국방부의 애국심 마케팅

미 국방부, 재입대 분위기 확산 위해 프로팀 대거 동원

미국 프로풋볼리그(NFL)가 그동안 국방부로부터 애국심을 고취하는 대가로 받은 지원금을 되돌려주기로 했다.

19일(현지시간) ESPN에 따르면 로저 구델 NFL 커미셔너는 "지난 4시즌 동안 재입대 분위기 확산, 애국심 고취 등의 명목으로 받은 국방부 지원금 72만3천734달러(8억6천만 원)를 납세자들에게 돌려주기로 했다"고 밝혔다.

그는 전날 공화당 소속 존 매케인, 제프 플레이크 상원 의원에게 보낸 서한에서 "국방부로부터 받은 지원금은 감사 결과 실질적인 모병 노력보다는 보여주기식 겉치레에 사용돼온 것으로 밝혀졌다"고 설명했다.

구델 커미셔너는 "이는 NFL이 나라를 위해 헌신하는 국군 장병과 그 가족들을 존경해온 방식과는 사뭇 맞지 않은 것"이라며 "따라서 우리는 국방부 지원금을 납세자에게 돌려주려고 한다"고 강조했다.

NFL의 이 같은 방침은 매케인, 플레이크 상원 의원이 지난해 11월 발표한 '돈 받고 애국심 호소하기'(Tackling Paid Patriotism) 보고서가 직접적인 원인이 됐다고 ESPN은 전했다.

보고서는 "미 국방부가 3년간 NFL 18개 팀, 프로야구(MLB) 10개 팀, 프로농구(NBA) 8개 팀, 북미 아이스하키(NHL) 6개 팀, 프로축구(MLS) 8개 팀을 동원한 '안보 상업주의'를 전개해왔다"고 밝혔다.

[그림 20] 국방부의 애국심 마케팅

이들이 국방부로부터 받은 지원금은 680만 달러(80억7천만 원)에 달하는 것으로 알려졌다. 프로 스포츠팀들이 국방부로부터 돈을 받고 '애국심 마케팅'에 앞장섰다는 것이다.

실제로 스포츠 스타들이 얼룩무늬가 새겨진 유니폼을 입고 경기에 앞서 전사한 장병들의 희생을 찬양하는 발언을 하거나 군 행사에 갑자기 나타나 깜짝쇼를 하기도 했다.

2014년 NFL 시애틀 시호크스팀은 경기 직전 행사를 통해 제대를 눈앞에 둔 현역 병사 10명이 재입대하도록 유도해 거액을 챙기기도 했다.

보고서는 이 같은 국방부의 '애국심 마케팅'은 스포츠 스타와 이벤트를 통해 모병을 쉽게 하기 위한 목적이 깔렸다고 분석했다.

출처: 연합뉴스

스포츠마케팅 사례 4.

'2500만원짜리 문신' 어깨 광고 경매한 육상 선수

올림픽 출전을 앞두고 광고 유치를 위해 자신의 어깨를 온라인 경매 사이트에 내놓은 육상 선수가 있다.

미국 중장거리 육상 대표인 닉 시먼즈(33 · 사진)는 온라인 경매 사이트인 이베이에 자신의 오른쪽 어깨에 기업 광고를 달고 올림픽에 나가겠다면서 지난달 25일부터 10일 동안 경매를 진행했다. 2013년 모스크바 세계선수권 남자 800m에서 은메달을 땄고, 2008 · 2012년 올림픽에 두 차례 참여했던 자신의 경력을 소개한 시먼즈는 "기업 로고나 웹사이트 또는 소셜미디어 주소 등을 문신 형태로 오른쪽 어깨에 새기겠다" 고 밝혔다. 시먼즈는 직접 만든 계약서와 함께 자신이 올시즌 참가할 대회 일정도 소개했다.

99센트에서 시작한 경매엔 30명이 몰렸다. 모두 107건의 경매 신청 끝에 결국 이동통신업체인 T모바일이 최종 2만1800달러(약 2560만원)에 시먼즈의 '어깨 광고권'을 낙찰받았다. 시먼즈는 최종 낙찰이 결정된 14일 자신의 트위터에 어깨에 붙일 로고 사진을 올렸다. 존 레저 T모바일 최고경영자(CEO)는 "스포츠를 통해 가장 효과적으로 홍보할 수 있는 방법을 찾았다"고 말했다.

시먼즈의 '어깨 광고' 경매가 처음은 아니다. 2012년 런던 올림픽을 앞두고도 그는 "원하는 업체의 트위터 주소를 왼쪽 어깨에 새기겠다"면서 광고 경매를 진행했고, 밀워키의 한 광고 회사에 1만1100달러(약 1300만원)를 받고 왼쪽 어깨 광고권을 팔았다.

국제올림픽위원회(IOC)와 미국올림픽위원회(USOC)는 올림픽에 출전하는 선수들이 개별 후원을 받고 홍보 활동을 하는 걸 금지하고 있다. 그러나 시먼즈는 이런 조항이 잘못됐다며 이에 항의하기 위해 광고 경매를 했다고 주장하고 있다.

시먼즈는 런던 올림픽 당시 트위터 주소를 새긴 어깨를 가린 채 경기에 나섰다. 선수 개인의 홍보 활동을 금지하는 내용을 담은 올림픽 헌장 40조에 따라 그는 8월 리우 올림픽에서도 어깨에 새긴 광고 문안을 가려야 한다. 시먼즈는 USOC의 후원금지 조항이 부당하다면서 최근 오레건주 법원에 소장을 제출했다. 그러나 법원은 지난 12일 시먼즈의 요청을 기각했다.

출처: 중앙일보

스포츠마케팅 사례 5.

'야구명가' 뉴욕 양키스의 이유 있는 몰락

메이저리그(MLB)의 뉴욕 양키스는 전 세계 스포츠 종목을 통틀어 최고의 명문 구단이다. 지난 1901년 창단 이래 100년이 넘는 역사를 자랑하며 월드시리즈 우승 27회라는 금자탑을 쌓았다. 아메리칸리그(AL) 우승도 40회나 거머쥐었다. 지난 3월 미국 경제지 포브스가 발표한 메이저리그 30개 구단 가치 순위에서도 34억 달러로 1위를 차지했다. 포브스가 구단 가치를 평가한 1998년 이래 19년 연속 부동의 1위다.

그간 양키스를 거쳐간 스타도 즐비하다. 야구팬이라면 모를 수가 없는 전설의 홈런타자 베이브 루스를 비롯해 2130경기 연속 출장 기록에 빛나는 루 게릭, 1980년대 양키스를 대표하는 돈 매팅리, 2003년부터 2014년까지 양키스의 캡틴을 맡은 데릭 지터, 700호 홈런을 향해 달려가는 알렉스 로드리게스까지. 숱한 MLB의 전설이 양키스와 인연이 닿았기에 야구팬들에게 양키스는 동경의 대상이자 최고의 팀으로 남아 있다.

양키스의 몰락은 야구팬들의 아쉬움을 자아낸다. 양키스는 4일 미국 메릴랜드주 볼티모어 오리올 파크 앳 캠든 야즈에서 열린 볼티모어 오리올스와의 경기서 1-4로 무릎을 꿇으며 6연패 늪에 빠졌다. 현재까지 성적은 8승 16패로 AL 동부지구 최하위다. 볼티모어보다 안타 두 개를 더 치고도 타선의 집중력이 떨어져 1점을 내는 데 그쳤다. 볼티모어의 마크 트럼보가 홈런 2방으로 홀로 3타점을 올리는 원맨쇼를 지켜봐야 했다.

'돈으로 승리를 사는' 시대는 종말을 고했다. 양키스는 올 시즌 전 야후 스포츠가 발표한 구단 연봉 총액 순위에서 2억 2900만 달러로 2위에 오른 '빅마켓' 구단이다. 양키스 외에 연봉 총액이 2억 달러가 넘는 구단은 1위인 LA 다저스(2억3500만 달러)뿐이다. 양키스는 지난 이적 시장에서 쿠바 출신 강속구 투수 아롤디스 채프먼을 영입했다. 채프먼을 제외하곤 거물급 FA 영입에 손을 대지 않았음에도 연봉 순위 상위권에 올랐다는 점은 양키스의 '노쇠화'를 단적으로 보여준다. 동시에 미래에 투자하는 대신 당장의 성적을 위해 비싼 몸값의 선수들을 사들이는 양키스의 경영 철학을 엿볼 수 있다. 기존 선수와의 조화보다는 선수 개개인의 능력에 기대 팀을 이끄는 방식이 과거에는 통했을지 몰라도 지금은 아니다.

잉글랜드 프리미어리그(EPL) 레스터 시티의 우승은 양키스에 시사하는 바가 크다. 창단 132년만에 첫 EPL 정상을 밟은 레스터 시티 선수단의 몸값은 EPL 최고 부자 구단으로 꼽히는 맨체스터 시티의 8분의 1 수준이다. 레스터시티 우승의 주역인 스트라이커 제이미 바디(29)는 100만파운드의 이적료를 받고 이번 시즌 34경기에 출전해 22골을 기록했다.

[그림 21] 레스터 시티 팬의 모습

‘저비용 고효율’의 표본을 보여 준 레스터 시티의 성공 이면엔 선수보다 원팀(One team)이라는 지도 철학이 있다. 클라우디오 라니에리(65) 레스터 시티 감독은 지난해 7월 지휘봉을 잡고 특유의 ‘아버지 리더십’으로 선수단을 이끌었다. 선수들과 소통하며 신뢰를 쌓고 개개인의 잠재력을 극대화시키는 데 집중했다. 스리바나프라바 부구단주는 바디가 입단 초기 매일 술을 마시며 불성실한 태도를 보이자 “팀을 위해 무엇을 할 수 있는지 신중히 생각하라”고 일침을 가했다. 레스터 시티는 이원화가 가능한 다른 팀과 달리 선수층이 두껍지 않아 선수 구성에 큰 변화 없이 한 시즌을 치르면서 기적을 연출했다. 탄탄한 조직력과 특유의 역습 축구를 토대로 스타 선수가 아닌 ‘여우 군단’의 저력을 보여줬다.

반면, 양키스와 같이 특정 선수에 기댄 야구는 곳곳에서 취약점을 드러낸다. 올 시즌 양키스의 전략은 강력한 불펜 야구다. 베탄시스-밀러-채프먼으로 이어지는 필승조로 승리를 지켜내겠다는 심산이었다. 불행히도 채프먼이 폭행 혐의로 30경기 출전 정지 처분을 받아 시즌 초 합류하지 못하며 균열이 생겼다. 오는 10일 캔자스시티 로열스와의 4연전 중 첫 경기에 모습을 드러낼 전망이지만 경기 감각을 빠르게 회복할 수 있을지 의문이다.

[그림 22] 뉴욕 양키즈 알렉스 로드리게스 선수

여기에 팀 내 간판타자 알렉스 로드리게스도 햄스트링 부상을 의심해 MRI 검진을 받을 예정이다. 로드리게스는 1975년 7월생으로 만 41세의 노장이다. 부상 회복이 더딜 수 있다는 뜻이다. 게다가 연봉 2100만 달러의 고액연봉자를 부상으로 쓸 수 없다는 것이 팀으로서는 골치다.

스포츠는 팀 경기다. 구단의 가치는 숫자로 매겨질 수 있지만 경기력은 팀으로 말한다. 지는 해 양키스와 떠오르는 해 레스터 시티의 차이는 고액 연봉 선수들이 아닌 팀으로 갈렸다.

출처: 디지털타임즈

제 3 장

위기관리 경영

위험관리(Risk Management)

스포츠 활동에는 필연적으로 여러 가지 위험이 존재한다. 스포츠법에서 살펴본 바와 같이 계약 또는 불법행위로 인한 법적 분쟁은 물론 스포츠 활동 중 발생할 수 있는 자연 재해 또는 응급 상황과 같은 여러 물리적 위험들도 존재한다. 이러한 위험을 관리하는 것이 스포츠 관리자의 의무이자 스포츠 관리자로서 능력의 척도라고 할 수 있을 것이다.

스포츠경영이란 스포츠 활동에 있어서 발생하는 위험을 관리하는 것이라 할 수 있다. 앞서 스포츠법 제 3장에서 보았듯이 에이전시 관계에서 발생할 수 있는 위험을 관리하기 위해 주와 연방 법률이 제정되었고 선수 협회의 규칙이 구성되었다. 스포츠 계약으로 인한 위험을 관리하기 위해 계약법이, 불법행위로 인한 위험을 관리하기 위해 불법행위법이 존재하며 스포츠시설물로 인한 위험을 방지하기 위해 각종 시설물 관련 법규가 시행되고 있다.

위험관리는 스포츠 활동과 관련하여 발생할 수 있는 위험을 줄이는 데 그 목적이 있다. 스포츠 활동은 자연히 여러 위험을 내포할 수밖에 없고 위험을 완전히 제거하는 것은 스포츠 활동 자체를 중지하는 것과 같은 의미를 가지게 되기 때문이다. 예를 들어 야구 경기는 공에 맞을 수 있는 위험, 슬라이딩을 하며 부상을 당할 수 있는 위험, 관중이 던진 이물질에 맞을 수 있는 위험, 달리다가 넘어져 부상을 당할 위험 등 종목의 특성 상 수많은 신체적 위험을 안고 있다. 만약 야구 경기에서 위험을 완전히 제거하고자 한다면 슬라이딩 금지, 투구 금지, 달리기 금지, 경기 관람 금지 등 결국 야구 경기 자체를 중단하게 하는 수단밖에 쓸 수 없을 것이다. 이는 스포츠 본래의 목적에도 맞지 않을뿐더러 스포츠 활성화에도 전혀 도움이 되지 않는다. 그러므로 스포츠 영역에서의 위험 관리는 위험을 최소화 하는 것에 중점을 두어야 한다.

스포츠 관리자가 고려해야할 위험의 종류는 매우 다양하다. 경기 중 발생할 수 있는 부상의 위험, 훌리건, 테러와 같은 폭력행위의 위험, 어린이 보호, 화재, 수해, 번개, 폭풍과 같은 자연 재난의 위험, 심장마비나 발작과 같은 응급상황의 위험, 전염병의 확산 위험, 스포츠 활동 중 트라우마와 같은 정신적 상해의 발생 위험 등 그 양태가 다양하여 스포츠 관리자는 다방면에 있어서 전문지식을 갖추고 모든 위험에 대한 대비를 하여야 한다. 이와 같이 수없이 많은 위험에 일일이 대비책을 마련하는 것은 일견 비용의 상승을 초래하고 생산성을 악화 시키는 것으로 보일 수 있으나 결국 위험 관리를 통하여 장래 발생할 수 있는 손실을 방지하고 안전한 환경에서 효율성을 최대로 끌어올려 더 많은 이익을 발생시킬 수 있다.

1. 위험관리의 주체

스포츠 관리자는 위험 관리에 대한 의사 결정을 내리는 주체이다. 스포츠 관리자의 의사 결정에는 많은 요소들이 영향을 미칠 수 있다. 스포츠 관리자 자신의 부상 경험이나 위험관리에 대한 교육 및 훈련 경험, 미디어에서 보여지는 스포츠 위험 관련 사건사고들, 친구나 지인의 경험담, 직무에서 비롯한 경험 등이 스포츠 관리자의 위험관리에 대한 의사 결정에 영향을 미친다. 경험에서 비롯한 의사 결정은 현실적이고 구체적인 장점이 있으나 때로는 편견이 개입되거나 객관적이지 못할 수 있으므로 스포츠 관리자는 자신의 직접 경험 뿐 아니라 객관적인 자료와 정보를 충분히 활용하여 의사 결정을 해야 한다.

스포츠 관리자가 위험 관리를 위하여 하는 대표적인 조치는 안전 계획을 수립하고 시행하는 것이다. 안전 계획은 자연재해, 인재, 응급상황 등을 포함하는 포괄적인 위험에 대비하는 계획으로 각 위험에 대한 대처 절차와 위험을 선제적으로 방지하는 방지책으로 구성된다. 스포츠 관리자는 이와 같은 안전 계획을 수립하는 데 있어서 현실적으로 실행 가능하고 효과적인 계획을 수립하기 위해 가능한 정보와 지식을 동원해야 하며 계획을 지속적으로 시행하기 위해 필요한 비용과 인력 또한 고려해야 한다.

위험 관리를 위해 보험을 활용할 수도 있다. 화재 또는 번개, 벼락과 같은 재해 발생 시 손해를 배상해 주는 화재보험, 스포츠시설의 이용자, 고용인, 선수 등의 상해 발생 시 배상해주는 상해보험, 고용인의 불법행위 등을 배상해 주는 책임 보험 등을 스포츠 영역에서의 위험을 관리하기 위해 가입할 수 있다. 보험회사는 위험의 발생 가능성과 위험의 중대성을 측정하여 보험료를 책정하고 배상 금액을 제시한다. 보험은 스포츠 관리자로 하여금 상대적으로 적은 비용으로 책임을 경감시키는 역할을 하지만 보험으로 모든 위험을 관리하려 하는 것은 위험관리에 대한 올바른 계획이 아니다. 보험은 이미 현실화된 위험, 즉 사고로 발생한 손해를 배상하는 것으로, 사고를 사전에 예방하는 효과는 거의 없기 때문이다. 사고는 실제로 발생하지 않도록 예방하는 것이 우선이고 이미 발생한 사고에 대한 책임을 지는 것은 그 다음이다. 그러므로 스포츠 관리자는 위험 관리를 위해 보험에 가입함과 동시에 위험을 사전에 감소시킬 수 있는 안전 계획을 수립해야 한다.

법률 전문가는 효율적인 안전 계획 수립을 도울 수 있다. 정부, 지방자치단체, 스포츠 협회 등 스포츠산업을 규제하는 기관들은 스포츠 활동에 있어서 어떠한 안전 계획을 수립해야 하는지 규정을 두고 있다. 이러한 규정들은 지역에 따라, 스포츠 종목과 참가자 등의 요소에 따라 달라지기도 하고 독립된 하나의 체계를 이루고 있기보다는 산발적으로 제정되어 시행되고 있기 때문에 스포츠 관리자가 자신에게 필요한 사항을 모두 파악하기 어렵다. 하지만 규정에 대해 인지하지 못해 해당 규정을 위반하거나 준수하지 못한 경우 받는 불이익과 피해는 매우 클 수 있다. 예를 들어 여러 주에 수영장 시설을 운영하고 있는 스포츠 관리자는 각각의 주법에서 요구하는 안전 규정을 준수하여야 한다. 만약 A주법은 전체 면적이 $100m^2$ 이상인 수영장에 최소 안전요원 2인과 AED를 반드시 갖추도록 요구하고 있고 B주법은 레인 1개당 최소 안전요원 1인을 고용하도록 요구하고 있다면 스포츠 관리자는 A주와 B주의 수영장에 해당하는 규칙을 숙지하여 필요한 안전요원과 안전 장비를 갖추어야 한다. 스포츠 관리자의 수영장 시설이 10개 이상의 주에 위치하고 있다면 스포츠 관리자가 10개 이상의 주 법률과 다른 규정을 모두 확인하여 규정에 맞는 시설을 유지해야 하고 만약 이를 위반할 시 각 주의 규정에 의해 처벌을 받게 될 것이다.

일반 대중으로서는 파악하기 힘든 복잡한 법률 규정의 특성상, 스포츠 관리자는 법적 위험을 줄이기 위해 법률 전문가의 조력을 받는 것이 효율적이고 흠결 없는 안전 계획을 위한 지름길이 될 것이다.

2. 위험관리와 손실방지(Risk management and Loss Prevention)

궁극적으로, 위험관리는 손실방지를 위함이다. 이는 스포츠시설/서비스의 소비자에게 보호 의무에 따른 안전장치를 제공함과 합리적 안전조치의 이행에 따른 책임으로부터 해당 기관을 보호하기 위한 것이다. 아래는 손실의 종류로, 측정하기 쉬운 것과 어려운 것으로 나뉘어져 있다.

1) 금전(money)

손쉽게 측정할 수 있는 손실의 종류로, 보험 회사의 가장 큰 관심사이다. 스포츠 기관이 큰 소송에서 지거나 합의를 하게 되었을 때 보험요율의 인상이나 보험혜택의 감소는 기관에 큰 영향을 미치게 된다. 자가 보험을 가진 기관 또한 금전적 손실을 입게 된다.

2) 시간과 노력(Time and Effort)

소송은 필연적으로 오랜 시간을 소비하게 하고 합의에 이르게 된다 하더라도 답변서의 작성이나 진술 등의 소송 절차에 많은 시간과 노력을 소비하게 된다.

3) 스트레스(stress)

사전심리, 재판, 항소 절차에는 양 측 당사자와 관리자 모두 큰 스트레스를 받는다. 진술 절차는 통상 수 시간이 걸리며 피고인은 상대 변호사의 사실관계에 관한 끊임없는 질문에 시달리게 되므로 큰 스트레스를 받게 된다.

4) 이미지와 신용(image and good will)

소송이 미디어에 노출되어 해당 기관의 과실이나 결점이 드러나게 되면 그 동안 쌓아온 좋은 이미지와 신용이 추락하게 되며 이는 티켓의 판매에서부터 기관의 금전적 가치에 이르기까지 광범위한 분야에 나쁜 영향을 주게 된다.

3. 위험관리절차(Risk management process)

위험관리는 절차이며 이 절차에는 핵심적인 다음 세 요소가 있다. 아래에서 이 세 가지 요소가 절차에서 어떤 역할을 하는지 설명할 것이다.

1) 인식(Recognition)
2) 분석(Analysis)
3) 대응(Action)

각각의 요소는 고유의 영향력을 가지며 절차의 첫 단계는 관리자가 특정 위험을 축소하고 제거하는 것에 대한 중요성을 인식하는 것이다. 이 인식으로 관리자는 위험의 종류를 구체화, 범주화 하고 평가하는 분석의 단계를 거쳐 위험에 따른 적절한 대응을 하게 되는 것이다.

1) 인식(Recognition)

위험의 인식은 일반적인 범주의 위험과 그 범주 안의 특정 위험에 대한 고려를 포함한다. 특정 위험과 법적 책임을 인식하고 의사결정을 함에 있어서 현실적 매니지먼트 쟁점과 관리자의 태도 등의 요소가 영향을 미치게 되는데 그중 중요한 점은 비용이다.

많은 경우 위험관리계획과 절차는 인적, 물적으로 소요되는 비용에 따라 결정되어지고 위험 축소를 위한 시설/인력 확충에 스포츠 기관에 금전적 부담이 과한 경우 공적 자금, 사적 기부 등의 보조적 장치를 통한 도움을 구할 수도 있다.

위험의 인식과 대응을 담보하기 위해 매니지먼트는 시간, 노력, 인적 자원, 정보 등의 제한된 자원을 최대의 효율로 이용하여야 한다.

다층적 명령체계를 가진 기관의 경우 잠재적 위험을 방지토록 하기 위해 상부의 지휘권자에게 보험책임, 법적 책임, 비용 등의 사실을 알리고 설득하는 작업이 필요하며 이 때 비용적인 측면 뿐 아니라 안전정책에 관한 도덕적 고려도 반드시 수반되어야 한다.

안전책임을 지는 관리자로 하여금 의사 결정에 개인적 동기나 미디어, 개인적 경험, 주위 인물의 영향 또는 이 외의 다른 동기들이 개입하여 영향을 주었는지 판단하는 것 또한 필요하다.

위험 인식에 영향을 미치는 다른 요소들로는 도덕적 판단, 위험에 따른 잠재적 비용 등이 있으며 위험 방지에 많은 비용이 소요된다 할지라도 관중의 안전을 위한 안전 대책은 도덕적으로 반드시 선행되어야 한다.

2) 분석(Analysis)

보편적 위험과 특정 위험을 분석하는 것으로 분석에는 위험 확인과 위험 평가의 두 단계로 이루어져 있다.

(1) 위험확인(risk identification)

위험확인은 위험을 발견하고 위험이 적절히 해결되지 않을 시의 잠재적 법적 책임을 밝히는 것을 포함한다. 시설물의 지난 사고 기록과 부상 통계, 사고의 증거 등을 살펴보고 그 안의 패턴을 찾아내는 등으로 위험확인을 할 수 있으며 위험의 확인은 적절한 위험 관리 계획을 개발하는데 직접적으로 연결되어 있다. 위험 확인에는 상식적인 사회 통념, 전문가적 판단이 동원되는데, 상식적으로 판단되는 위험은 대체로 명백하며 가장먼저 확인되어야 하는 것이다. 명백하지 않은 위험은 위에서 설명한 주의의무 기준을 가지고 확인할 것이며 확인에 있어서 관리자의 배경, 교육, 수련 정도와 같은 요소가 관리자의 확인 능력을 결정하므로 지속적인 업무 교육과 트레이닝이 관리자로 하여금 스포츠 안전 쟁점에 대한 법적 이해를 높이는 데 도움을 준다.

(2) 위험평가(Risk evaluation)

위험을 확인할 때 관리자는 위험의 발생 가능성과 그 중대성을 평가하여 어떤 위험을 우선순위에 놓고 관리할지 결정한다. 위험이 발생하는 빈도가 높을수록 그 발생 가능성은 높으며 위험으로 발생할 피해가 클수록 그 중대성은 높아진다. 발생 가능성과 중대성이 높을수록 위험 방지조치는 반드시 취해져야 하는데 발생 가능성은 높으나 그 중대성은 작은 경우, 발생 가능성과 중대성 모두 중간 정도인 경우에는 대응하는 조치를 취하는 데 정해진 룰이 없어 어려움을 겪을 수 있다.

3) 대응(action)

위험의 확인과 평가 후에는 그에 대응하는 조치가 취해져야 하는데 그에는 네 가지 모델이 있다.

(1) 유지(retention-상태 그대로 유지)
(2) 처리(treatment -위험을 줄이기 위해 조치를 취함)
(3) 전가(transfer- 법적 책임을 리스나 계약을 통해 전가)
(4) 회피(avoidance - 프로그램이나 시설을 제거하여 위험을 제거)

위의 조치들을 이해하기 이전에 9.11 테러를 전후로 대학이나 프로 스포츠 경기장에 대한 보안대책의 관점 변화를 살펴보자면, 9.11 테러 이전에는 공공장소에 대한 테러에 대한 발생 가능성이 낮은 것으로 확인, 평가되었으므로 대부분의 보안 대책은 적절한 것으로 받아 들여 졌지만 테러 이후 위험 발생 가능성은 급격히 치솟아 보안 대책 또한 급격한 발전을 보였다. 위험을 줄이기 위해 경기장내 특정 물건 반입 금지, 경기장 상공 비행 금지등과 같은 처리(treatment)를 하는가 하면 보험을 가입하여 위험을 전가(transfer) 하고 극단적인 경우 스포츠 행사 자체를 취소하는 회피(avoidance)도 보여졌다.

관리자는 위험에 대응하기 위해 정책과 절차를 수립하게 되는데 수립에 필요한 정보는 전문가 집단이나 온라인상에서 얻을 수 있으며 아래의 표 3.1은 위험의 종류에 따른 정보를 얻을 수 있는 웹사이트를 나열하고 있다. 인터넷의 발달에 따라 벼락 빈도와 같은 위험 관련 정보를 얻기 쉬워져 관리자는 많은 도움을 받을 수 있다.

정책과 절차는 반드시 서면으로 작성되고, 대중과 관리인 및 고용인들과 소통되어야 하며 관리자와 고용인들은 필독하여 적절히 이행하여야 한다.

스포츠 기관의 절차 중 하나는 규칙적인 유지보수와 시설의 점검이고 관리자는 유지보수와 시설점검을 관리, 감독하여 반드시 정해진 일정대로 이행되도록 하여야 한다. 내부적인 유지보수와 시설점검 외에 외부감사도 있을 수 있는데, 외부감사는 그 빈도는 낮지만 세밀한 점검이 가능하다. 점검에서 문제가 발견되면, 관리자는 안전에 대한 위험성이 존재하는지 반드시 확인하고 그에 대응하는 조치를 취하여야 한다. 다음은 Verni v. Aramark et al., 903 A. 2d 475 (N.J. App. 2006) 판례로 스포츠 경기장에서 주류 판매 위험 관리에 대한 쟁점을 보여준다.

Lanzaro는 Aramark사가 관리하는 경기장에서 관람 중 다량의 주류를 구입하여 만취한 후에 경기장을 나와 추가로 주류를 섭취하고 교통사고를 내 Verni와 그의 가족에게 중상해를 입혔다. Verni 가족은 Lanzaro와 함께 경기장의 주류 판매책임을 가진 Aramark사 또한 고소하였다.

4. 위험관리 적용(Risk management application)

스포츠 영역에서의 위험관리를 적용하는 방법은 셀 수 없이 많다. 그 중 중요한 쟁점은 응급사태 대응계획(emergency action planning), 위기관리(crisis management), 번개 안전수칙(lightning safety) 등이 있다. 신체 장애인에 대한 쟁점과 장애관련법의 적용 또한 위험 관리의 빈번한 쟁점 중 하나이다.

1) 응급사태 대응계획(emergency action planning)

어떤 종류의 스포츠든 선수의 부상 시 응급치료는 중요한 쟁점으로, 적절치 않거나 뒤늦은 치료는 부상을 악화시킬 위험이 있으므로 응급사태 대응계획은 반드시 준비되고, 전달되어 이행되어야 하는 가장 기본적인 위험관리 방법

중 하나이다.

응급사태 대응계획은 근처의 응급치료 시설을 인식하고 응급구호 인력을 배치하고 응급라인을 확보하는 등의 방법을 포함하며 잘 수립되고 정기적으로 직원들에게 전달되어 연습된 계획은 실제 응급사태 시 시간을 단축하고 혼란을 막는 역할을 한다. 다음 Kleinknecht v. Gettysburg College, 989 F.2d 1360 (3rd Cir. 1993) 판례에서는 대학팀이 선수들에 대하여 지는 응급치료 의무를 보여준다.

1988년 라크로스 경기도중 대학 선수 하나가 심장마비를 일으켜 쓰러졌고 당시 CPR을 할 줄 아는 트레이너나 코치가 동반하지 않았고 가까운 전화기로의 연결도 확보되지 않아 응급치료가 지연되어 결국 사망에 이르러 대학팀이 선수의 사망에 대하여 법적 책임을 지게 되었다.

2) 위기관리(crisis management)

스포츠 기관의 목표와 평판을 해칠 정도로 규모가 크고 위협적인 잠재적 위협을 위기(crisis)라 하는데 위기는 대게 자연재해, 테러와 같이 기습적이고 응급사태보다 더 많은 피해를 주므로 위기 시 평상시 상태로 돌리기 위한 계획, 위기관리 계획의 수립이 필요하다. 위기관리는 각 스포츠 종목의 성질, 장소, 참가자 등의 성격에 따라 개별적으로 개발되어져야 하는데 그러한 개별성에도 불구하고 몇 가지 구성요소들을 모든 종류의 위기관리 계획에 공통적이다.

(1) 기획팀의 구성(create a planning team)

위기관리 계획을 세우는데 첫 번째 단계는 기획팀 구성으로 이들은 전문가와의 대면, 사고/부상 기록의 확인 등의 방법을 통해 위험과 위기를 확인한다. 지난 사고가 발생한 장소나 사고의 성질, 사후 처리 등을 아는 것은 위기관리 계획을 개발하는데 중요하다.

(2) 대응계획 개발(develop an action plan)

위기 대응계획에서 고려해야 할 첫째는 인력으로 적절히 훈련된 인력이 배치되어야 하고 둘째는 스포츠시설으로 출구, 전기시설 등과 같은 시설물이 위기 시 탈출할 수 있도록 구성되어야 하며 세 번째는 응급 도구로 응급치료기구와 소화기 등의 기구들이 보관되어져 있어야 한다.

(3) 응급 의사소통 규칙 설정(establish emergency communication rules)

위기 상황 시 대처할 수 있도록 외부 전문가를 확인하고 응급 의사소통을 위한 절차와 방법을 사전에 정해놓는 것도 중요하다. 응급 시 외부로의 연락망을 파악하고 전 스태프로 하여금 숙지하도록 해야 한다.

(4) 위기 후 의사소통 규칙 설정(establish postcrisis communication rules)

위기사태가 지난 후 외부 미디어와의 적절하고 정확한 의사소통 또한 중요하다. 외부에 정확한 정보와 상황을 제공하고 내부로는 현 상황과 중요 수칙들, 사오항의 변동 등을 즉시 스태프들 간에 교류하여 위기 대응에 대한 오차나 착오가 생기지 않도록 한다.

(5) 위기 후 보고서 작성(create postcrisis reports)

모든 위기는 해당 기관의 변호사에게 승인된 사고와 부상 보고서의 폼으로 서면 작성되어야 하며 보고서를 작성하는 방식과 절차, 작성인은 위기관리 계획에 지정되어야 한다. 이 보고서에는 위기 후 후속조치에 대한 사항들과 보고서가 제출될 장소와 결제인, 또한 위기에 대해 미디어와 소통할 대변인도 포함된다.

(6) 계획시험(test the plan)

일단 응급사태 대응계획이 수립되면 반드시 최소한 일 년에 일 회 이상 테스트 하여야 하며 정기적으로 평가되고 업데이트 되어야 한다. 각 고용인들과 스태프는 반드시 계획안을 서면으로 제공받거나 고지되어 계획과 절차를 숙지하여야 한다.

제 4 장

미국 스포츠경영학과 학부 프로그램 소개

누구나 한 번쯤 '나는 멋진 스포츠에이전트가 될거야' 혹은 '훌륭한 스포츠 마케터가 되어서 협상의 대가가 될거야' 라는 생각을 해 보았을 것이다. 이 글을 쓰고 있는 저자 또한 이러한 생각은 여러 번 해 보았다. 많은 학생들의 질문은 이렇다. "스포츠마케팅에 대해서 공부하고 싶은데 어느 대학 어떤 과를 진학해야 할까요?"

앞서 책의 서두에서 언급했듯이 스포츠마케팅 분야에서 활동하고 있는 분들을 보면 실질적으로 스포츠마케팅 관련 학과를 나온 분들은 극히 드물다. 대부분의 사람들이 스포츠마케팅 전공이 아닌 타 전공(경영학, 무역학, 경제학, 영문학, 법학 등)을 졸업한 사람들이 많다. 엄밀히 말하자면 스포츠마케팅은 스포츠경영의 세부 영역이고, 스포츠경영은 쉽게 해석하자면 경영에서 스포츠를 접목 시킨 응용학문이라고 말할 수 있다. 경영은 어떠한 목적을 성취하기 위하여 필요한 사람과 물자 그리고 서비스 등을 제공하는 활동이라고 정의할 수 있다. 대부분의 체육 분야는 응용학문 분야가 많아 인문사회분야 이외에도 자연과학 분야에도 순수학문을 전공한 학생들이 더 전문적이고 관련된 전공에 심도한 지식이 있다. 이에 스포츠마케팅을 전공으로 하지 않은 사람이 스포츠산업분야에서 많이 활동하고 있는 이유 중의 하나이다.

그렇다고 스포츠마케팅을 전공으로 하고 싶은 학생들에게 순수학문을 배우는 학과를 진학하라고 권유할 수 있는 것도 아니다. 전공 선택의 여부는 여러분의 결정이다. 저자는 단지 스포츠산업 분야의 현실을 소소하게 언급했을 뿐이다.

외국 대학으로 유학을 준비하는 학생들에게 우선 University와 College의 차이점을 소개하고 싶다. 대부분의 한국 사람은 College라고 하면 2년제 대학 및 전문대학교라고 생각한다. 그 이유는 우리나라의 대학교 교육제도는 크게 2가지로 나뉘어 있다. 바로 2년제 전문대학과 4년제 대학교로 구분되어있기 때문이다. 하지만 이는 정확하게 구분되는 기준이 아니다.

[그림 23] 미국 대학의 캠퍼스

2년제 대학이라고만 명칭 하는 것이 아니라 단과대학 및 학부를 가진 대학교를 의미하기 때문에 2년제, 4년제 둘 다 상관없다. 이에 College의 특징은 여러 과를 두고 있지 않고 한 과목을 집중적으로 배우는 교육기관이라는 점이다. 학위는 졸업할 때 University와 마찬가지로 학사와 석사, 박사까지 받을 수 있다.

그럼, University는 무엇인가? University는 단과대학교를 포함하고 있는 종합대학교이다. 법대, 의대, 공대, 음대 등을 포함하고 있는 종합대학교의 성격을 뛰고 있어 College가 모여 University가 되는 것이다.

[그림 24] 미국 대학의 캠퍼스

이 외에도 School이나 Institute라는 교육기관도 있다. 이러한 교육기관은 College보다 더욱 특성화된 기관을 의미하는데, 예를 들면 The Juilliard School (줄리아드 스쿨)는 음악에 특화된 전문학교로 음악을 전문적으로 배울 수 있는 기관이다. Institute도 마찬가지로 School과 비슷하며 단과대학만 의미하는 것이 아니고 교육기관 전체에 구분 없이 사용되기도 한다. 특히 미국의 경우, 학교의 레벨 혹은 네임벨류보다는 그 학교가 어떤 장점을 가지고 있는지, 또는 어느 학과가 유명한지에 따라 학교를 인정받는다. 그럼, 미국대학진학을 위한 방법을 알아보자.

* 정규입학

미국의 수능이라고 할 수 있는 SAT와 ACT 시험점수로 입학을 하는 방법이다. 우리나라에서는 고등학교과정을 마친 후 미국대학진학을 하는 것인데, 보통 고등학교 내신 성적이 좋고 영어실력이 뛰어난 학생들이 정규입학 방법을 선택하는 편이다.

* 커뮤니티 컬리지 입학 후 편입

이 방법은 고등학교를 졸업한 후, 미국의 커뮤니티 컬리지에 입학을 한다. 2년 동안 공부해서 좋은 학점을 받아서 본인이 목표로 하는 대학교로 편입하는 방법이다. 고등학교 내신 성적이 좋지 않거나 영어실력이 부족한 학생들에게 적합한 방법이다.

* 패스웨이

일정의 유학생 특별전형으로 미국대학진학을 목표로 하는 학생들이 성적이나 영어성적이 조금 부족한 경우 선택하는 방법으로 1학년 과정을 집중 관리받으며 공부하여 패스웨이 과정을 이수하고 그 학점에 따라서 미국대학진학을 할 수 있는 방법이다.

* 조건부 입학

조건부 입학은 내신 성적이나 다른 조건을 만족하지만 해당 대학에서 요구하는 영어성적이 없거나 부족한 학생들이 주로 선택하는 방법이다. 대학교에서 인정되는 어학기관에서 과정을 이수하는 조건으로 입학하는 방법이다.

미국의 스포츠경영 프로그램은 현재(2016년 기준) 200이상의 단과대학 및 대학에서 제공하고 있으며, 학사, 석사, 박사 수준의 프로그램을 제공하고 있다. 아울러 경영, 마케팅, 홍보, 경제, 방송, 광고, MBA 등의 전공을 졸업한 학생들도 스포츠산업과 관련된 직업에 종사하고 있다.

대표적인 미국의 스포츠경영 프로그램은 North American Society for Sport Management(북미스포츠경영학회, www.nassm.com)에서 쉽게 접근할 수 있으며 다양한 정보를 접할 수 있다.

[그림 25] NASSM의 메인 홈페이지

북미스포츠경영학회는 스포츠경영과 관련하여 국내·외 컨퍼런스 개최, 저널, 스포츠산업 일자리 제공, 스포츠경영 프로그램 제공 등의 목적으로 운영되고 있다.

스포츠경영 프로그램은 미국뿐만 아니라 캐나다, 호주, 뉴질랜드, 유럽, 인도, 아프리카, 아시아에서 제공하는 모든 스포츠경영 프로그램을 검색할 수 있도록 정보를 제공하고 있다. 미국 스포츠경영 프로그램은 부록은 첨부하길 바란다. 좀 더 자세한 정보를 얻기 위해서는 각 학교 홈페이지에서 Admission(입학)에 들어가 입학과 관련된 자료를 얻을 수 있다.

[그림 26] 전 세계의 스포츠경영 프로그램

본 저자가 졸업한 뉴욕시립대학 브루클린 컬리지(City University of NewYork at Brookly College)는 뉴욕시립대학교의 단과대학으로 Division Ⅱ의 운동 팀(축구, 농구, 야구, 배구, 소프트볼, 수영, 육상, 크로스컨츄리, 치어리딩, 테니스)들이 활약하고 있다. 여기서 말하는 Division이란, 쉬운 뜻으로 학교에 따라 등급을 구분한 것이다. 즉, Division Ⅰ의 대학의 경우 운동부의 운동능력이 상위하고 그만큼 학생들에게 제공하는 지원금이나 장학급 비율(최대 100%)이 높다. Division Ⅱ의 경우 50%~80%의 비율로 제공이 되며, 마지막으로 Division Ⅲ의 경우 장학금 비중이 낮으며 대학 자율에 따라 결정된다.

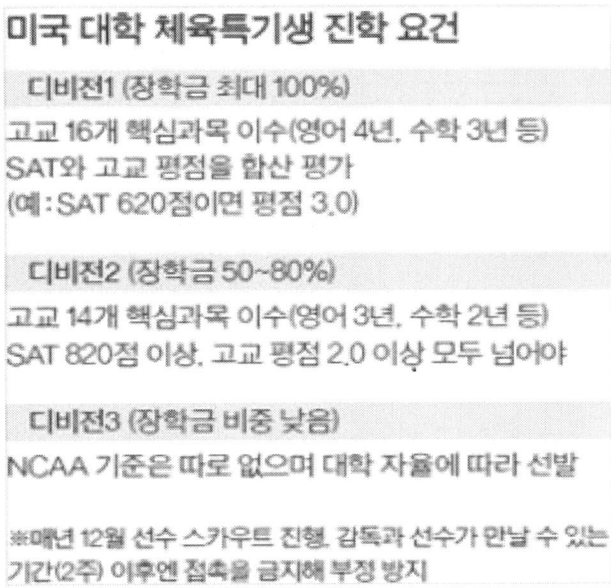

미국 대학 체육특기생 진학 요건

디비전1 (장학금 최대 100%)

고교 16개 핵심과목 이수(영어 4년, 수학 3년 등)
SAT와 고교 평점을 합산 평가
(예 : SAT 620점이면 평점 3.0)

디비전2 (장학금 50~80%)

고교 14개 핵심과목 이수(영어 3년, 수학 2년 등)
SAT 820점 이상, 고교 평점 2.0 이상 모두 넘어야

디비전3 (장학금 비중 낮음)

NCAA 기준은 따로 없으며 대학 자율에 따라 선발

※매년 12월 선수 스카우트 진행, 감독과 선수가 만날 수 있는 기간(2주) 이후엔 접촉을 금지해 부정 방지

[그림 27] 미국 대학 체육특기생 진학 요건

사실 많은 스포츠에서 남성과 여성의 참여는 크게 차이가 나며, 성공 격차도 엄연히 존재하고 있다. 하지만 미국은 Title IX[1])을 바탕으로 여성의 교육 참여 기회를 남성과 동일하게 만들려고 노력하고 있다. 즉, '미국의 어떤 누구도 그의 성별에 근거하여 교육 프로그램 또는 연방재정 보조 활동을 받는 혜택에 대한 차별을 받지 않을 권리가 있다'는 것이 주된 내용이다. 그럼 '이 정책이 스포츠와 무슨 관련이 있나' 라는 생각을 할 수 있다.

Title IX는 NCAA(National Collegiate Athletic Association; 미국대학체육협회)에게 여성들의 스포츠 참여를 남성과 균등하게 하였으며 그동안 소외되어 왔던 여성이 스포츠에 참여하는 것에 대한 인식을 없애고 남성과 여성에게 균등하게 장학금이나 그 외 혜택을 똑같이 지급하도록 하였다. 이 정책을 바탕으로 미국 대학교 운동부들의 여성 참여율은 증가 하였으며, 대학의 운동부를 직접 체험한 저자는 적극적으로 여성들이 스포츠 활동에 참여하는 모습에 감탄을 자아냈다.

1) Title IX에 대한 자세한 설명은 부록을 참조

1971년 고등학교 운동부에는 295,000명 보다 적은 수의 여학생들이 참여하였다. 이 수치는 전체 운동부에 7%에 못 미치는 숫자에 불가하였다. 하지만 2001년 여학생들의 참여 수는 기하급수적으로 증가하여 2.8million(대략 41.5%)에 달하는 수치를 보였다. 게다가 2008년에는 대학 스포츠에 여성팀이 9,101개에 도달하였으며, 98.8%의 학교가 농구팀, 95.7%가 배구팀, 92.0% 축구팀, 90.8% 크로스컨트리, 89.2% 소프트볼 팀들이 대학에서 여성들을 위해 제공되었다. 이처럼 Title IX는 여성의 스포츠 참여에 커다란 영향을 가져왔다.

다시 본론으로 들어가서, 뉴욕시(The City of NewYork)는 5개의 주 Manhattan, Queens, The Bronk, Brooklyn, Sate Island가 모여 뉴욕시라고 부르며, 뉴욕주(The State of NewYork)는 뉴욕시에 비해 규모가 3배 이상이며 캐나다 토론토 아래 지역인 버팔로까지의 지역을 뉴욕주라고 말한다. 뉴욕 시립대학교 The City University of NewYork은 줄여서 CUNY라고 하며, 24개의 단과대학(College)이 있다. 뉴욕의 공립학교로써 4년제 College와 2년제Community College가 있다. 앞서 제공한 자료에서 보면 뉴욕시립대학교에서 스포츠경영학부(Bacheolr) 프로그램을 제공하는 학교는 대략 23개 학교가 있다.

1. 학부 교육과정

우리나라와 반대로 미국의 '대학'이라고 하는 교육기관은 Universities 외에도 Colleges, Institute 등으로 자유롭게 불리는 것이 가능하며 명칭에 따른 차이가 거의 없다고 봐도 좋을 것이다.

일반적으로 Colleges의 경우 상대적으로 작은 규모에 학부과정만 개설되어 있는 경우며, Universities의 경우 대학원 이상의 과정이 개설되어 있다. Institute는 대개 전공분야와 밀접한 여러 분야를 전문적으로 가르치는 곳을 지칭해서 기술, 패션, 미술 등의 디자인 분야의 경우 Institute의 이름이 붙은 교육기관이 많다.

미국 대학에서 학사과정을 이수하는 데는 우리나라와 마찬가지로 4년이 소요되는데 준 학사과정의 경우 대개 2년 정도 소요된다. 준 학사과정은 일종의 "목적달성" 과정으로 졸업과 동시에 특정 자격증을 주거나, 일반 4년제 대학의 3학년 과정으로 편입하는 “편입”과정으로 나눠진다.

준 학사과정은 초급대학 또는 지역대학에 개설되어 있으며 일부 소수대학과 대학교에도 준 학사과정이 개설된 곳이 있다.

미국 대학의 첫 일 년은 Freshman year, 2학년은 Sophomore, 3학년은 Junior, 4학년은 Senior라고 부르는데 일반적으로 미국 대학 입학 후 학업에만 열중한다면 4년 안에 학사과정을 이수하는 것이 가능하다. 종종 학사과정 이수에 4년 이상이 걸리기도 하는데, 이는 중간에 전공을 변경해 새로운 전공에 대한 추가 학점이 필요하거나, 학업수행능력, 개인적 사정에 의한 이유가 많다.

미국 각 대학의 학사일정은 대학교마다 차이를 보이지만, 대개 9월 초에 시작해 5월 말까지 운영된다.

이 기간은 두 학기로 나뉘며 각 학기는 18주로 구성된다.

방학은 약 6주에서 8주간 진행되는데, 이는 선택사항이기 때문에 조기졸업을 목표로 하는 자는 방학동안 학업을 계속할 수도 있다.

일반적으로 미국 대학의 졸업이수학점은 130점에서 180점 정도이며, 학점, Credits라는 용어 대신에 Semester/quater hours 또는 Units 라는 용어가 사용되기도 한다.

일반적인 학점평가 범주는 90% 이상이 A, 80% 이상이 B, 70% 이상이 C인 형식으로 진행되며, 50% 미만의 경우 F 학점을 받게 된다.

학위과정을 모두 이수했을 때 총평점 평균, GPA를 취득하게 되는데

이는 학위과정 동안 이수했던 모든 과목들의 누적 학점을 평균한 총평점 평균이다.

대부분 대학에서는 4.0 만점의 GPA를 사용하나, 소수의 대학에서는 5.0을 만점으로 사용하기도 한다.

GPA를 계산하려면 각 과목에서 취득한 문자 학점(A, B, F 등)에 부여된 숫자 값을 찾고 과목의 해당 학점 수와 곱하기를 하는 형식이다. 그런 다음 총계를 내서 이를 다시 이수과목의 총 학점수로 나눈 것이 바로 GPA이다.

미국 대학에서 좋은 학점을 받기 위해서는 한국에서와 마찬가지로 정기평가 및 수시평가, 리포트, 출석률 등의 수업참여도에서 높은 수준을 획득하는 것이 좋다.

따라서 강의를 듣고 수업내용을 충실히 따라가는 것과 수업에 제대로 출석하는 것이 중요하다.

2. 대학교 선정하기

미국 대학에서 스포츠로 유명한 대학을 선정하기는 쉽지 않다. 알다시피 수많은 대학들이 각 주 마다 있기 때문이다. 하지만, 미국 대학에서 스포츠 팀의 의미는 그 학교의 명예와 자존심이다. 즉, 대학 스포츠 팀으로 유명한 대학이 곧 그 대학의 경쟁력이며 관련 분야로 유명하다고 말할 수 있다. 특히 미식축구팀과 농구팀은 미국의 대학 스포츠에 핵심이다. 한때 우리나라에도 대학농구의 붐을 일으켰던 시절이 있었다. 저자도 그 시절 대학농구를 시청하며 응원했던 기억이 있었다. 이처럼 스포츠 팀으로 유명한 대학은 아무래도 스포츠 전공분야로 유명하다는 이야기다. 그럼 미국 대학의 유명 스포츠 팀을 알아보자.

미국 대학의 모든 스포츠 팀은 National Collegiate Athletic Association(NCAA)에 등록이 되어 있다.

[그림 28] NCAA Logo

출처: NCAA

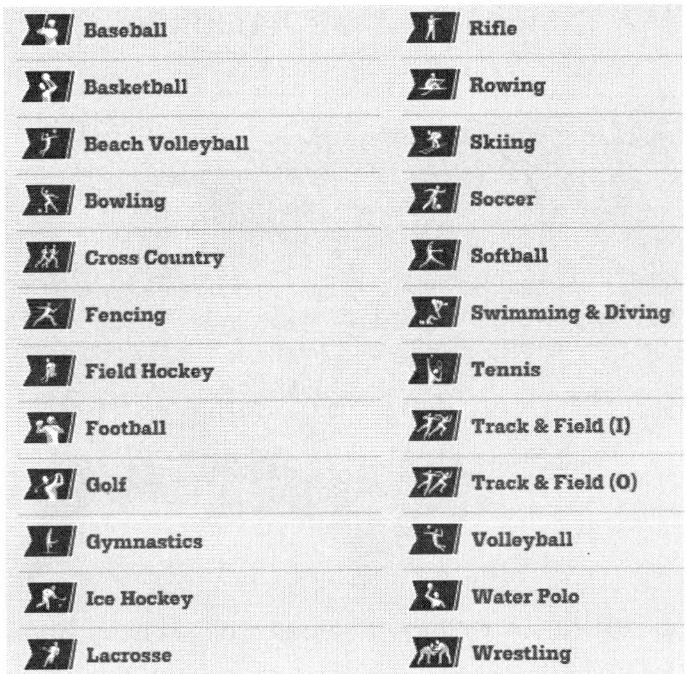

[그림 29] NCAA 스포츠 종목

출처: NCAA

NCAA 등록 된 스포츠 종목은 [그림 29]과 같다. 특히 풋볼, 농구, 야구는 대학 스포츠의 꽃이라 표현 할 정도로 인기가 높다. 대부분의 대학들이 학교 소유의 필드(운동장)를 가지고 있어 대학 리그 시즌에는 경기를 통해 벌어들이는 티켓 수입도 천문학적인 금액이다. 풋볼은 타 종목에 비해 경기 수 가 적지만 수입은 타 종목에 비해 엄청나게 높다. 그만큼 풋볼을 대학 스포츠를 대표하는 종목이며 미국의 스포츠산업을 움직이게 하는 인기 스포츠이다.

2016 NCAA College Football Rankings

[그림 30] NCAA College Football Conferences Rankings

출처: blog.cbcworldwide.com

1. Clemson University
2. University of Alabama
3. Michigan State University
4. Oklahoma University
5. Iowa University
6. Stanford University
7. Ohio State University
8. University of Notre Dame
9. Florida State University
10. University of North Carolina

2016 NCAA Men's Basketball Rankings

[그림 31] NCAA College Basketball Conferences Rankings
출처: 247sports.com

1. Kansas University
2. Michigan State University
3. University of North Carolina
4. Virginia University
5. Oregon University
6. Villanova University
7. Oklahoma University
8. West Virginia University
9. Xavier University
10. Miami University

2016 NCAA Baseball Conferences Rankings

[그림 32] NCAA Baseball Conferences Rankings

출처: baseballnation123.weebly.com

1. Mississippi State University
2. Texas A&M University
3. Miami University
4. University of Louisville
5. Florida University
6. Louisiana State University
7. Vanderbilt University
8. South Carolina University
9. Texas Tech University
10. University of Mississippi

3. 학교 선택 시 고려사항

* 학교의 스포츠 시장

본인이 원하는 학교의 스포츠 시장을 확인해 봐야 한다. 스포츠 팀이 많은 학교의 경우 1년 내내 스포츠 시장이 멈추질 않는다. 그만큼 스포츠 시장에 인력이 필요하며 수요에 맞춰 공급도 필요하다는 말이다. 언제나 취업의 기회가 주어지고 스포츠 팀에 들어가 인턴의 기회도 많다는 말이다.

* 학교 스포츠팀의 성적

학교 스포츠팀의 성적은 그 학교의 자화상이다. 이 말은 꼭 학교의 규모 및 스포츠 시장이 크다고 좋은 학교가 아니라 규모가 작아도 학교 팀의 성적이 꾸준히 좋은 학교들은 좋은 프로그램을 가진 경우가 많다. NCAA에서 종목별 학교 스포츠 팀의 성적을 확인할 수 있다.

* 도시와의 접근성

대도시를 제외하고는 대부분의 미국 학교들은 인적이 드문 시골에 위치하는 경우가 많다. 하지만, 스포츠경영은 현장 경험이 반드시 필요한 학문이다. 경험 없이 이론만 하는 수업 및 학교는 취업률도 떨어질 뿐만 아니라 전문성도 떨어진다. 도시와의 접근성을 고려하여 스포츠와 도시가 공생하는 거리로 찾아 가야 한다.

* 네트워크

학교를 졸업한 사람들과 네트워크를 갖춰진 학교를 가는 것도 중요하다. 스포츠 분야는 다른 분야와 달리 보수적인 색채가 강하다. 그러므로 좋은 인간관계를 쌓고 그 인맥 네트워크를 바탕으로 취업문을 두드리는 것이 좋다.

* 훌륭한 교수진

저명한 교수 밑에서 공부하고 그 분께 추천서 한 장 받는다는 것 자체가 향후 진로 및 직업 선택에 있어 결정적인 역할을 한다. 훌륭한 교수는 학교를 알리고 뛰어난 제자들을 배출한다.

* 이외의 고려사항

이 외에도 학교가 위치하고 있는 지역의 기후, 생활권, 취안, 물가 등 여러 가지 생활과 관련된 기본 사항을 고려하여야 한다. 더구나 희망학교의 규모 및 프로그램 등 외국 학생들에게 제공되는 혜택(예를 들면 장학금, 학비, 외국인 학생 비율)등을 파악해야 한다.

다른 나라에 비해 한국에서 유학가는 비율이 높고, 특히 스포츠 분야의 유학이 최근 증가하고 있다. 따라서 유학을 고려하고 있는 학생들은 미국의 대학이나 대학원을 졸업한 졸업생들에게 조언을 구하고 다양한 정보를 통해서 유학을 선택하는 것이 중요하다고 생각한다.

제 5 장

미국 스포츠경영학과 대학원 프로그램 소개

이번 장은 미국의 석사(Master) 및 박사(Doctoral) 학위를 취득하고 싶어 하는 분들을 위하여 관련된 자료 및 정보를 공유하고 싶은 생각으로 자료와 내용을 정리해 보았다.

앞 장에서 이미 미국의 스포츠경영 프로그램을 제공하는 학교들을 소개해 드렸다. 부록을 보면 어느 학교가 학사(Bacholor), 석사(Master), 박사(Doctoral) 학위를 제공하는 지 파악할 수 있다.

미국에서의 석사 및 박사 학위는 심도 있는 연구를 위하여 공부하고 싶어 하는 학생들이 지원을 한다. 한국의 사회처럼 단순 고학력자가 취직이 잘 되어서 석사를 지원하는 것이 아니라고 말하고 싶다. 최근 대기업의 면접관들은 지원자들의 잉여스팩(여기서 말하는 '잉여'는 나머지, 필요없는 등으로 의미)으로 1위를 '고학력'이라고 뽑을 정도로 요즘 고학력자들이 많다고 한다. 물론 대학을 다니는 학비도 학생들이 직접 벌어 학비를 충당하거나 학교로부터 장학금(Scholarship)을 받거나 또는 은행으로부터 loan(대출)을 받아 조금씩 갚아 나간다. 이러한 이유 때문에 필요 없이 학위를 더 취득하려고 하지는 않는다.

대한민국이라는 나라를 떠나 타국에서 공부를 한다는 것은 쉽지가 않다. 특히, 석사 및 박사를 위해 해외로 유학을 오는 경우는 더 쉽지 않다. 한국에서 TOEFL, GRE, GMAT 등 영어시험의 성적이 아무리 우수하다고 해서 해외에 와서 수업을 들으며 100% 이해를 하지 못하고 우울한 표정으로 교실 문을 지나처 나올 것이다. 다같이 모여 이야기하는 Group Discussion 시간에는 자기의 의견 및 생각을 명확하게 진술하지 못해 아쉬워하며 교실을 나올 것이다. 이 외에도 수많은 해프닝들이 유학생들에게 불어 닥칠 것이다.

석·박사를 준비하는 학생들은 어느 정도 나이가 있어 대부분의 학생들이 시간 단축을 위해 한국에서 공인영어시험 점수를 얻고 대학의 학기(semester)에 맞추어 지원한 뒤 바로 진학하기를 원한다. 하지만 소수의 학생들은 현지 생활에 어느 정도 적응을 하며 문화도 배우면서 익숙해지는 시간이 필요하다며 1-2년 정도 생활을 하고 대학원에 진학을 하는 학생들도 있다. 저자의 개인적인 의견 및 생각을 말하자면 정답은 없다. 전자와 후자 모두 장점과 단점이 있다. 전자의 경우를 이야기하자면 앞서 이야기 한 것과 같이 시간과 비용을 줄일 수 있는 가장 큰 장점이 있는 반면에 문화와 생활에 적응시간과 동시에 학업에 대한 부담감으로 심리적, 정신적으로 힘들 수 있다. 하지만 저자가 느껴본 바로 그 순간만 잘 견디면 그 후에는 추진력이 생겨 오히려 큰 득을 볼 수 있다. 후자의 경우 새로운 문화와 생활의 적응력으로 학업에 대한 부담은 많이 줄어드나 경제적인 부담과 오랜 시간 할애로 인하여 한국으로 돌아 왔을 경우 오히려 한국 사회에 적응하지 못하는 역효과가 생길 수 있다.

사람에 따라 개인적 차이가 있고, 유학도 장점과 단점이 있으니 여러 가지를 고려하여 인생을 설계하는 것이 정답이라고 생각한다.

1. 석사 지원 방법

일반적으로 미국대학원을 진학하기 위해서는 어떤 서류가 필요한지를 먼저 알아보아야 한다. 그 이유는 학교 마다 요구하는 서류들이 모두 다르고 그 기준도 다르기 때문이다. 학교는 부록에 있는 학교들을 참고하여 선택하길 바란다. 대표적으로 필요한 서류는 아래와 같다.

* 대학교 성적 증명서(GPA)

Grade Point Average의 줄임말로 우리나라의 내신 성적을 의미한다. 즉, GPA는 본인의 고등학교, 대학교 성적표 평균 점수 혹은 학점을 제출함으로서 학생의 학업 성적과 태도 등을 유추하고, 평가해 보고자 하는 의도이다. 여기에서 유의해야 할 점은 국내 대학은 대부분이 4.5점을 만점으로 점수를 주는데,

반면에 미국GPA 기준은 대부분이 4.0이 만점 기준이므로 반드시 평점(GPA)을 4.0만점 기준으로 다시 환산하여 학교에 제출하여야 한다. 이러한 환산은 학교 교무처나 학점을 관리해 주는 부서에 요청을 하면 GPA를 환산해 준다.

* GMAT, LSAT, MCAT, DAT

미국의 경영대학, 법학대학, 의과대학, 치과대학 등의 특정 전공 대학원 입학시헙을 의미한다. 미국의 아이비리그를 포함한 상위권 학교의 대학원들은 대부분 위의 시험점수를 요구한다. 꼭 아이비리그 대학만 이러한 시험점수를 요구하는 것은 아니고 대부분의 석사 및 박사 프로그램 진학 시 본인이 결정한 전공에 맞춰 위와 같은 시험점수 제출을 요구하고 있다.

영어로 대학원 전문지식 입학시험을 봐야 한다는 것에 큰 부담이지만 사실 위의 시험들은 영어능력을 요구하는 테스트가 아닌 전문학과지식 시험이다.

* GRE

GRE는 Graduate Record Examination의 줄임말로, 미국에 유학 오는 외국인 학생들의 대학원 적응과 전공 수학능력을 가늠해 보기 위한 시험이다.

Verbal(단어활용), Math(수학), Writing(작문)의 3가지 영역을 테스트 한다.

많은 한국 학생들이 작문에서 고득점이 나오지 않아 걱정하는 경우가 많다. 하지만, 학교에서 요구하는 최저점수를 충족하지 못해도 에세이나 추천서, 경력 등 다른 요건들로 원하는 학교에 합격하는 사례가 많기 때문에 좌절하지 않아도 괜찮다.

* TOEFL

Test of English as a Foreign Language의 줄임말로, 영어를 외국어로 T는 타 국가의 학생들의 영어 실력을 테스트 하는 시험이다.

외국인 학생들은 미국 내 고등학교, 대학교, 대학원 등의 교육기관에 진학하기 위해서 반드시 이 시험점수를 제출해야 할 만큼 전형적인 미국의 공식 영어 능력 테스트이다.

* Essay

학교마다 정해주는 에세이 주제가 2-3개 있으며, 보통 '왜 우리 학교 과정에 지원했는가?' '자신의 성장 과정이나 경험을 서술하라' 등의 전공에 대한 개인적인 관심과 목표를 묻는 주제들이 많다.

미국 학교의 경우 에세이를 통하여 학생 한명 한명의 특성을 파악하고, 영어 수준과 인성을 가늠하기 때문에 학교 합격에 비중이 큰 부분이다. GPA, 공식 영어성적, 스펙 등이 낮아도 에세이를 잘 쓰고, 좋은 평의 추천서를 제출하면 합격하는 경우가 높다.

* Work Experience

학교마다 차이가 있지만 대학원의 경우 직장에서 근무한 경력이 2-3년 있어야만 지원할 수 있는 곳도 많다. 하지만, 체육분야에서는 직장 경력을 요구하는 경우는 경영대학원 안에 분과로 있는 체육과를 지원할 경우 직장경력을 요구하는 경우가 있다. 하지만, 일반 대학원일 경우 요구하는 경우는 드물다.

* Letter of Recommendation

추천서로서 지인이나 직장 동료, 졸업한 학교의 교수 등에게 박는 것이 보편적이다. 미국 대학원의 경우 가장 좋은 추천서는 역시 직장 동료나 상사에게 받아오는 추천서이며, 졸업한 대학의 교수로부터 받아오는 것도 효과적이다. 저자도 졸업한 대학의 교수님께 부탁을 드려 추천서 2장을 받았으며, 다른 지인 분께 받아 총 3부의 추천서를 받은 기억이 있다. 추천서에는 보통 지원하는 학생의 성격이나 능력, 학부 때의 수업 태도 등 1장 정도의 간략한 추천서를 작성하면 된다.

* Interview

대학원의 경우 해당 지원하는 학교의 지도교수님께 미리 이메일을 드려 약속된 날짜에 화상 통화 혹은 직접 방문을 하여 본인에 대한 관심과 연구 분야를 말씀드리는 것이 좋다. 학교 마다 혹은 교수님 마다 다르지만 국제학생

(International Student)의 경우 직접 찾아가 인터뷰를 보는 학교도 있는 반면 화상 전화로 하는 경우도 많다. 앞으로 공부하는데 조언 및 지도를 해주시는 분과 면접을 본다고 생각하면 된다.

미국대학원을 준비하려면 위와 같은 서류 및 과정들을 거쳐야 대학원 진학이 가능하다. 위와 같은 서류 준비는 단기간에 준비할 수 없기 때문에 미리 계획을 짜서 준비해야 한다. 학업계획서도 전공분야과 관련된 활동이나 논문 등에 대해서 이미 접해본 사람일수록 공부의 목적이 구체화되며 이런 부분들에 대해서 제대로 활동한 학생일수록 좋은 추천서를 받을 수 있기 때문이다. 추천서는 개인의 활동사항을 잘 정리해서 교수님께 드리거나 또는 학부 때부터 좋은 관계를 유지한 교수님께 부탁을 드리는 방법이 가장 좋다.

GRE와 GMAT의 경우 미리 공부하여 지원시기를 놓치지 않도록 점수들 받아야 하며 미국대학원 진학을 준비하기로 결정하였으면, 학부 때부터 어느 정도 미리 준비를 하여 시간을 낭비하지 않도록 해야 한다. 목적 없이 무의미하게 학원만 다닐 경우 시간만 낭비할 경우가 크기 때문에 매일 계획적인 시간을 보내길 추천한다.

2. 대학원 교육과정

미국 대학원 과정은 한국과 똑같이 석사(Master)과정과 박사(Doctor of Philosophy) 과정으로 구분 되어져 있다. 우리나라의 대학원 교육도 그렇듯, 대학교 학부 과정과 비교했을 때 조금 더 해당 분야에 대한 전문성과 집중성이 있다.

대학원 과정을 듣는 학생들은 전공 학문에 대한 기초 지식이 있다는 전제하에 진행되기 때문에 학부 과정에 비하면 조금 자유롭고 교수와 학생 간의 의견 교환이 더욱 원활할 수 있다.

학위를 취득하는데 필요한 교과과정 이수는 대학과 마찬가지로 "학점(Credits)"으로 표시되며 각 과목은 대개 3학점 또는 4학점으로 구성된다. 2학기제로 운영되는 전제로 일 년에 보통 24학점을 취득한다.

미국 대학원 과정의 학사일정은 대개 8월 말에서 5월 중순 정도까지 약 9개월간 운영되는데 대학에 따라 2학기 또는 3, 4학기로 나뉠 수 있다.

석사 과정은 크게 일반 학문분야와 전문 직업분야로 나뉘는데, 두 과정의 분류는 석사 과정이 박사학위 과정으로 이어지는지 혹은 그렇지 않은지에 따라 결정된다.

박사학위 과정으로 이어지지 않는 경우에는 최종 석사학위 과정이라고 불리며 대부분의 전문 직업분야가 여기에 속한다.

박사 과정은 분야에 따라 5년에서 8년까지 시간이 걸릴 수도 있는데, 박사학위 논문과 연구 발표 등 선택 분야에 대한 대단히 전문적인 지식을 쌓을 것을 요구한다. 따라서 미국 박사학위 과정을 밟는 경우 대부분 대학 교수의 길을 걷게 된다.

대부분의 대학 교육기관은 입학이 시작되기 훨씬 전에 장학금 및 학비 대출자금을 집행하며, 미국 내의 재정 지원을 받으려면 한국을 떠나기 전에 하는 것이 좋다. 장학금 및 학비 보조금 지원 신청 기간은 미국 유학을 떠나는 때부터 빠르면 약 1년 정도가 될 수도 있다.

미국 박사과정은 반드시 석사과정을 거쳐야 하는 우리나라와 달리, 석사학위가 필수 요구 조건은 아니다. 미국의 박사프로그램에는 학부출신 지원자가 상당수 포함되어 있다. 미국의 박사과정은 보통 5년 과정으로 이루어져 있는데, 처음 2년간은 연구에 들어가기 위해 필요한 Coursework을 하도록 커리큘럼이 구성되어 있다.

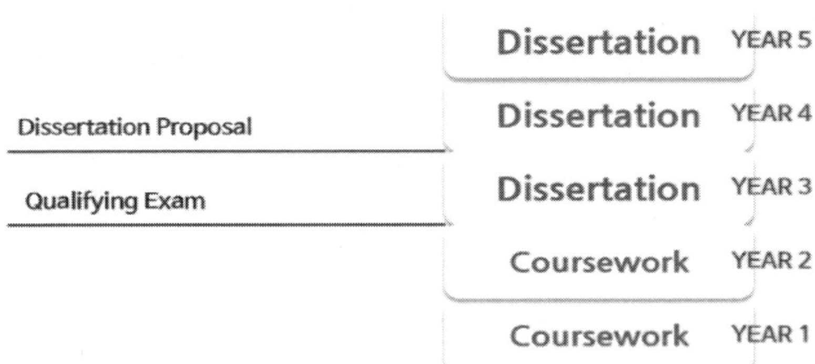

[그림 33] 미국 박사과정 기간

출처: http://cafe.naver.com/solveme/29146

따라서 미국의 박사과정 지원 시 중요한 것은 석사학위가 아닌 연구과정에 들어갈 수 있는 스펙을 갖추었느냐의 여부가 된다. 많은 미국 학생들이 학사학위를 취득한 후, 박사학위로 바로 지원을 한다. 이유는, 학부에서 이미 연구과정으로 넘어가는데 필요한 Courework과 Research Skill, Research Experience 등을 갖추었기 때문이다. 간혹 한국 학생들은 이에 대한 이해 없이 Research Experience를 전혀 갖추지 않은 상태에서 박사학위로 지원을 하는 경우가 있다. 하지만, 연구경력이 없다면 박사과정으로의 오퍼는 받을 수 없다.

미국 석·박사 지원시에는, 석사프로그램과 박사프로그램, 그리고 석사 Coursework가 포함된 박사과정이 있다. 흔히 석박사통합과정이라 알려져 있으며, 이는 Coursework이 포함된 박사과정이다. 따라서 석박사통합과정 또한 박사과정으로 지원하는 것과 비슷한 경쟁력을 가진 지원자를 선호한다. 학부출신 지원자 중 우수한 연구능력을 가진 지원자를 선발하여 최소한의 Coursework을 거친 후 바로 연구과정으로 들어 올 인재를 선발하는 프로그램이기 때문이다.

객관적인 백그라운드가 연구과정에 들어가기 위한 경쟁력을 갖추고 있다면 석박사통합과정 프로그램으로 지원하면 좋다. 석박사통학과정은 박사과정으로 100% Funding 이 제공되는 것이 기본이다. 하지만, 그 만큼 높은 경쟁력을 요구하므로 본인의 이력을 객관적으로 판단할 필요가 있으며, 기본적으로 필요한 영어능력들의 시험점수는 박사프로그램 지원시와 동일하게 경쟁력 있는 상위점수를 갖추어야 한다.

대학원 과정은 한 분야의 전문적인 지식과 전문가를 양성하는 곳이다. 내가 한 분야의 전문가가 되려면 얼마나 많은 공부와 노력이 필요한지 인지할 필요가 있으며, 자신이 노력하고, 도전한 만큼 성공도 가능한 길이라고 생각한다.

3. 미국 스포츠경영 Sports Management 대학원 석사/ 박사과정 입학 안내

[그림 34] Florida State University

[그림 35] Florida State University, football 경기 Marching Band

[그림 36] University of Florida

[그림 37] Ohio State University, Football

[그림 38] New York University, Washington Square Park
MS(Master of Science) Sports Business, MS Sports Marketing &Sale

[그림 39] Columbia University. Master of Science: Sports Business

[그림 40] Indiana University

[그림 41] Ohio University

[그림 42] University of San Francisco

[표 9] 학교 별 안내

학교이름	원서마감	학점	토플	GRE
Florida State University	박사 1) 3/15 석사 3) 가을 5/1 봄학기 10/18 여름학기 2/11 *석사 36학점 이수 (12과목)	최소 3.0 이상 (3/4학년)	80/6.5 * 추천서 3 * 이력서 * 에세이	요구함 성공적 지원자 V 42% 이상 Q 36% 이상 4.0 이상
Georgia State University	2) 4/1(Priority) 5/1 봄학기 11/1		79/6.5	GRE General test 요구
Indiana State University	3)가을학기,봄학기 여름학기 *석사 36학점 이수	최소 2.75 이상		GRE or GMAT 요구 안함
University of Indiana	*36학점(비논문과정)			GRE 요구

Univesity of Florida	석사 3)가을 12/1 봄학기 5/1 여름학기 10/1 박사 1) 2/1	* 인터뷰 : 전화 또는 skype	80/6.0	석사 비논문과정 GRE GMAT 최소 V 140 320 박사 GRE
New York University	3)가을 2/1(Early) 4/15 봄 학기 8/15(Early) 10/1 여름: 1/15(Early) 3/1		100/7.0 조건부 입학 가능. 영어 학교 Part-time 등록 * 인터뷰 : 요구 안함	요구 안하나 제출가능. 심사 도중에 요구 가능. 추천 점수: GRE 310 또는 GMAT 550
Columbia University	2) 1/15(Priority) 3/15(권고일), 5/15 봄학기 10/1, 11/1		100/7.0 * 인터뷰 : 요구 할수도 *추천서 2	optional GRE or GMAT 요구하지 않지만 점수 있으면 보낼 수 있음

* 학교 별 자세한 요구 사항 및 안내는 각 학교 어드미션에 들어가서 확인할 수 있다.

4. 미국 대학원 스포츠경영 Sports Management 석사 온라인 과정

미국에 가야지만 미국의 학위를 취득할 수 있는 게 아니다. 요즘 같은 고도의 디지털 및 정보화 사회에서 인터넷으로 미국의 학위를 취득할 수 있는 프로그램이 있다. 2012년 3월 한국에 미국의 뉴욕주립대의 송도글로벌대학캠퍼스가 개교 하였으며, 이 대학은 미국의 스토니브룩 대학교에서 직접 입학 및 졸업사정을 담당하며 졸업 시 미국 본교의 학위를 수여하고 있다.

2012년 컴퓨터과학과 기술경영 등 2개 전공의 석·박사과정 운영을 시작으로, 2103년 기술경영학과 학부과정을 개설하면서 학부와 대학원 과정을 모두 갖춘 국내 최초의 미국 대학교가 되었다.

현재까지 개설 학과는 아래와 같다.

- 기술경영학과- 학부, 대학원

- 컴퓨터과학과- 학부, 대학원
- 기계공학과- 학부, 대학원
- 응용수학통계학과- 학부
- 경영학과- 학부

이처럼 국내에서 미국의 학위를 취득하는 방법이 있을 뿐만 아니라 미국에서 온라인 수업을 통해 학위를 취득할 수 있다. 온라인 수업이라고 수업의 질이 떨어지거나 학위가 안 나오는 것이 아니다. 본인의 여러 가지 상황에 맞춰 수업을 선택하면 되는 것이다. 아래는 미국에서 스포츠경영 프로그램을 온라인으로 제공하는 학교 TOP 10을 선정하여 소개하였다.

1) Ohio University, College of Business, Department of Sports Administration

[그림 43] Athens, OH

Ohio University, a public research university established in 1804, enrolls about 40,000 total students on its main campus, five regional campuses, and online. Ohio University offers a variety of undergraduate and graduate degree options through 11 colleges.

Ohio University, known as the birthplace of sports education, offers an online Professional Master of Sports Administration degree, geared toward practicing sports professionals. Offered through the College of Business and the Department of Sports Administration, students learn to apply business concepts, theories, and principles to examine issues sports executives often encounter.

The Ohio University Center for Sports Administration is one of the most highly respected program of its kind. Its alumni network is regarded as one of the strongest in the nation.

The 21-month online program requires three residencies on the university's main campus.

The online Professional Master of Sports Administration curriculum includes three components: Applied Projects, Sports Administration Core, and Current Issues.

Core courses include:

- Sports Marketing
- Sponsorship in Sports
- Leadership in Sports Administration
- Event and Facility Management
- Sports Law
- Sports Governance
- Finance Administration of Sports
- Human Resource Management in Sports

Ohio University also offers a Master of Sports Administration degree and a Master of Athletic Administration degree, which helps students prepare for the National Interscholastic Athletic Administrators Association Certification.

Ohio University holds accreditation from the North Central Association of Colleges and Schools.

The Ohio University College of Business received accreditation from the Association to Advance Collegiate Schools of Business International.

The Ohio University Master of Sport Management, Master of Science in Athletic Administration and Professional Master of Sports Administration degrees received accreditation from the Commission on Sport Management Accreditation (COSMA).

2) University of Massachusetts–Amherst, Isenberg School of Management, Mark H. McCormack Department of Sport Management

[그림 44] Amherst, MA

The University of Massachusetts Amherst, a public research and land-grant university established in 1863, enrolls more than 26,000 students. The flagship of the University of Massachusetts system, UMass Amherst offers more than 160 areas of study leading to a variety of bachelor, master, and doctoral degrees through eight colleges and schools.

The Isenberg School of Management, Mark H. McCormack Department of Sport Management (among the top echelon of sports business programs), provides an online Master in Business Administration with a focus on Sport Management program. The program prepares graduates to become leaders in the sport industry. It's one of the oldest program of its kind in the world. The program has received recognition for its research.

The same faculty teach the online and on-campus classes.

The Online Master in Business Administration with a focus on Sport Management curriculum consists of 45 credit hours, including core courses and nine credit hours of Sport Management electives. Students also can choose to complete a practicum.

Courses include:

- Strategic Information Management
- Leadership &Organizational Behavior
- Organizational Strategy
- Economic Analysis for Managers
- Business Law
- Corporate Finance
- Sports Analytics
- Consumer Sales Strategies
- Applied Sport Market Research

University of Massachusetts Amherst holds accreditation from the Northeast Association of Schools and Colleges.

University of Massachusetts Amherst's Isenberg School of Management received accreditation from the Association to Advance Collegiate Schools of Business International.

3) University of San Francisco, College of Arts and Sciences

[그림 45] San Francisco, CA

The University of San Francisco, a Jesuit Catholic university founded in 1855, enrolls nearly 11,000 students. Among the oldest universities in California, the University of San Francisco offers undergraduate and graduate degrees through five schools.

The University of San Francisco's online Master in Collegiate Athletics degree prepares students to create a strategic plan for a college athletics program, demonstrate management and business skills, as well as build a personal career management portfolio. The program provides management, business, branding, and marketing skills for college athletic programs.

The Master in Collegiate Athletics online degree emphasizes technology, social media, and other digital innovations to help enhance college athletic programs. The program emphasizes case studies and real-world examples.

The school's impressive list of instructors have extensive experience in college sports, technology, law, and branding.

The 34-unit program consists of online courses such as:

- College Athletics in a Digital Era
- Leadership and Career Management
- Game Day Operations and Fan Experience
- Digital Branding and Strategic Marketing
- Generating Revenue Partnerships
- Ticketing, Pricing and Sales

Students can complete the asynchronous program in about two years. The University of San Francisco offers two start dates each year.

The University of San Francisco holds accreditation from the Western Association of Schools and Colleges. The university has received accreditation from the Association to Advance Collegiate Schools of Business-International.

4) Texas A&M University, College of Education &Human Development, Department of Health and Kinesiology

[그림 46] College Station, TX

Texas A&M University, a co-educational public research university founded in 1876, enrolls more than 62,000 students from around the world. The flagship institution of the Texas A&M University System, the land-grant, space-grant, and sea-grant institution offers undergraduate and graduate (including doctoral) degrees through 10 academic colleges.

Through its Department of Health and Kinesiology, Texas A&M University offers an online Master of Science degree in Sport Management. The sport management program prepares graduates for careers in fiscal management, personnel management, athletics administration, and sport marketing in a range of organizations such as fitness clubs, collegiate athletic departments, and professional sport organizations.

Students can complete the 36-credit-hour program fully online. Texas A&M University allows students to follow a part-time or full-time schedule.

The online Master's degree in Sport Management program includes research core and sport management core courses, as well as electives and field experience.

MS in Sport Management Core courses include:

- Revenue Generation in Sport
- Diversity in Sport Organizations
- Personnel Management in Sport
- Recreation and Sports Law
- Sport Marketing

Texas A&M University's Mays Business School received accreditation from the Association to Advance Collegiate Schools of Business International.

Texas A&M University holds accreditation from the Southern Association of Colleges and Schools Commission on Colleges.

5) University of Florida, College of Health and Human Performance, Department of Tourism, Recreation &Sport Management

[그림 47] Gainesville, FL

The University of Florida, a public sea-, space-, and land-grant research university established in 1853, enrolls nearly 50,000 students. A member of the State University System of Florida, the University of Florida offers hundreds of programs leading to undergraduate, graduate (including doctoral), and professional degrees.

The University of Florida offers an Online Master of Science degree in Sport Management through its College of Health and Human Performance, Department of Tourism, Recreation &Sport Management. Designed for working professionals, the Master in Sport Management program prepares graduates for leadership opportunities in collegiate, professional, or amateur sport organizations.

The 36-credit-hour Sport Management Master degree program includes the following courses:

- Sport Marketing
- Sport Sociology
- Management and Leadership in Sport
- Sport Finance
- Issues in Sport Law

Students can complete advanced practicum or a professional internship to fulfill elective requirements. Students must also complete a capstone project.

University of Florida's Warrington College of Business Administration received accreditation from the Association to Advance Collegiate Schools of Business International.

The University of Florida also holds accreditation from the Southern Association of Colleges and Schools.

6. University of Miami Online, School of Education &Human Development

[그림 48] Coral Gables, FL

The University of Miami, a private, nonsectarian university established in 1925, enrolls about 16,000 students. The University of Miami offers hundreds of undergraduate, graduate (including doctoral), and professional areas of study.

The University of Miami offers an Online Master of Science degree in Education in Sport Administration through UOnline and the School of Education &Human Development. The program covers the sport business with a global perspective. The degree includes numerous specializations.

The degree program prepares graduates for careers in fields such as professional and collegiate athletics administration, and sport communications and law.

Students can complete the 30-credit-hour degree program fully online and in less than two years. The University of Miami offers three start dates each year.

The online Master in Sport Administration degree program includes courses such as:

- Organization and Administration in Sport Programs
- Principles of Sports Marketing
- Legal Aspects of Sport
- Globalization in Sport
- Contemporary Issues in Kinesiology and Sport Sciences
- Advanced Sport Information Management
- Fiscal Management in Sport Administration
- Ethical Decision Making in Sport

The University of Miami also offers an on-campus Master's degree in Sport Administration. The same faculty teach the online and on-campus courses.

The University of Miami School of Business Administration received accreditation from the Association to Advance Collegiate Schools of Business International.

The University of Miami holds accreditation from the Southern Association of Colleges and Schools.

7) Northeastern University

[그림 49] Boston, MA

Northeastern University, a private, non-profit research university established in 1898, offers nearly 200 programs leading to undergraduate and graduate degrees, as well as several doctoral programs, through nine colleges and schools. Northeastern, which enrolls about 24,000 students, also offers advanced degrees at graduate campuses in Washington State and North Carolina.

Northeastern University offers an Online Master of Sport Leadership degree program, developed in collaboration with the university's Center for Sport in Society. The online program prepares graduates for careers in marketing, management, or communications with fitness clubs, wellness organizations, and intercollegiate or professional sports teams.

The program includes 45 credit hours. Part-time students can complete the degree in two years, whereas full-time students can complete the degree in one year.

The online Master of Sport Leadership degree program includes the following courses:

- Developing Your Leadership Capability
- The Ethical Leader
- Sport in Society
- Sport Management

- Sports Law
- Sports Media Relations

The program includes some summer institute courses, which the university offers on-campus only.

Students also must complete an internship or in-depth project.

Northeastern University holds accreditation from the New England Association of Schools and Colleges. The university's D'Amore-McKim School of Business has received accreditation from the Association to Advance Collegiate Schools of Business International.

8) CMU Global Campus, Central Michigan University

[그림 50] Mount Pleasant, MI

Central Michigan University, a public research university established in 1892, enrolls more than 27,000 students worldwide. Central Michigan University offers more than 200 programs leading to undergraduate and graduate a(including doctoral) degrees through eight academic divisions.

Central Michigan University offers an online Master of Arts degree in Sport Administration through its Global Campus. The online degree features practical and theoretical experience to prepare graduates for a range of careers such as sports journalist, athletic director, or director of stadium operations.

The 36-credit-hour online Master in Sport Administration degree program includes the following required courses:

- Sport Event Management: Theory &Application
- Financial Management of Sport
- Administration of Sport
- Sport and the Law
- Sport Marketing
- Statistics for Physical Education and Sport, Health, and Recreation

Students in the MA in Sport Administration degree program also must complete an internship as well as an independent study or thesis.

Central Michigan University offers most of its online classes in an asynchronous format.

Central Michigan University's College of Business Administration received accreditation from the Association to Advance Collegiate Schools of Business International.

Central Michigan University's Master of Arts in Sport Administration received accreditation from the Commission on Sport Management Accreditation.

Central Michigan University also holds accreditation from the North Central Association of Colleges and Schools.

9) Drexel University

[그림 51] Philadelphia, PA

Drexel University, a private research university founded in 1891, offers nearly 200 undergraduate, accelerated, graduate (including doctoral), and professional programs through more than a dozen academic units across four campuses. Drexel University enrolls more than 26,000 students.

Drexel University Online offers a Master of Science in Sport Management online degree. Through the program students learn to apply knowledge of labor relations and law to the sport industry, integrate principles of management, and apply business fundamentals to sport management.

Students can complete the 45-credit-hour degree program in two years. Students can take courses on a full-time or part-time basis.

Drexel University Online divides its Master in Sport Management program into three segments: core courses, a week-long summer residency, and a thesis or research project.

The Sport Management Master's degree program includes the following courses:

- Leadership in Sport Management
- Managing Coaches &Teams
- Globalization of Sport
- Development &Fundraising Strategies in Sport
- Labor Relations &Collective Bargaining in Sport
- Sport Facilities &Event Management
- Sport Law &Risk Management

Drexel University also offers a graduate certificate in NCAA Compliance and Sports Law through the university's Thomas R. Kline School of Law.

Drexel University Bennett S. LeBow College of Business received accreditation from the Association to Advance Collegiate Schools of Business International.

Drexel University also holds accreditation from the Middle States Association of Colleges and Schools.

10) Saint Leo University, School of Business

[그림 52] (Saint Leo, FL)

Saint Leo University, a private, non-profit, liberal arts, Roman Catholic university established in 1889, enrolls nearly 16,000 students worldwide. Among the oldest Catholic colleges in the nation, Saint Leo University offers more than 40 associate, baccalaureate, and master degree programs, as well as certificate programs and a doctorate in business administration.

Saint Leo University's School of Business offers an online Master of Business Administration degree with a Sport Business concentration. The program provides students with exposure to applications related to sport business, as well as a broad background in business concepts, and analytical tools and technologies for solving management problems.

Students can complete the 36-credit-hour program in as little as one year or as many as five years.

Saint Leo University offers six start dates each year.

The online Master of Business Administration degree with a Sport Business concentration includes the following courses:

- Foundations in Sport
- Sport Marketing

- Risk Management and Legal Concepts in Sport
- Financial Aspects of Sport
- Facility Planning and Management in Sport
- Students also must complete an internship.

The Saint Leo University Master of Business Administration with a Sport Business concentration received accreditation from the Commission on Sport Management Accreditation.

The Southern Association of Colleges and Schools provides accreditation to Saint Leo University.

앞서 설명한 학교 외에도 아래와 같은 학교에서 온라인 스포츠경영 프로그램을 제공하고 있다.

· Washington State University
· Adelphi University, Ruth S. Ammon School of Education
· Gonzaga University
· Liberty University
· UM Online University of Memphis, Department of · Health and Sport Sciences
· Indiana State University
· Southeast Missouri State University
· Georgia Southern University, College of Health and Human Sciences
· Western Kentucky University
· Old Dominion University, Darden College of Education, Department of Human Movement Sciences
· Fairleigh Dickinson University,
· School of Administrative Science
· Tiffin University
· Canisius College, School of Education
· University of Southern Mississippi,

· School of Human Performance and Recreation
· Lasell College

온라인 프로그램 및 온라인 수업의 장점은 다음과 같다.

1. Variety of programs and courses

급변하고 있는 현대사회에 대학들도 다양한 변화를 시도하고 있다. 최근 미국의 명문대학에서는 학생들에게 온라인 강의를 제공하며 학생들의 편의를 봐주고 있다. 즉, 학생들에게 단순히 강의실에서의 강의가 아닌 다양한 방법을 통하여 수업을 제공하고 있다. 학생들이 원하는 프로그램 및 수업을 온라인으로 신청할 수 있으며 온라인 수업을 통하여 다양한 프로그램 및 수업의 학사학위부터 박사 학위까지 취득할 수 있다.

2. Lower total costs

일반 대학과는 다르게 온라인 프로그램은 저렴한 학비가 제공한다. 학교로 통근하는 비용도 줄고 수업과 관련된 비용도 크게 줄어든다. 게다가, 수업 교제도 온라인으로 제공하기 때문에 교제비용 또한 줄일 수 있다. 이러한 전반적인 모든 게 비용을 줄일 수 있는 요인이다.

3. More comfortable learning environment

딱딱한 분위기의 강의실 보다 자기만의 공간에서 자신이 원하는 시간에 혹은 자신이 선호하는 날이나 요일에 맞춰 수업을 들을 수 있다. 간혹 급한 일이 생겨 수업을 못 듣는 날의 경우도 유동성 있게 다음에 수업을 들을 수 있다. 모든 측면에서 정해진 날짜와 요일에 학교를 가는 것보다 편리하다.

4. Continue in your profession

학생 시절부터 많은 경험을 쌓고 자신이 흥미 있고 관심 있는 분야에 일찍 직업을 찾아 경험을 쌓는 게 졸업 후 직업을 얻기가 수월하다. 하지만 일반

대학의 경우 수업과 직업을 함께 하기가 매우 어렵다. 그래서 대부분의 학생들이 4학년부터 혹은 졸업 후 첫 직장 경험을 쌓거나 인턴 생활을 하면서 관련 분야의 경험을 쌓는다. 그러나 온라인 코스는 앞서 설명한 데로 본인이 원하는 시간대에 수업 청취가 가능하기 때문에 직장 스케줄 이외의 시간에 수업을 듣는 게 가능하다. 이러한 이유로 직장 생활과 학교생활을 동시에 하는 게 크게 무리가 없다.

5. Transfer credits

대부분의 온라인 수업은 기존 일반 대학에서 만들어진 프로그램이므로 온라인 수업을 통하여 받았던 credits(학점)이 모두 인정이 된다. 본인이 좀 더 학업에 집중을 하고 싶거나 심도 있는 연구를 하고 싶어 일반 대학으로 들어가고 싶다면, 편입 또한 가능하다.

위와 같은 장점을 잘 고려하여 본인에게 맞는 프로그램을 선택하면 보다 쉽게 미국 학위를 취득할 수 있는 길은 항상 열려있다. 특히 요즘 세대는 대학 시절 직장 경험 및 경력을 쌓기 위해 대학생 때부터 취업을 하거나 일찍이 인턴쉽을 시작하여 자신의 스펙을 쌓고 있는 실정이다. 이러한 상황에서 온라인 프로그램은 학위와 경력을 함께 얻을 수 있는 일거양득의 기회라고 말하고 싶다.

부 록

TITLE IX--PKOHIBITION OF SEX DISCRIMINATION

SEX DISCRIMINATION PROHIBITED

SEC. 901. (a) No person in the United States shall, on the basis of sex, be excluded from participation in, be denied the benefits of, or be subjected to discrimination under any education program or activity receiving Federal financial assistance, except that:

(1) in regard to admissions to educational institutions, this section shall apply only to institutions of vocational education, professional education, and graduate higher education, and to public institutions of undergraduate higher education;

(2) in regard to admissions to educational institutions, this section shall not apply (A) for one year from the date of enactment of this Act, nor for six years after such date in the case of an educational institution which has begun the process of changing from being an institution which admits only students of one sex to being an institution which admits students of both sexes, but only if it is carrying out a plan for such a change which is approved by the Commissioner of Education or (B) for seven years from the date an educational institution begins the process of changing from being an institution which admits only students of only one sex to being an institution which admits students of both sexes, but only if it is carrying out a plan for such a change which is approved by the Commissioner of Education, whichever is the later;

(3) this section shall not apply to an educational institution which is controlled by a religious organization if the application of this subsection would not be consistent with the religious tenets of such organization;

(4) this section shall not apply to an educational institution whose primary purpose is the training of individuals for the military services of the United States, or the merchant marine; and

(5) in regard to admissions this section shall not apply to any public institution of undergraduate higher education which is an institution that traditionally and continually from its establishment has had a policy of admitting only students of one sex.

(b) Nothing contained in Subsection (a) of this section shall be interpreted to require any educational institution to grant preferential or disparate treatment to the members of one sex on account "of underbalance which may exist with respect to the total number or percentage of persons of that sex participating in or receiving the benefits of any federally supported program or activity, in comparison with the total number or percentage of persons of that sex in any community, State, section, or other area: Provided That thife subsection shall not be construed to prevent the consideration in any hearing or proceeding under this title of statistical evidence tending to show that such an imbalance exists with respect to the participation in, or receipt of the benefits of, any such program or activity by the members of one sex.

(c) For purposes of this title an educational institution means any public or private j)preschool, elementary, or secondary school, or any institution of vocational, professional, or higher education, except that in the case of an educational institution composed of more tha one school, college, or department which are administratively separate units, such term means each such school, college, or department.

FEDERAL ADMINISTRATIVE ENFORCEMENT

SEC. 902. Each Federal department and agency which is empowered to extend Federal financial assistance to any education program or activity, by way of grant, loan, or contract other than a contract of insurance or^guaranty, is authorized and directed to effectuate the provisions of section 901 with respect to such program or activity by issuing rules, regulations, or orders of general applicability which shall be consistent with achievement of the objectives of the statute authorizing the financial assistance in connection with which the action is taten. No such rule, regulation, or order shall become effective unless and until approved by the President. Compliance with any requirement adopted pursuant to this section may be effected (1) by the termination of or refusal to grant or to continue assistance under such program or activity to any recipient as to whom there has been an express finding on the record, after opportunity for hearing, of a failure to comply with such requirement, but such termination or refusal shall be limited to the particular political entity, or part thereof, or other recipient as to whom such a finding has been made, and shall be limited in its effect to the particular program, or part thereof, in which such noncompliance has been so found, or (2) by any other means authorized by law: Provided^ however^ That no such action shall be taken until the department or agency concerned has advised the appropriate person or persons of the failure to comply with the requirement and has determined that compliance cannot be secured by voluntary means. In the case of any action terminating, or refusing to grant or continue, assistance because of failure to comply with a requirement imposed pursuant to this section, the head of the Federal department or agency shall file with the committees of the House and Senate having legislative jurisdiction over the prop Tam or activity involved a full written report of the circumstances and the grounds for such action. No such action shall become effective until thirty days have elapsed after the filing of such report.

JUDICIAL REVIEW

SEC. 903. Any department or agency action taken pursuant to section 1002 shall be subject to such judicial review as may otherwise be provided by law for similar action taken by such department or agency on other grounds. In the case of action, not otherwise subject to judicial review, terminating or refusing to grant or to continue financial assistance upon a finding of failure to comply with any requirement imposed pursuant to section 902, any person aggrieved (including any State or political subdivision thereof and any agency of either) may obtain judicial review of such action in accordance with chapter 7 of title 5, United States Code, and such action shall not be deemed committed to unreviewable agency discretion within the meaning of section 701 of that title.

PROHIBITION AGAINST DISCRIMINATION AGAINST THE BLIND

SEC. 904. No person in. the United States shall, on the ground of blindness or severely impaired vision, be denied admission in any course of study by a recipient of Federal financial assistance for any education program or activity, but nothing herein shall be construed to require any such institution to provide any special services to such person because of his blindness or visual impairment.

EFFECT ON OTHER LAWS

SEC. 905. Nothing in this title shall add to or detract from any existing authority with respect to any program or activity under which Federal financial assistance is extended by way of a contract of insurance or guaranty.

AMENDMENTS TO OTHER LAWS

SEC. 906. (a) Sections 401(b), 407(a) (2), 410, and 902 of the Civil Rights Act of 1964 (42 U.S.C. 2000c(b), 2000c-6(a) (2), 2000c-9, and 2000h-2) are each amended by inserting the word "sex" after the word "religion".

(b) (1) Section 13(a) of the Fair Labor Standards Act of 1938 (29 U.S.C. 213(a)) is amended by inserting after the words "the provisions of section 6" the following: "(except section 6(d) in the case of paragraph (1) of this subsection)".

(2) Paragraph (1) of subsection 3(r) of such Act (29 U.S.C. 203 (r) (1)) is amended by deleting "an elementary or secondary school" and inserting in lieu thereof "a preschool, elementary or secondary school".

(3) Section 3 (s) (4) of such Act (29 U.S.C. 203(s) (4)) is amended by deleting "an elementary or secondary school" and inserting in lieu thereof "a preschool, elementary or secondary school".

INTERPRETATION WITH RESPECT TO LIVING FACILITIES

SEC. 907. Notwithstanding anything to the contrary contained in this title, nothing contained herein shall be construed to prohibit any educational institution receiving funds under this Act, from maintaining separate living facilities for the different sexes.

부 록

미국 스포츠경영학과

Location (지역)	School (학교)	Bachelor (학사)	Master (석사)	Doctoral (박사)
Alabama	Auburn University		✓	
Alabama	Huntingdon College	✓		
Alabama	Samford University – Brock School of Business	✓		
Alabama	Troy University	✓	✓	✓
Alabama	United States Sports Academy	✓	✓	✓
Alabama	University of Alabama		✓	
Alabama	University of North Alabama	✓	✓	
Arizona	Arizona State University	✓		
Arizona	Grand Canyon University	✓		
Arizona	Northcentral University		✓	
Arizona	University of Arizona	✓		
Arizona	University of Arizona Race Track Industry Program	✓	✓	
Arkansas	Arkansas State University	✓	✓	
Arkansas	Henderson State University		✓	
Arkansas	University of Arkansas, Fayetteville	✓	✓	✓
Arkansas	University of Arkansas, Little Rock		✓	
California	Azusa Pacific University		✓	
California	Cal Poly, San Luis Obispo	✓		
California	California Baptist University		✓	
California	California State University, Fresno	✓	✓	
California	California State University, Long Beach		✓	
California	California University of Management and Sciences	✓	✓	
California	Fresno Pacific University			

			✓	
California	Hope International University	✓		
California	Menlo College	✓		
California	Pepperdine University	✓		
California	Saint Marys College of California	✓	✓	
California	San Diego State University		✓	
California	San Jose State University		✓	
California	University of California, Los Angeles		✓	
California	University of California, Riverside		✓	
California	University of Pacific	✓	✓	
California	University of San Francisco		✓	
California	Whittier College	✓		
Colorado	Adams State University	✓	✓	
Colorado	Colorado Mesa University	✓	✓	
Colorado	Colorado Mountain College in Steamboat Springs			
Colorado	Fort Lewis College	✓		
Colorado	Johnson and Wales University	✓		
Colorado	Metropolitan State University of Denver	✓		
Colorado	University of Colorado Colorado Springs	✓		
Colorado	University of Colorado Denver	✓	✓	
Colorado	University of Northern Colorado		✓	✓
Colorado	Western State Colorado University	✓		
Connecticut	Albertus Magnus College	✓		
Connecticut	Eastern Connecticut State University	✓		
Connecticut	Mitchell College	✓		
Connecticut	Post University	✓		
Connecticut	Sacred Heart University	✓	✓	
Connecticut	Southern Connecticut State University	✓		
Connecticut	University of Connecticut	✓	✓	✓
Connecticut	University of New Haven	✓	✓	
DC	American University		✓	

DC	George Washington University	✓	✓	
DC	Georgetown University		✓	
DC	Howard University	✓		
DC	The Catholic University of America		✓	
Delaware	Delaware State University	✓	✓	
Delaware	University of Delaware	✓	✓	
Delaware	Wilmington University	✓		
Florida	Barry University	✓	✓	
Florida	Flagler College	✓		
Florida	Florida AandM University		✓	
Florida	Florida Atlantic University		✓	
Florida	Florida International University	✓	✓	
Florida	Florida Southern College	✓		
Florida	Florida State University	✓	✓	✓
Florida	Full Sail University	✓		
Florida	Jacksonville University	✓	✓	
Florida	Johnson and Wales University (Miami, FL)	✓		
Florida	Keiser University - College of Golf	✓		
Florida	Lynn University	✓	✓	
Florida	Northwood University	✓		
Florida	Nova Southeastern University	✓		
Florida	Saint Leo University	✓	✓	
Florida	Southeastern University	✓	✓	
Florida	St. Thomas University	✓	✓	✓
Florida	Stetson University	✓		
Florida	University of Central Florida	✓	✓	
Florida	University of Florida	✓	✓	✓
Florida	University of Miami	✓	✓	
Florida	University of North Florida	✓	✓	
Florida	University of South Florida		✓	
Florida	University of Tampa	✓		

Florida	University of West Florida	✓		
Florida	Warner University	✓		
Florida	Webber International University	✓	✓	
Georgia	Covenant College	✓		
Georgia	Georgia Southern University	✓		
Georgia	Georgia State University		✓	
Georgia	Kennesaw State University	✓		
Georgia	University of Georgia	✓	✓	✓
Georgia	University of West Georgia	✓		
Idaho	Boise State University		✓	
Idaho	Idaho State University	✓	✓	
Idaho	Lewis-Clark State College	✓	✓	
Illinois	Blackburn College	✓		
Illinois	Bradley University	✓		
Illinois	Columbia College Chicago	✓		
Illinois	Concordia University Chicago	✓	✓	✓
Illinois	DePaul University		✓	
Illinois	Eastern Illinois University	✓	✓	
Illinois	Illinois State University		✓	
Illinois	Judson University	✓		
Illinois	Kendall College	✓		
Illinois	Lewis University	✓		
Illinois	Lincoln College - Normal	✓		
Illinois	Loyola University Chicago	✓	✓	
Illinois	MacMurray College	✓		
Illinois	McKendree University	✓		
Illinois	Millikin University	✓		
Illinois	North Central College	✓		
Illinois	North Park University	✓		
Illinois	Northern Illinois University		✓	
Illinois	Northwestern University - School of		✓	

	Professional Studies			
Illinois	Olivet Nazarene University	✓		
Illinois	Quincy University	✓		
Illinois	Southern Illinois University, Carbondale		✓	
Illinois	University of Illinois	✓	✓	✓
Illinois	University of St. Francis	✓		
Illinois	Western Illinois University		✓	
Indiana	Ball State University	✓	✓	
Indiana	Butler University	✓		
Indiana	Huntington University	✓		
Indiana	Indiana Institute of Technology	✓		
Indiana	Indiana State University	✓	✓	
Indiana	Indiana University	✓	✓	✓
Indiana	Indiana University Purdue University at Indianapolis	✓	✓	
Indiana	Indiana Wesleyan University [132]	✓		
Indiana	Manchester University [133]	✓		
Indiana	Taylor University [134]	✓		
Indiana	Trine University [135]	✓		
Indiana	University of Evansville [136]	✓		
Indiana	University of Indianapolis [137]	✓	✓	
Indiana	University of Southern Indiana [138]	✓		
Indiana	Valparaiso University [139]	✓	✓	
Iowa	Ashford University [140]	✓		
Iowa	Buena Vista University [141]	✓		
Iowa	Clarke University [142]	✓		
Iowa	Graceland University – Iowa [143]	✓		
Iowa	Loras College [144]	✓		
Iowa	Simpson College [145]	✓		
Iowa	St. Ambrose University [146]	✓		
Iowa	University of Dubuque [147]	✓		
Iowa	University of Iowa [148]	✓	✓	

Iowa	Upper Iowa University [149]	✓		
Iowa	William Penn University [150]	✓		
Kansas	Baker University [151]	✓		
Kansas	Bethany College [152]	✓		
Kansas	Central Christian College [153]	✓		
Kansas	MidAmerica Nazarene University [154]	✓		
Kansas	Sterling College [155]	✓		
Kansas	University of Kansas [156]	✓	✓	✓
Kansas	University of Saint Mary [157]	✓		
Kansas	Washburn University [158]	✓		
Kansas	Wichita State University [159]	✓	✓	
Kentucky	Campbellsville University [160]	✓	✓	
Kentucky	Eastern Kentucky University [161]	✓	✓	
Kentucky	Kentucky Wesleyan College [162]	✓		
Kentucky	Midway College [163]	✓	✓	
Kentucky	Morehead State University [164]	✓	✓	
Kentucky	Northern Kentucky University [165]	✓		
Kentucky	Union College [166]	✓		
Kentucky	University of Kentucky [167]		✓	
Kentucky	University of Louisville [168]	✓	✓	✓
Kentucky	Western Kentucky University [169]	✓	✓	
Louisiana	Grambling State University [170]	✓	✓	
Louisiana	Louisiana State University [171]	✓	✓	✓
Louisiana	Northwestern State University [172]		✓	
Louisiana	University of Louisiana, Lafayette [173]	✓		
Maine	Husson University [174]	✓		
Maine	Thomas College [175]	✓	✓	
Maine	University of New England [176]	✓		
Maine	University of Southern Maine [177]	✓		
Maryland	Bowie State University [178]	✓		
Maryland	Coppin State University [179]	✓		

Maryland	Mount St. Marys University [180]	✓	✓	
Maryland	Towson University [181]	✓		
Maryland	University of Maryland [182]	✓		
Massachusetts	American International College [183]	✓		
Massachusetts	Anna Maria College [184]	✓		
Massachusetts	Elms College [185]	✓		
Massachusetts	Endicott College [186]	✓		
Massachusetts	Lasell College [187]	✓	✓	
Massachusetts	Massachusetts College of Liberal Arts [188]	✓		
Massachusetts	Merrimack College [189]	✓		
Massachusetts	Mount IDA College [190]	✓	✓	
Massachusetts	Nichols College [191]	✓		
Massachusetts	Northeastern University [192]		✓	
Massachusetts	Regis College [193]	✓		
Massachusetts	Salem State University [194]	✓		
Massachusetts	Springfield College [195]	✓	✓	
Massachusetts	University of Massachusetts [196]	✓	✓	✓
Massachusetts	Western New England University [197]	✓	✓	
Michigan	Adrian College [198]	✓		
Michigan	Aquinas College [199]	✓		
Michigan	Central Michigan University [200]	✓	✓	
Michigan	Davenport University [201]	✓		
Michigan	Eastern Michigan University [202]	✓	✓	
Michigan	Grand Valley State University [203]	✓		
Michigan	Michigan State University [204]		✓	

Michigan	Siena Heights University [205]	✓		
Michigan	University of Michigan [206]	✓	✓	✓
Michigan	Wayne State University [207]		✓	
Michigan	Western Michigan University [208]	✓	✓	
Minnesota	Bemidji State University [209]	✓		
Minnesota	Concordia University Saint Paul [210]	✓	✓	
Minnesota	Crown College [211]	✓		
Minnesota	Minnesota State University, Mankato [212]	✓	✓	
Minnesota	Oak Hills Christian College [213]	✓		
Minnesota	Saint Marys University of Minnesota [214]	✓		
Minnesota	St. Cloud State University [215]	✓	✓	
Minnesota	University of Minnesota [216]	✓	✓	✓
Minnesota	University of Minnesota Crookston [217]	✓		
Minnesota	University of Minnesota Morris [218]	✓		
Minnesota	Winona State University [219]		✓	
Mississippi	Belhaven University [220]	✓	✓	
Mississippi	Mississippi State University [221]	✓	✓	
Mississippi	University of Southern Mississippi [222]	✓	✓	
Missouri	Central Methodist University [223]	✓		
Missouri	Culver-Stockton College [224]	✓		
Missouri	Evangel University [225]	✓		
Missouri	Fontbonne University [226]	✓		
Missouri	Graceland University - Missouri [227]	✓		
Missouri	Lindenwood University [228]	✓	✓	
Missouri	Maryville University [229]	✓	✓	
Missouri	Missouri Baptist University [230]	✓	✓	
Missouri	Missouri State University [231]	✓	✓	
Missouri	Southeast Missouri State University [232]	✓	✓	
Missouri	St. Louis University - John Cook School of Business [233]	✓		

Missouri	University of Central Missouri [234]	✓	✓	
Missouri	University of Missouri [235]	✓		
Missouri	Washington University in St. Louis [236]			
Missouri	William Woods University [237]	✓		
Montana	Montana State University, Billings [238]		✓	
Nebraska	Bellevue University [239]	✓		
Nebraska	Nebraska Wesleyan University [240]	✓		
Nebraska	University of Nebraska – Lincoln [241]		✓	
Nebraska	University of Nebraska, Kearney [242]	✓	✓	
Nebraska	Wayne State College [243]	✓	✓	
New Hampshire	Colby-Sawyer College [244]	✓		
New Hampshire	Daniel Webster College [245]	✓		
New Hampshire	Franklin Pierce University [246]	✓		
New Hampshire	New England College [247]	✓		
New Hampshire	Plymouth State University [248]	✓		
New Hampshire	Southern New Hampshire University [249]	✓	✓	
New Hampshire	University of New Hampshire [250]	✓	✓	
New Jersey	Centenary College [251]	✓		
New Jersey	Fairleigh Dickinson University [252]	✓	✓	
New Jersey	Montclair State University [253]	✓	✓	
New Jersey	Rider University [254]	✓		
New Jersey	Rutgers University [255]	✓		
New Jersey	Saint Peters University [256]	✓		
New Jersey	Seton Hall University [257]	✓	✓	
New Jersey	William Paterson University [258]	✓		

New Mexico	Eastern New Mexico University [259]	✓		
New Mexico	University of New Mexico [260]		✓	✓
New Mexico	University of the Southwest-New Mexico [261]		✓	
New York	Adelphi University [262]		✓	
New York	Alfred State – SUNY College of Technology [263]	✓		
New York	Brooklyn College [264]		✓	
New York	Canisius College [265]		✓	
New York	Cazenovia College [266]	✓		
New York	College at Brockport, State University of New York [267]	✓	✓	
New York	College of Saint Rose [268]	✓		
New York	Columbia University [269]		✓	
New York	Daemen College [270]	✓		
New York	Dowling College [271]	✓	✓	
New York	Farmingdale State College [272]	✓		
New York	Hofstra University [273]		✓	
New York	Ithaca College [274]	✓	✓	
New York	Keuka College [275]	✓		
New York	Long Island University [276]	✓		
New York	Manhattanville College [277]	✓	✓	
New York	Medaille College [278]	✓		
New York	Mercy College [279]	✓		
New York	New York University [280]	✓	✓	
New York	Niagara University [281]	✓	✓	
New York	St. John Fisher College [282]	✓		
New York	St. Johns University [283]	✓	✓	
New York	St. Thomas Aquinas College [284]	✓		
New York	State University of New York, Canton [285]	✓		
New York	State University of New York, Cortland [286]	✓	✓	

New York	SUNY at Fredonia [287]	✓		
New York	Syracuse University David B. Falk College of Sport and Human Dynamics [288]	✓	✓	
North Carolina	Barton College [289]	✓		
North Carolina	Belmont Abbey College [290]	✓		
North Carolina	Campbell University [291]	✓		
North Carolina	Chowan University [292]	✓		
North Carolina	East Carolina University [293]	✓	✓	
North Carolina	Elizabeth City State University [294]	✓		
North Carolina	Elon University [295]	✓		
North Carolina	Gardner–Webb University [296]	✓		
North Carolina	Greensboro College [297]	✓		
North Carolina	Guilford College [298]	✓		
North Carolina	High Point University [299]	✓		
North Carolina	Johnson and Wales University (Charlotte) [300]	✓		
North Carolina	Johnson C. Smith University [301]	✓		
North Carolina	Lees–McRae College [302]	✓		
North Carolina	Lenoir–Rhyne University [303]	✓		
North Carolina	Livingstone College [304]	✓		
North Carolina	Meredith College [305]	✓		
North Carolina	Methodist University [306]	✓		
North Carolina	North Carolina AandT University [307]	✓	✓	
North Carolina	North Carolina Central University [308]	✓		

North Carolina	North Carolina State University [309]	✓	✓	
North Carolina	Pfeiffer University [310]	✓		
North Carolina	Queens University of Charlotte [311]	✓		
North Carolina	University of North Carolina [312]	✓	✓	✓
North Carolina	Western Carolina University [313]	✓		
North Carolina	Wingate University [314]	✓	✓	
North Carolina	Winston-Salem State University [315]	✓		
North Dakota	North Dakota State University [316]	✓		
North Dakota	University of Mary [317]	✓		
Ohio	Ashland University [318]	✓	✓	
Ohio	Baldwin-Wallace College [319]	✓		
Ohio	Bowling Green State University [320]	✓	✓	
Ohio	Cedarville University [321]	✓		
Ohio	Cleveland State University [322]	✓	✓	
Ohio	College of Mount St. Joseph [323]	✓		
Ohio	Defiance College [324]	✓	✓	
Ohio	Kent State University [325]	✓	✓	
Ohio	Lake Erie College [326]	✓		
Ohio	Malone University [327]	✓		
Ohio	Marietta College [328]	✓		
Ohio	Miami University of Ohio [329]	✓		
Ohio	Mount Vernon Nazarene University [330]	✓		
Ohio	Ohio Dominican University [331]	✓	✓	
Ohio	Ohio Northern University [332]	✓		
Ohio	Ohio State University [333]		✓	✓
Ohio	Ohio University [334]	✓	✓	
Ohio	Otterbein University [335]	✓		
Ohio	Shawnee State University [336]	✓		

Ohio	Tiffin University [337]	✓	✓	
Ohio	University of Akron [338]	✓		
Ohio	University of Cincinnati [339]	✓	✓	
Ohio	University of·Dayton [340]	✓		
Ohio	University of Findlay [341]	✓		
Ohio	University of Mount Union [342]	✓		
Ohio	Wittenberg University [343]	✓		
Ohio	Wright State University [344]		✓	
Ohio	Xavier University [345]	✓	✓	
Oklahoma	Bacone College [346]	✓		
Oklahoma	East Central University [347]		✓	
Oklahoma	Oklahoma State University [348]	✓		
Oklahoma	Oral Roberts University [349]	✓		
Oklahoma	Rogers State University [350]	✓		
Oklahoma	Southern Nazarene University [351]	✓	✓	
Oklahoma	Southwestern Christian University [352]	✓		
Oklahoma	Southwestern Oklahoma State University [353]		✓	
Oklahoma	University of Oklahoma – Price College of Business [354]	✓		
Oregon	Oregon State University [355]		✓	
Oregon	Sports Management Worldwide [356]	✓	✓	✓
Oregon	University of Oregon [357]	✓	✓	
Oregon	University of Western States [358]		✓	
Oregon	Warner Pacific College [359]	✓		
Pennsylvania	Alvernia University [360]	✓		
Pennsylvania	Arcadia University [361]	✓		
Pennsylvania	Baptist Bible College [362]	✓		
Pennsylvania	California University of Pennsylvania [363]	✓	✓	
Pennsylvania	Delaware Valley College [364]	✓		

Pennsylvania	DeSales University [365]	✓		
Pennsylvania	Drexel University [366]	✓	✓	
Pennsylvania	Duquesne University [367]		✓	
Pennsylvania	East Stroudsburg University [368]	✓	✓	
Pennsylvania	Gannon University [369]	✓		
Pennsylvania	Holy Family University [370]	✓		
Pennsylvania	Indiana University of Pennsylvania [371]		✓	
Pennsylvania	Keystone College [372]	✓	✓	
Pennsylvania	Kutztown University [373]	✓		
Pennsylvania	Lancaster Bible College [374]	✓		
Pennsylvania	Lock Haven University [375]	✓	✓	
Pennsylvania	Messiah College [376]	✓		
Pennsylvania	Millersville University [377]		✓	
Pennsylvania	Misericordia University [378]	✓		
Pennsylvania	Neumann University [379]	✓	✓	
Pennsylvania	Penn State University [380]	✓	✓	✓
Pennsylvania	Point Park University [381]	✓		
Pennsylvania	Robert Morris University [382]	✓	✓	
Pennsylvania	Saint Josephs University [383]	✓		
Pennsylvania	Seton Hill University [384]	✓	✓	
Pennsylvania	Slippery Rock University [385]	✓	✓	
Pennsylvania	Temple University – School of Tourism and Hospitality Management [386]	✓	✓	✓

Pennsylvania	University of Pittsburgh, Bradford [387]	✓		
Pennsylvania	Villanova University [388]			✓
Pennsylvania	Widener University [389]	✓		
Pennsylvania	Wilkes University [390]	✓		
Pennsylvania	Wilson College [391]	✓		
Pennsylvania	York College of Pennsylvania [392]	✓		
Rhode Island	Johnson and Wales University (Providence) [393]	✓		
South Carolina	Claflin University [394]	✓		
South Carolina	Clemson University [395]	✓	✓	✓
South Carolina	Coastal Carolina University [396]	✓	✓	
South Carolina	Coker College [397]		✓	
South Carolina	Erskine College [398]	✓		
South Carolina	Limestone College [399]	✓		
South Carolina	Newberry College [400]	✓		
South Carolina	North Greenville University [401]	✓		
South Carolina	Southern Wesleyan University [402]	✓		
South Carolina	The Citadel [403]	✓	✓	
South Carolina	University of South Carolina [404]	✓	✓	✓
South Carolina	Winthrop University [405]	✓		
South Dakota	Dakota Wesleyan University [406]	✓		
South Dakota	Northern State University [407]	✓		
South Dakota	University of South Dakota [408]	✓	✓	
Tennessee	Belmont University [409]		✓	

Tennessee	Christian Brothers University [410]	✓		
Tennessee	Cumberland University [411]	✓	✓	
Tennessee	East Tennessee State University [412]	✓	✓	
Tennessee	Lipscomb University [413]		✓	
Tennessee	Martin Methodist College [414]	✓		
Tennessee	Middle Tennessee State University [415]		✓	
Tennessee	Southern Adventist University [416]	✓		
Tennessee	Tennessee State University [417]		✓	
Tennessee	Tennessee Tech University [418]		✓	
Tennessee	Tusculum College [419]	✓		
Tennessee	Union University [420]	✓	✓	
Tennessee	University of Memphis [421]	✓	✓	
Tennessee	University of Tennessee [422]	✓	✓	✓
Tennessee	University of Tennessee, Chattanooga [423]	✓		
Tennessee	University of Tennessee, Martin [424]	✓		
Texas	Baylor University [425]	✓	✓	
Texas	Dallas Baptist University [426]	✓	✓	
Texas	Howard Payne University [427]	✓	✓	
Texas	Lubbock Christian University [428]	✓		
Texas	Midwestern State University [429]		✓	
Texas	Rice University [430]	✓		
Texas	Sam Houston State University [431]		✓	
Texas	Schreiner University [432]	✓		
Texas	Southern Methodist University [433]	✓	✓	
Texas	Stephen F. Austin State University [434]	✓		
Texas	Texas AandM University [435]	✓	✓	✓
Texas	Texas AandM University, Corpus Christi [436]	✓	✓	
Texas	Texas AandM University, Kingsville [437]	✓	✓	
Texas	Texas Tech University [438]	✓	✓	
Texas	Texas Womans University [439]		✓	✓

Texas	University of Houston [440]	✓	✓	✓
Texas	University of Incarnate Word [441]	✓		
Texas	University of Mary Hardin-Baylor [442]	✓		
Texas	University of Texas [443]	✓	✓	✓
Utah	University of Utah [444]	✓		
Vermont	Castleton State College [445]	✓		
Vermont	College of St. Joseph [446]	✓		
Vermont	Johnson State College [447]	✓		
Virginia	American Military University [448]	✓	✓	
Virginia	Bluefield College [449]	✓		
Virginia	George Mason University [450]	✓	✓	
Virginia	Hampton University [451]		✓	
Virginia	James Madison University [452]	✓	✓	
Virginia	Liberty University [453]	✓	✓	
Virginia	Liberty University Online [454]		✓	
Virginia	Lynchburg College [455]	✓		
Virginia	Old Dominion University [456]	✓	✓	
Virginia	Virginia Commonwealth University [457]		✓	✓
Virginia	Virginia State University [458]		✓	
Washington	Central Washington University [459]		✓	
Washington	Eastern Washington University [460]		✓	
Washington	Gonzaga University [461]	✓	✓	
Washington	Seattle University [462]		✓	
Washington	University of Washington [463]		✓	
Washington	Washington State University [464]	✓	✓	
West Virginia	American Public University [465]	✓	✓	
West Virginia	Davis and Elkins College [466]	✓		
West Virginia	Glenville State College [467]	✓		
West Virginia	Marshall University [468]	✓	✓	
West	Salem International University [469]	✓		

Virginia				
West Virginia	Shepherd University [470]	✓	✓	
West Virginia	University of Charleston - School of Business and Leadership [471]	✓		
West Virginia	West Liberty University [472]	✓		
West Virginia	West Virginia University [473]	✓	✓	
Wisconsin	Cardinal Stritch University [474]	✓	✓	
Wisconsin	Concordia University Wisconsin [475]	✓		
Wisconsin	Marian University [476]	✓		
Wisconsin	Marquette University [477]		✓	
Wisconsin	Marquette University Law School [478]			✓
Wisconsin	University of Wisconsin, Parkside [479]	✓		
Wisconsin	University of Wisconsin–La Crosse [480]	✓		
Wisconsin	Viterbo University [481]	✓		

참고문헌

고동욱, “폭스 · TBS, 7조 8천억 원에 MLB 중계권 8년 연장”. 연합뉴스 (2012. 09.20)

김상겸, 한국헌법상 스포츠기본법권과 스포츠기본법 제정, 스포츠와 법 제6권, 한국스포츠엔터테인먼트법학회, 148 (2005)

김영준, 우리나라 스포츠마케팅의 스폰서쉽에 관한 연구: FILA 코리아 사례를 중심으로. 미간행 석사학위논문. 경희대학교 경영대학원 (2001)

김치조, 스포츠마케팅. 서울. 태근문화사 (1996)

이명헌, 이명헌경영스쿨. http://www.emh.co.kr/content.pl?what_is_marketing (2003)

이무용, ‘도시활성화의 새로운 패러다임, 장소마케팅 전략’, 서울시정개발연구원. 『서울경제브리프』. NO.7 (2003)

이상인, 스포츠방송환경과 방송중계권의 변화 분석 및 미래 전망. 국민대학교 스포츠산업대학원, 석사학위 논문 (2011)

박세혁, 전호문, 김용만, 스포츠마케팅의 이해. 서울. 학현사 (2001)

연기영, 스포츠법학 연구, 역락 (2013)

원영신, 스포츠사회학플러스, 대경북스 (2007)

위성식, 권연택, 사회체육학 총론, 대경북스 (2010)

장재옥, 스포츠 법제의 개선 방향에 관한 연구-스포츠기본법 제정방향을 중심으로, 한국법제연구원(현안분석 2005-22), 13.

정용준, 인기스포츠연맹의 방송시장 지배전략 비교연구 -미국프로야구와 영국프리미어리그를 중심으로. 스포츠와 법, 14(4), 253-280 (2011)

정희준, 「방송산업 스포츠프로그램 분석: 시청률, 편성, 중계권 중심으로」, 『한국스포 리서치』 제 18권 2호, 통권 101호, 2007, 85-94쪽 (2007)

진성태, 체육학개론, 대경북스 (2013)

조선일보, '언더아머' 년 20~30%씩 고속성장 비경은?. 조선일보 http://news.chosun.com/site/data/html_dir/2016/05/11/2016051103236.html (2016. 05.11)

Paul Krugman, 불황의 경제학, 세종서적 (2015)

Athletics, 34 C.F.R. 106.41 (2008)

Badenhausen, K., Ozanian, M.K., & Settimi, C., The business od basketball. Forbes.com. Retrieved November 10, 2010 http://www.forbes.com/2009/12/09/nba-basketball-valuations-business-sports-basketball-values-09-intro.html (2009a, December 9)

Bellamy, R. V., Jr., Professional Sports Organizations: Media Strategies. In Lawrence A. Wenner (ed.), Media, Sports & Society(pp.120-133). CA: Sage Publications (1989)

Carper, D.L., Mietus, N.J, & West, B.W., Understanding the law (3rd ed.) Cincinnati, OH: West (2006)

Chelladurai, P., Managing organizations for sport and physical activity: A systems perpective(3rd ed.). Scottsdale, AZ: Holcomb Hathaway (2009)

Civil Rights Act of 1964, 78 Stat. 253; 42 U.S.C. 2000e

Costa v. Boston Red Sox Baseball, 809 N.E.2d 1090 (2004)

Day v. Ouachita Parish School Board et al., 823 So.2d 1039 (La. App. 2Cir. 2002)

Davis, T. Player's agents worldwide: Legal aspuects (2007)

Farber, D.C., & Cross, P.A. Entertainment industry contracts (2008)

Forbes website:, http://www.forbes.com/Green v. Konawa Independent School District, 105 P.3d 840 (Okla. Civ. App. 2005)

Greemberg, M.J., & Gray, J.T. Sports law practice (1998)

Gregory, W.A. The law of agency and partnership (2001)

http://star.mt.co.kr/view/stview.php?no=2015010514481354483&type=1&outlink=1

http://www.hani.co.kr/arti/sports/baseball/676315.html

http://www.ncaa.com/

http://www.worldweb.co.kr/articles/articles_view.html?idno=11878

http://www.baseballnation123.weebly.com

http://www.247sports.com
http://blog.cbcworldwide.com
John O. spengler, Paul M. Anderson, Daniel P. Connaughton & Thomas A. Baker III, Introduction to sport law (2009)
Kleinknecht v. Gettysburg College, 989 F.2d 1360 (3rd Cir. 1993)
Kiely, T.F., & Ottily, B.L. Understanding product liability law (2006)
Long, M., ESPN locks down historic MLB agreement. SportsPro. http://www.sportspromedia.com/news/espn_locks_down_historic_mlb_agreement/ (2012, August 29)
MLB.com Press Release, Ten years ago today MLB.TV: Digital Media's most successful live video subscription product debuted - in 'high resolution' 300K broadband video. www.mlb.com. http://mlb.mlb.com/news/article.jsp?ymd=20120826&content_id=37372302&vkey=pr_mlbcom&c_id=mlbcom (2012)
MLBPA REGULATIONS GOVERNING PLAYER AGENTS (As Amended Effective January 1, 2015)
National Basketball Association sample agent agreement:
http://mediacentral.nba.com/media
National Basketball Players Association website:
http://www.nba.com/media/CBA101.pdf
National Collegiate Athletic Association
http://www.ncaa.org/
ECA Court of Arbitration
http://www.eca-handball.com/index.php/publications.html
http://eca.ehfoffice.at/tl_files/music_academy/maelle/ECA%20publication/ECA%20Journal/ECA%20Journal_Issue1%20280115.pdf
Court of Arbitration for Sports
http://www.tas-cas.org/en/general-information/addresses-and-contacts.html
Players' agents worldwide: Legal aspects, R. Parish, R. Branco Martins, & J.W. Soek

Ozanian, M., The Business Of Baseball 2012. Forbes.
http://www.forbes.com/sites/mikeozanian/2012/03/21/the-business-ofbaseball-2012/ (2012, March 21)

Sanchez v. Hillerich & Bradsby Co., 128 Cal. Rptr. 2d. 529 (1992)

Stringer v. Minnesota Vikings Football Club, LLC, 705 N.W.2d 746 (Minn. 2005)

Sports Agent Responsibility and Trust Act, U.S.C. §§ 7801-7807 (2008)

Taylor v. Wake Forest University, 16 N.C. App. 117 (Ct. App. NC 1972)

Uniform Athlete Agents Act, (2000)

Verni v. Aramark et al., 903 A. 2d 475 (N.J. App. 2006)

Wieberg, S., & Hiestand, M., NCAA reaches 14-year deal with CBS/Turner for men's basketball tournament, which expands to 68 teams for now. USAToday.com. Retrived October 5, 2010, from http://content.usatoday.com/communities/campusrivalry/post/2010/04/ncaa-reaches-14-year-deal-with-cbaturner/1 (2010, April 22)

- 저자 소개 -

〈김 종 걸〉

- 경기대학교 대학원 경호안전학박사 졸업
- 동국대학교 대학원 법학박사 졸업(스포츠법)
- 현) 사단법인 대한스포츠지도자협회 이사장
- 현) 주식회사 에프에이스포츠 대표이사
- 현) 사단법인 한국스포츠엔터테인먼트법학회 이사 등

〈성 윤 미 미국변호사〉

- 경희대학교 법학과 졸업
- 미국 일리노이주립대학교 로스쿨 졸업(Urbana Champaign, LL.M.)
- 현) 국방과학연구소 사내 미국변호사
- 전) Law Offices of Sacks & Weston, P.C.
- 전) Law Offices of Youngsoo Choi, P.C.

〈유 동 균〉

- 국민대학교 대학원 이학박사 졸업
- 현) 세종스포츠파크 원장
- 현) 네이버 카페 '스포츠레저교육' 운영
- 전) 세한대학교 생활체육학과 교수
- 전) 명지대학교 객원교수
- 전) 미국 뉴욕 CK Sports Club 수영코치 등

〈정 수 봉〉

- 국민대학교 대학원 체육학과 박사과정
- 미국 뉴욕시립대학교 석사 졸업(City University of NY at Brooklyn College / Major in Sport Management)
- 현) 명지대, 세한대 출강